Stefan Knobloch

Mehr Religion als gedacht!

Stefan Knobloch

Mehr Religion als gedacht!

Wie die Rede von Säkularisierung
in die Irre führt

HERDER

FREIBURG · BASEL · WIEN

Bibliographische Information der Deutschen Bibliothek
Die Deutsche Bibliothek verzeichnet diese Publikation in der
Deutschen Nationalbibliographie; detaillierte bibliographische
Daten sind im Internet über <http://dnb.ddb.de> abrufbar.

Gedruckt auf umweltfreundlichem, chlorfrei gebleichtem Papier
Alle Rechte vorbehalten – Printed in Germany
© Verlag Herder Freiburg im Breisgau 2006
Umschlaggestaltung: Finken & Bumiller, Stuttgart
Satz: Barbara Herrmann, Freiburg
Druck und Bindung: fgb · freiburger graphische betriebe
www.fgb.de
ISBN-13: 978-3-451-29141-8
ISBN-10: 3-451-29141-X

Inhalt

C. Religion: Das verborgene Geheimnis des Menschen bergen

Vorwort

Wir leben ohne Frage in einer weithin säkularisierten Welt. Eine solche Feststellung hat es gar nicht mehr nötig, sich um eine Begründung zu bemühen. Sie ist von solcher Plausibilität, daß sie einer Begründung nicht bedarf. Diese vermeintliche Plausibilität führt aber in die Irre, ja man kann von einer „Säkularisierungsfalle" sprechen, die uns ob ihrer überzeugenden Fang- und Jagdquoten den Blick verdunkelt.

Es muß doch etwas dran sein an der Säkularisierung unserer Gesellschaft, wenn man sich allein das abnehmende Interesse der Kirchenmitglieder am kirchlichen Leben, die von Jahr zu Jahr auf ohnehin niedrigem Niveau weiter sinkende Zahl der Gottesdienstbesucher, den durch Finanz- und Personalnot bedingten Rückzug der Kirche aus der Fläche – so muß man das heute ruhig schon nennen dürfen – vor Augen hält. Von weiteren Faktoren wie den Kirchenaustrittszahlen, dem Rückgang der Taufen, der kirchlichen Trauungen, der Priesterberufe einmal ganz zu schweigen. Wir könnten das noch fortsetzen und zu einem komplexen Bündel schnüren, das die Tatsache der Säkularisierung mit erdrückender Selbstevidenz erweist.

Und doch wären wir da auf einem Auge blind und sollten uns deshalb der Selbstwerbung einer öffentlich-rechtlichen Fernsehanstalt erinnern: Mit dem zweiten sieht man besser! Es ist eben nicht alles Säkularisierung, es läuft nicht alles auf Gottvergessenheit und Transzendenzlosigkeit hinaus. Ich möchte dabei gar kein Argument aus der Tatsache machen, daß die von manchen – in den 70er Jahren des vergangenen Jahrhunderts selbst von manchen Theologen – totgesagte Volkskirche immer noch lebt, daß sie offenbar über eine widerstandsfähige Lebensresistenz verfügt. Allerdings bleibt es dabei eine offene Frage, woraus sie wirklich lebt, und was sie am Leben hält.

Wichtiger ist etwas anderes – worauf ich in diesem Buch die Aufmerksamkeit lenken will –, nämlich daß im Menschen selbst, auch im säkularisierten Menschen, auch in dem, der sich dezidiert als ungläubig bezeichnet – was immer er damit genau sagen will, und was nicht –, daß sich in uns allen also immer wieder Erfahrungen einstellen, „Erfahrungen der Selbsttranszendenz", wie der Soziologe Hans Joas sagt, die einer Deutung bedürfen. Wir müssen dieses Bedürfnis nach Deutung noch nicht „religiös" nennen. Aber es werden in jedem Fall Deutungen sein, in denen wir an eine Grenze stoßen, in denen wir über uns hinaus auf etwas ausgreifen, worüber wir keine Scherze machen und keine Späße treiben.

Was zeigt sich da am Menschen? Was wir ihm also nicht von außen her – und sei es aus einem kirchlichen Interesse – aufoktroyieren? Mit der Beantwortung dieser Frage setzt erneut eine Deutung ein, eine Deutung, die ich in meinen in diesem Buch vorgetragenen Überlegungen aus der christlichen Botschaft und hier insbesondere aus der gewissermaßen elaborierten theologischen Anthropologie Karl Rahners beziehe. Der Mensch ist einer, mit dem es Gott – man erschrecke nicht, wenn dieses geheimnishafte Wort hier so selbstverständlich bemüht wird – hat. Wir sagen das hier sehr platt und einfach. Karl Rahner hat das in seiner Darstellung der theologischen Anthropologie weit differenzierter und subtiler ausgedrückt. Der Mensch habe immer schon „unthematisch" und „unreflex" im Vollzug seines Lebens mit Gott zu tun, auch wenn ihm dabei niemals der bewußte Gedanke an Gott unterkommen sollte. Das ist nicht als eine gewissermaßen selbstgenügsame und selbstreferentielle Dynamik zu verstehen, die alles Mögliche bewirken und ausrichten mag, nur eines ganz gewiß nicht wollte: dem Menschen als Subjekt zu Bewußtsein zu kommen. Das exakt will sie. Und da setzt die Bedeutung der Religion ein, der christlichen Religion, von der wir hier sprechen.

Sie will und kann der Weg sein, die unbewußte und unreflexe Weise des In-Beziehung-zu-Gott-Seins in eine halbwegs bewußte und reflex übernommene Realisierung dieser Beziehung zu überführen. In eben diesem Sinn gilt es, die Religion, und zwar die christliche, zu entdecken als einen Weg oder auch als ein Vehikel – wenn das nicht schon wieder zu verzweckt instrumentell klingen würde –, auf dem und durch das der Mensch zur Tiefe seiner Existenz findet, in dem ihm Gott – und sei es in Schatten und Bildern – begegnet. Es geht also nicht darum, gewissermaßen die Religion selbst und in sich zu entdecken, sondern darum, mit ihrer Hilfe und aus ihrem Fundus heraus das Geheimnis des Menschen in Gott zu bergen. Das sind große Worte, vielleicht wecken sie gar den Verdacht, leere Worte zu sein. Doch das sind sie nicht. Sie verweisen auf eine von Gott im Menschen selbst angelegte Wirklichkeit – Karl Rahner spricht vom „übernatürlichen Existential" bzw. einfach vom „Existential" des Menschen –, deren Sinnziel es nicht ist, von der „Säkularisierungsfalle" erlegt zu werden.

Aus diesem Anliegen heraus ist die hier vorliegende Publikation erstanden. Sie versucht in Teil A über Vorklärungen sich der Komplexität der Frage nach der Religion zu nähern, fällt in Teil B eine Entscheidung in der Alternative, ob wir es heute mit der Wiederkehr oder mit einem epochalen Umbruch der Religion zu tun haben, und entfaltet in Teil C „Religion: Das verborgene Geheimnis des Menschen bergen" ihr eigentliches Anliegen.

Die Publikation möchte dazu ermutigen, den Glauben an den Menschen, mit dem Gott ist, nicht aus lauter Kleinmut vor der Säkularisierung „an den Nagel zu hängen".

Mainz, im Juli 2005   *Stefan Knobloch*

A
Vorklärungen zur Komplexität der Frage nach der Religion

1. Kapitel: Religion als Phänomen

Nach der Religion als Phänomen zu fragen, scheint aller Eindeutigkeit zu entbehren. Und das gleich aus mehreren Gründen. Fragen wir hier nach dem Vorkommen von Religion im allgemeinsten und weitesten Sinn? Religion hier gewissermaßen als Oberbegriff, als „umbrella term" für alle nur denkbaren Religionsphänomene verstanden? Müßten wir dann nicht besser von Religionen und religiösen Phänomenen im Plural sprechen? Von den religiösen Phänomenen in allen nur denkbaren kulturellen, historischen und regionalen Räumen? Und von welchem Standpunkt aus sollte nach ihnen gefragt werden? Von dem der Religionsphilosophie, der Religionswissenschaft, der Religionsphänomenologie, der Religionssoziologie oder der Theologie aus? Und bezogen auf welchen Zeitraum sollte nach ihnen gefragt werden? Und mit welchem erkenntnisleitenden Interesse?

1. Der Ansatz bei der Religion als Phänomen

Wir fragen also nach der Religion als Phänomen, und nicht nach ihrem Wesen oder ihrem Begriff. Unser Interesse gilt dem Phänomen der Religion im (post-)modernen gesellschaftlichen Kontext der Bundesrepublik, ja genauer dem Phänomen der Religion im Raum der katholischen Kirche in unserem Land.

Kaum, daß wir diesen Reflexionsgegenstand so benennen, könnte er sogleich mißverstanden werden. Es ist nicht unsere Zielsetzung, die katholische Kirche in Deutschland als Institution in den Blick zu nehmen und über ihre Zukunft zu spekulieren oder die verkümmernde Sozialform herkömmlicher Kirchlichkeit[1] zu beklagen. Erst recht soll es nicht um die staatskirchenrechtlichen bzw. konkordatären Vereinbarungen zwischen Staat und Kirche in unserem Land gehen. Unser Interesse richtet sich vielmehr, und zwar aus theologischer, genauer aus praktisch-theologischer Perspektive, darauf, der religiösen Situation der Katholikinnen und Katholiken in unserem Lande nachzugehen.

Es wird ja seit langem unisono der Prozeß der De- und Entinstitutionalisierung der Religion in unserer Gesellschaft konstatiert bzw. beklagt, auch und gerade in den von ihrer historischen Herkunft mehrheitlich katholisch geprägten Bundesländern. Dabei fragt es sich aber, ob dieser De- und Entinstitutionalisierungsprozeß der Religion gleichzusetzen ist mit einem Prozeß der Verflüchtigung des Religiösen? Wohin eigentlich? Ins Nichts? In eine diffuse Unverbindlichkeit? In eine Kirchenferne, die man vielleicht noch „treue Kirchenferne"[2] nennen könnte? Wobei im Unbestimmten bleibt, ob diese „Treue" mehr der Ferne oder eben doch – bei aller Ferne – mehr der bodenständigen Nähe zur Institution der Kirche gilt? Meist kommen solche Wertungen zu früh. Sie werden bezogen aus der nachwirkenden Erfahrung einer früheren gesellschaftlich gewissermaßen plausiblen religiösen Kirchlichkeit, die an ihr Ende gekommen ist. Offensichtlich hat sich das religiöse Feld in unserer Gesellschaft gründlich verändert.

2. Die Aufgabe, die Religion als Phänomen theologisch zu deuten

Was zeigt sich im veränderten religiösen Feld wirklich an? Das ist die praktisch-theologisch hoch bedeutsame Frage, die es zwingend nahelegt, der religiösen Situation der Katholikinnen und Katholiken – ja nicht nur ihrer, sondern der Menschen überhaupt – in unserem Land nachzuspüren. Dies soll hier geschehen – das ist unser erkenntnisleitendes Interesse – auf der Basis einer propositionalen Annahme, die die Praktische Theologie von der theologischen Anthropologie übernimmt, nämlich daß es – um es hier zunächst so einfach wie möglich zu sagen – Gott mit jedem einzelnen Menschen hat.

Diese später im einzelnen herauszuarbeitende Prämisse gibt die theologische Position an, von der aus wir der Situation des christlichreligiösen Lebens in der (post-)modernen Gesellschaft unseres Landes nachspüren wollen. In dieser theologischen Position schwingt der ausdrückliche Zweifel mit, ob die Veränderung des religiösen Feldes heute mit den Begriffen der Verflüchtigung und Auflösung ins Unverbindliche und dergleichen überhaupt zutreffend gekennzeichnet ist. Auf der Basis der theologischen Anthropologie setzen hier unsere Bedenken ein. Ich weiß, es mag auf den ersten Blick naiv, welt- und gesellschaftsfremd erscheinen, an das religiöse Feld in unserer Gesellschaft von der propositionalen theologischen Prämisse aus heranzugehen, Gott habe es mit jedem einzelnen Menschen zu tun. Vielleicht aber handelt es sich hierbei gegen alle Zweifel um eine Herangehensweise, die letztlich weiter führt als alle Unkenrufe, die die religiöse Situation – meist freilich nicht bei einem selbst, sondern in der Regel bei anderen – als rudimentär und als geradezu verloren ansehen.

Es liegt in der Zielrichtung unserer Fragestellung begründet, warum wir deshalb den Ausgangspunkt bei der Religion als Phänomen wählen und nicht bei einem streng und stringent definierten Wesensbegriff der christlichen Religion und der christlichen Religiosität. Nach dem Phänomen der religiösen Situation der Menschen in unserem Land, zumal der Katholikinnen und Katholiken, zu fragen, will uns offenhalten für das, was sich im Leben der Menschen, in ihren Werten und Normen, an Religiosität zeigt. Damit halten wir uns gleichsam offen für das, was die Religionssoziologie als Wandel der Sozialform(en) der christlichen Religion bezeichnet hat (vgl. K. Gabriel 1995, 1996, 1999 u. ö.).

Gewiß kann sich bei diesem methodischen Ansatzpunkt bei dem einen oder anderen ein gewisses Unbehagen einstellen. Der methodische Ansatz bei den Leuten, bei ihrer religiösen Situation, verbleibe ganz und gar im Vagen. Man wisse dabei gar nicht mehr genau, worauf er sich beziehe und worauf nicht. Insofern könne er als methodischer Ansatz einer solchen Studie nicht ernsthaft in Frage kommen. Entschieden besser sei es, von der klaren Begriffs- und Wesensdefinition der christlichen Religion auszugehen und von ihr aus zu fragen, inwieweit die Menschen in ihrer religiösen Situation dieser Wesensdefinition nahekommen oder nicht. Von der Religion aber als Phänomen auszugehen, das biete keine geeignete Ausgangsbasis.

Richtig an diesem Unbehagen ist das Bedürfnis nach begrifflicher Klarheit, sagen wir besser, nach Klarheit in der Sache. Die aber darf dem Projekt der Religion als Phänomen nicht abgesprochen werden. Es braucht nur daran erinnert zu werden – ohne daß wir uns mit dieser Erinnerung auch nur im geringsten außerhalb der christlichen Tradition stellten –, daß es so etwas wie eine wasserdichte „Definition" der christlichen Religion, also eine Definition im strengen Sinne, gar nicht gibt. Sie ist nicht möglich (vgl. H. Waldenfels 1991, 418). Das liegt exakt daran, daß ihr Bezugspunkt – anders als zum Beispiel im Hinduismus, Buddhismus oder Shintoismus – der persönliche Gott ist. Der persönliche Gott, den wir uns nicht als kategoriale Größe, sozusagen als weitere, nur größere kategoriale Größe hinter und über allen anderen kategorialen Größen vorstellen dürfen. Hier haben neben anderen Hans Urs von Balthasar ebenso wie Martin Heidegger berechtigte Kritik an einer sogenannten „Onto-Theologie" (H. Zaborowski 2003, 582) geübt. Diese versteht Gott als Sein bzw. als das höchste Seiende und indem sie ihn so versteht, rechnet sie ihn der Ebene des Seins und damit der Definierbarkeit zu.[3] Exakt mit dem Bezug des christlichen Glaubens/der christlichen Religion auf den persönlichen Gott hat es also zu tun, daß ihr eine gewisse „Undefinierbarkeit" anhaftet. Deshalb haftet auch der Angabe ihrer inhaltlichen Momente immer eine gewisse „Undefinierbarkeit" an.

Eines ihrer inhaltlichen Momente meinen wir in der Formel „Religion als Phänomen" benennen zu können (vgl. M. Seckler 1985, 177). Wir müssen nicht eigens darauf hinweisen, daß wir diese Formel der philosophischen Phänomenologie E. Husserls entlehnen.[4] Ein entscheidendes Prinzip seiner Phänomenologie bildete die „vernehmende Vernunft" bzw. das „vernehmende Denken" (H. Fritzsche 2000, 51). Es operiert anders als der kritisch-denkende Verstand. Im Gegensatz zum logisch-kritischen Begründungsdenken und Argumentieren ist die vernehmende Vernunft – wie das Wort schon sagt – auf das mehr passive Vernehmen der Wirklichkeit eingestellt. Sie setzt sich gewissermaßen unvoreingenommen der Wahrnehmung der Wirklichkeit aus. Sie ist fähig, das entgegenzunehmen, was sich zeigt. Sie weiß nicht schon von vornherein alles, sondern ist offen für das, was sich zeigt.

Das vernehmende Denken kann uns insofern eine wesentliche Charakteristik der christlichen Religion erschließen, als es uns darauf aufmerksam macht und uns das erkennen läßt, daß das religiöse Feld – sagen wir, die Religion als Phänomen – bei weitem weiter reicht, als es auf den ersten Augenblick scheinen mag. Die christliche Religion ist nicht festlegbar auf die explizit religiös definierten Phänomene der religiösen Praktiken, Riten und Orte (vgl. M. Seckler 1985, 177), als erschöpfe sie sich darin. Es ist vielmehr ihr typisches Charakteristikum – ein Sachverhalt, auf den wir insbesondere durch das Zweite Vatikanische Konzil wieder aufmerksam gemacht worden sind[5] –, daß sich die christliche Religion auch in Phänomenen äußert, die man auf die prima vista nicht ohne weiteres dem Phänomenbereich der Religion zurechnen würde. Weil das so ist, ist es eine dringende Aufgabe der praktisch-theologisch vernehmenden Vernunft, diesem weitem Feld religiöser Phänomene auf der Spur zu bleiben, nicht um sich in dieser Spurensuche zu verlieren, sondern durchaus mit dem erklärten Ziel, diese Spuren dem Licht der theologischen Anthropologie auszusetzen. Den religiösen Phänomenen nachzugehen, und zwar in der kritischen Haltung der theologischen Anthropologie, kann übrigens auch den Blick dafür schärfen, daß andersherum nicht überall Religion drin sein muß, wo Religion draufsteht, um es einmal so salopp zu formulieren.[6]

Solches vernehmende Wahrnehmen, das also, wie Husserl sagen würde, die „Generalthesis" außer Kraft setzt, die immer annimmt, daß alles einfach da ist, und das an ihre Stelle die phänomenologische „epoché" setzt,[7] kann uns bezüglich des Vorkommens der Religion in der (post-)modernen Gesellschaft die Augen dafür öffnen, daß also ihr Vorkommen breiter gestreut ist und erheblich weiter reicht, als es ein binnenkirchlich fixierter Blick zu sehen in der Lage ist. Religion kann sich in Phänomenen zeigen, die nicht dem religiösen Phänomenbereich angehören. Indem wir das konstatieren, legen wir es nicht darauf an, im Bereich der christlichen Religion gewissermaßen alles konturenlos in unverbindlicher Beliebigkeit versacken zu lassen. Zugegeben, diese Gefahr wird manchmal deutlich, vielleicht schon wieder zu deutlich, benannt. So wenn Peter Neuner einmal befand: „Religion in der Postmoderne ist nicht selten eine Mixtur aus ein wenig

Nächsten- und viel Tierliebe, ein bißchen Seelenwanderung, eine große Portion Psychowelle, eine bunte Mischung Esoterik, das Ganze angereichert mit Weihnachtsidylle und einem gehörigen Schuß Kirchenkritik" (P. Neuner 2003, 185). Gerade weil es vielfach so ist oder zumindest zu sein scheint, kommt es darauf an, daß sich die Praktische Theologie mit dem Phänomen der Religion in der Gegenwartsgesellschaft ernsthaft auseinandersetzt. Sie muß das allerdings in der doppelten Haltung tun, einmal die Erscheinungsformen der Religion in der Gesellschaft und unter den Menschen aufzuspüren, um sie nach Möglichkeit an die tieferen Dimensionen der christlichen Religion heranzuführen. Zum anderen aber eröffnet sich ihr selbst dabei die Chance, die fremde Semantik der weitgestreuten religiösen Phänomene der Gesellschaft als Bereicherung ihrer eigenen theologischen Semantik in sich aufzunehmen.

Wenn insoweit die Intention unseres Ansatzes bei der Religion als Phänomen deutlich geworden sein dürfte – bei aller zuzugebenden Undeutlichkeit, die er notgedrungen an sich hat –, scheint es gleichwohl (und zwar im Interesse unserer Frage nach der Religion als Phänomen) unerläßlich, einen weiteren Schritt vorzusehen, in welchem wir begriffliche Klarheit darüber gewinnen, wofür im Laufe der Christentumsgeschichte „Religion/religio" als Chiffre stand, ja wie es überhaupt dazu kam, daß sich diese Chiffre im Christentum durchsetzte. Der Begriff „Religion" fiel ja nicht gewissermaßen mit der Offenbarung vom Himmel. Er stand nicht von Anfang an mit der größten Selbstverständlichkeit dem Christentum als unhinterfragter Selbstdeutungsbegriff zur Verfügung. Er verdankte sich vielmehr bestimmten sozial-historischen Kontexten, in denen er sich veränderte, so daß er also für ein soziales Vokabular steht, das sich erst allmählich herausbildete.

In dieser Fragestellung geht es uns weniger um die *begriffs*geschichtliche Klärung von Religion/religio als vielmehr um die Vergewisserung, welche geschichtliche *Wirklichkeit* im Begriff Religion/religio sprachlich erfaßt wurde. Diese im Begriff Religion/religio sprachlich erfaßte Wirklichkeit hat sich unter dem Einfluß kultureller, historischer, wissenschaftlicher, gesellschaftlicher und anderer Kontexte stetig verändert, ohne daß dabei die Religion ihre Identität verlor. Diese an der Chiffre Religion/religio beobachtbaren Wandlungsprozesse erleichtern möglicherweise unser Verstehen heutiger Veränderungsprozesse im religiösen Phänomenbereich.

2. Kapitel: Was im Lauf der Christentumsgeschichte mit Religion bezeichnet wurde

Bei dem folgenden ist es von Anfang an wichtig, daß wir uns im klaren sind, welche Fragestellung wir verfolgen und welche nicht. Wir beschränken uns auf die Verfolgung des Bedeutungswandels der Religion innerhalb der Christentumsgeschichte. Wir begrenzen uns damit also auf diese eine Religion. Unser Interesse gilt nicht der von manchen sicher für wichtiger gehaltenen Frage, welche Rolle das generelle Phänomen Religion – Religion hier als universalen Gattungsbegriff verstanden – heute am Beginn des dritten Jahrtausends weltweit spielt. Ohne Zweifel ist diese Frage im interreligiösen und interkulturellen Dialog von heute von größter Bedeutung, damit es nicht zum Clash der Zivilisationen, Kulturen und Religionen komme (vgl. S. P. Huntington 1997).[8] Nur ist das hier nicht unsere Frage.

1. Religio – ein europäischer Begriff

Bei dem Versuch, nach dem Religionsverständnis im Laufe der Christentumsgeschichte zu fragen,[9] nimmt man vielleicht als erstes überrascht zur Kenntnis, daß der Begriff „Religion" ein Kind der europäischen Geschichte und der europäischen Sprachen ist. Hier begegnet er in allen Sprachen; zum Beispiel als „religion" im Englischen, als „religion" im Französischen, als „Religion" im Deutschen, als „religione" im Italienischen, als „religión" im Spanischen, also „religiao" im Portugiesischen, als „religie" im Niederländischen, als „religia" im Polnischen (F. H. Tenbruck 1993, 37). Der Begriff „religio" stand dem Christentum in der allerfrühesten Zeit nicht zur Verfügung. Das erklärt sich daraus, daß das Christentum seine Urzelle nicht im lateinisch-römischen, sondern im jüdisch-hellenistischen Kulturraum hatte. Nicht von ungefähr sind ja alle Evangelien und die neutestamentliche Briefliteratur in Griechisch abgefaßt.

Der Begriff „religio" war eine lateinische Wortschöpfung. Er bezeichnete – wie bei Cicero nachzulesen ist (M. Lutz-Bachmann 2003, 149/150; R. Schaeffler 1985, 59) – die Verehrung der eigenen Götter in Kulthandlungen und Gebet. Er hatte keine darüber hinausgehende Bedeutung. Insofern war er geeignet, den mit dem Wachstum des römischen Imperiums in die römische Welt hereindrängenden fremden Göttern im römischen Pantheon Platz zu bieten. Immer aber lag der Bedeutungsakzent von „religio" dabei auf der Verehrung, auf den kultischen Handlungen, allerdings mit der unverkennbaren Tendenz, daß sich diese Verehrung über die Verehrung der eigenen Götter mit der Zeit ausweitete auf die Verehrung „irgendwelcher Götter" (F. H. Tenbruck 1993, 46).

Mit dem Auftreten der Christentums, das sich der Götterverehrung im Namen seines Gottes dezidiert widersetzte, veränderte sich die Lage. Obgleich es dem in Rom praktizierten Verständnis von „religio" in keiner Weise entsprach, mußte es gleichwohl wahrnehmen, wie der Begriff „religio" mit der Zeit auch auf die Christen übertragen wurde, da jedermann klar war, daß auch sie – wenn auch auf andere Weise und in anderer Bedeutung als das antike Rom – das semantische Feld belegten, das der Begriff „religio" abdeckte. Hinzukam, daß es den Christen in der öffentlichen Auseinandersetzung selbst allmählich klug erschien, den Begriff der „religio" für sich in Anspruch zu nehmen. Damit ging es aber dann sogleich um die Auseinandersetzung, welche nun die „richtige" und welche die „falsche" Religion sei, welche „religio vera" und welche „religio falsa" sei. Mit dem Sieg des Christentums haftete ihm das Etikett der „religio vera" an, und alle nichtchristlichen Kulte und Völker galten nicht nur als Anhänger der „religio falsa", sondern summarisch als „Heiden." Diese Entwicklung am Beginn macht deutlich, daß der der römischen Sprachwelt entstammende und zunächst auf die antike Götterverehrung bezogene Begriff der „religio" auf das Christentum übertragen wurde und in dieser Übertragung den neuen, nämlich den christlich-universalen Inhalt der „religio vera" annahm, an dem gemessen alle anderen Kulturen und Zivilisationen als „heidnisch" erschienen.

Ergänzend sei der Blick auch auf die Etymologie des Wortes „religio" geworfen (vgl. E. Feil 2000, 18),[10] die sowohl die ursprüngliche Bedeutung der „religio" bei Cicero wie die Bedeutungsverlagerung im Christentum bestätigt. In der Regel werden für „religio" drei etymologische Ableitungen genannt, einmal die von „relegere", dann die von „religare/religari" und schließlich die von „reeligere". Nach der Ableitung von „re-legere" bedeutet „religio" – im Sinne Ciceros – die sorgfältige und gewissenhafte Beobachtung von Kultvorschriften. Anders hingegen der christliche Philosoph Laktanz. Er bevorzugt in seinen „Divinae institutiones" die Ableitung von „religare", die so viel bedeutet wie, Gott verbinde sich mit den Menschen.[11] Eine interessante Ableitung, insofern sie Gott zum Subjekt der vorgängigen Bindung an den Menschen macht, und „religio" nicht als eigenmächtige Bindung des Menschen an Gott erscheint. Allerdings ergibt sich aus dieser vorgängigen Bindung Gottes an den Menschen des Menschen Aufgabe, ihr im Leben zu entsprechen. An dieser Bedeutungsvariante des Laktanz wird – wenn man so will – der Bedeutungsfortschritt der „religio" gegenüber der Bedeutung bei Cicero deutlich. Konnte „religio" dort geradezu als menschliche Tugend der Aufmerksamkeit gegenüber den Göttern gelten, so ist bei Laktanz die vorgängige Bindung Gottes an den Menschen das alles Entscheidende. Daran schließt sich in der Konsequenz die dritte Ableitung der „religio" von „re-eligere" an, die so viel bedeutet wie wiedererwählen, wie sich in der Metanoia, in der Konversion dem erwählenden und berufenden Gott erneut zuwenden.

2. Sich wandelnde Akzentsetzungen

In der „religio vera" war dem Christentum ein Geltungsanspruch zugewachsen, den es nicht nur faktisch, sondern auch argumentativ durchzusetzen und zu begründen galt. Dazu mußte es sich auf das Feld der philosophisch-literarischen Auseinandersetzung begeben. Die Apologeten und frühen Kirchenlehrer taten das, indem sie im Gewand der hellenistisch geprägten zeitgenössischen Philosophie die Vernünftigkeit und Vernunftgemäßheit des christlichen Glaubens aufzuzeigen versuchten. Das hatte – gewollt oder ungewollt – eine Akzentverlagerung im Verständnis des Begriffs „religio" zur Folge. Denn nun ging es nicht mehr vor allem um das faktische Leben als Christ,[12] sondern nun wurde die „religio vera" zu einem System aus vernunftgemäßen, die Wahrheit beanspruchenden Glaubenssätzen.

Gewiß darf man hierbei nicht das Kind mit dem Bade ausschütten. Kardinal Ratzinger hat nämlich zurecht darauf hingewiesen, daß es falsch sei zu meinen, der christliche Glaube habe erst in der Zeit der Apologeten und frühen Kirchenväter und der ersten Konzilien sozusagen einen Kniefall vor der zeitgenössischen, wesentlich hellenistisch geprägten Philosophie gemacht und darin Verrat an der Welt der Bibel geübt. „Die Begegnung zwischen griechischem Denken und biblischem Glauben hat sich nicht erst in der frühen Kirche, sondern innerhalb des biblischen Weges selbst vollzogen. Mose und Platon, Götterglaube und aufgeklärte Götterkritik, theologisches Ethos und ethische Weisung aus der ‚Natur' sind sich schon innerhalb der Bibel selbst begegnet" (J. Ratzinger 2003, 75f.). Gleichwohl verlagerte sich damals im Begriff der „religio" der Akzent vom realen Leben, vom „way of life", auf die Wahrheitsfrage und den Wahrheitsanspruch des christlichen Glaubens. „An die Stelle von Religion als Tugendhaltung trat die Religion als Lehrsystem, Nachfolge- und Anhängergemeinschaft …, als Organisation *und* Summe gottbezogener Handlungen" (H. Waldenfels 1991, 416).

Für das mittelalterliche Verständnis von „religio" soll hier lediglich Thomas von Aquin stehen, der in seiner Summa theologica II-II q 81 in gedanklicher Nähe zu Cicero „religio" als Tugend, genauer als Untertugend der Gerechtigkeit, ansah und somit den Akzent wieder mehr auf den realen Glauben verlegte (vgl. E. Feil 2000, 18/19; M. Lutz-Bachmann 2003, 151/152). Wiederum eine neue Situation entstand mit der Aufklärung. Nicht zuletzt aufgrund der Erfahrung des Reformationszeitalters mit zwei christlichen Konfessionen erwuchs die neu zu diskutierende Frage, welche von beiden denn die „religio vera" sei. Man versuchte den Streit um die „richtige Religion" philosophisch zu lösen. Das war die Stunde der Religionsphilosophie. Ihr Hauptanliegen war – durchaus vergleichbar dem Anliegen der Apologeten und frühen Kirchenlehrer –, die Vernünftigkeit und Vernunftgemäßheit der Religion als ihren Wesenskern herauszustellen. Es handelte sich also nicht um eine radikale, die christliche Religion grundsätzlich in Frage stellende Kritik, sondern – um mit Kant zu sprechen – um den Versuch ihrer Etablierung „innerhalb der Grenzen der bloßen Vernunft."

An dieser Stelle einzuwenden, das alles sei für das kirchenoffizielle Verständnis der christlichen Religion ohne Belang gewesen, im Innenraum der Kirche wie im Raum der den Glauben reflektierenden Theologie sei doch die Identität des Glaubens gegen die Auflösungstendenzen von außen durchgehalten worden, ein solcher Einwand macht es sich in der Tat zu leicht. Er übersieht die Tatsache der Kontextualität des Verständnisses der Religion, zumal in einer Zeit, in der der moderne gesellschaftliche Ausdifferenzierungsprozeß begonnen hatte und die Kirche die „Hoheit über den Religionsbegriff" längst mit anderen gesellschaftsrelevanten Instanzen teilen mußte.

Ohne an der Stelle die genauen Diskussionslinien der Vertreter der Religionsphilosophie inhaltlich im einzelnen weiterzuverfolgen, läßt sich unschwer nachvollziehen, daß durch den Einfluß der Religionsphilosophie der Religionsbegriff sozusagen einen Schritt nach innen, in die Innerlichkeit des Menschen, tat, und die vernunftgemäße „religio vera" dort ihren eigentlichen Haftpunkt fand, während die soziale Bedeutung der Religion und der Kultpraxis an Gewicht verlor. Das waren keine Vorgänge, die gewissermaßen im Zentrum der Kirche selbst abliefen, aber es waren Vorgänge, die das Verständnis der Religion bei den Leuten maßgeblich beeinflußten.

Daß schließlich die (Religions-)Philosophie mutierte und in der Geisteshaltung des 19. Jahrhunderts in das Fahrwasser der empirischen Naturwissenschaften und ihrer negativen Religionskritik geriet, müssen wir hier nicht mehr weiterverfolen. Interessant ist immerhin, daß seit geraumer Zeit auf Seiten der Philosophie – man denke an Horkheimer, Adorno und nicht zuletzt an Jürgen Habermas – eine neue Aufgeschlossenheit für die Religion festzustellen ist (vgl. M. Lutz-Bachmann 2003, 167–173).

Mit diesem zugegebenermaßen kursorischen Blick ist dem Anliegen bei weitem noch nicht Genüge getan, den Wandlungen des Religionsverständnisses im Laufe der Christentumsgeschichte hinreichend auf die Spur zu kommen. Eine weitere Gedankenlinie aber können wir aufnehmen, wenn wir uns an der These von F. H. Tenbruck orientieren, daß die Religionsgeschichte Europas nicht nur die Geschichte seiner Religion, sondern vor allem „die Geschichte des Religions*begriffs*" (F. H. Tenbruck 1993, 39) sei. Der Religions*begriff* ist nämlich in besonderer Weise durch die Religionswissenschaft und die Religionssoziologie mitgeprägt worden.

3. Kapitel: Der Einfluß der Religionswissenschaften und der Religionssoziologie auf den Begriff und das Phänomen der Religion

Man kann mit guten Gründen der These folgen, daß die soeben in knappen Umrissen skizzierte Religionsphilosophie zur Verstetigung, ja zum Aufstieg des Religionsbegriffs im Raum des christlichen Abendlandes maßgeblich beigetragen hat. Inhaltlich ging es dabei – wie aufgezeigt – zunächst vor allem um den Aufweis der Vernunftgemäßheit der christlichen Religion, eine Herausforderung, die sich gerade auch angesichts der konfessionellen Spaltung des Abendlandes stellte. Es lag dabei in der Natur der Sache der religionsphilosophischen Fragestellung, daß sie sich alsbald auf die Frage nach der Religion überhaupt, nach dem Allgemeinbegriff von Religion ausweitete. Schon vor dieser Ausweitung war erkennbar, daß sich die Religionsphilosophie nicht so sehr mit der metaphysischen Frage nach Gott, sondern mit der Bedeutung der Religion im Leben der Menschen und in der Gesellschaft beschäftigte (vgl. M. Lutz-Bachmann 2003, 155). Diese Akzentverlagerung verschärfte sich in den Religionswissenschaften, einem Abkömmling der Religionsphilosophie, die sich nicht als philosophisch fragende, sondern als empirisch arbeitende Wissenschaften verstanden. In ihrem Gefolge blieb es nicht aus, daß sich das abendländische Christentum allmählich nur noch als *einen* Fall, als einen „Sonderfall" (F. H. Tenbruck 1993, 35) von Religion wahrnahm, die in anderen Religionsformen Konkurrenz zu bekommen schien. Es ist leicht einzusehen, daß diese Erfahrung das Religionsverständnis der Moderne entscheidend beeinflussen mußte.[13]

Nach Meinung mancher hätten die Religionswissenschaften und die Religionssoziologie auch einen nicht zu unterschätzenden Einfluß darauf gehabt, daß das Interesse der Menschen an Religionsfragen in dem Ausmaße zunehme, in dem das an der eigenen Religion abnehme. Nach F. H. Tenbruck lebe das Dauergespräch über Religion vom Interesse der Menschen an der Reflexion über *fremde*

Religionen und nicht vom Interesse an der eigenen Religion (vgl. F. H. Tenbruck 1993, 33). Solche Deutungsmuster, so beliebt sie auch sein mögen, scheinen mir zu kurz zu greifen. Sie sind es exakt, die die Praktische Theologie nach meiner Meinung herausfordern, der tatsächlichen religiösen Situation des Menschen von heute nachzugehen.

1. Der Verzicht auf eine Definition der Religion

Ohne Frage, der Einfluß der Religionswissenschaften und der Religionssoziologie auf das heutige Religionsverständnis ist nicht gering anzusetzen. Das mag überraschen, wenn man bedenkt, wie schwer sich diese Wissenschaften damit tun, den Gegenstandsbereich ihrer Forschung, die „Religion", klar zu benennen und von anderen Bereichen abzugrenzen, also zu definieren. Ihnen scheint es geraten, bei ihrem Zugriff auf „religiöse" Phänomene von einer begrifflichen Festlegung, was Religion sei, abzusehen. „Wir benutzen das Wort daher in einem allgemeinen und relativ offenen Sinne als Sammelbezeichnung für zahllose, zum Teil höchst unterschiedliche, aber historisch greifbare Phänomene, die jeweils von einem Kollektiv von Menschen akzeptierte Interpretationsmodelle von Welt und Wirklichkeit darstellen, mit ihnen zugeordneten Werten, Normen und daraus resultierenden Formen des Verhaltens, Wahrnehmens und Denkens des Menschen" (H. von Stietencron 1993, 111f.). Heinrich von Stietencron, ein namhafter Religionswissenschaftler, spürt freilich selbst, daß dies eine zu offene Bezeichnung des Gegenstandsbereichs religionswissenschaftlicher Forschung wäre. Worin läge da etwa – wenn es allein bei dieser Umschreibung bliebe – der klare Unterschied zu den Geltungsbereichen der Kultur, der Kunst, der Wissenschaft usw.? Deshalb versuchte er den Gegenstandsbereich der Religionswissenschaften dadurch deutlicher herauszuarbeiten, daß er zwei verdeutlichende und eingrenzende Zusatzbestimmungen einführte. Der religiöse Bereich setze sich von anderen Bereichen und Wertordnungen zum einen funktional dadurch ab, daß er zur „Stabilisierung der Gesellschaft durch Kanalisierung oder Neutralisierung gesellschaftlicher Spannungen" (H. von Stietencron 1993, 112) beitrage. Zum anderen bringe er sinnstiftende Beziehungen ins Spiel, die sich der unmittelbaren Sinnerfahrung gewöhnlich entziehen.

Näher kommen die Religionswissenschaften an ihren Gegenstandsbereich nicht heran. Man räumt immerhin ein: „Das, was hinter der Religion steht, das, worauf sich Religion bezieht – das Absolute, das Transzendente, der Gott, die Macht usw. – bleibt außerhalb des eigentlichen Gegenstandsbereiches der Religionswissenschaft und fällt in den Bereich der Theologie" (H. von Stietencron 1993, 113).

Dieses Eingeständnis verdient bedacht zu werden. Die Religions*wissenschaften* beschäftigen sich mit religiösen Phänomenen, grenzen also religiöse Phänomene von nichtreligiösen ab, können aber dabei im Grunde nicht sagen, was Religion sei. Die Religions*philosophie*, deren Abkömmling sie sind, versuchte das hingegen noch – wenn ich es richtig sehe. Sie stellte die Wesensfrage, was „religio vera", was „religio falsa" sei, bzw. versuchte wenigstens, die Frage zu stellen, was Religion sei. Die Religionswissenschaften tun das nicht mehr. Sie erheben und vergleichen religiöse Phänomene und verbleiben damit innerhalb eines gewissen hermeneutischen Zirkels.

Um daraus eine vielleicht etwas voreilige Schlußfolgerung zu ziehen: Wenn die Religionswissenschaften, einschließlich der Religionssoziologie, trotz dieser ihnen anhaftenden Schwäche gleichwohl solch weite gesellschaftliche Beachtung finden, wie sie es nicht erst heute tun, dann spricht vieles dafür, den Grund dafür weniger bei diesen Wissenschaften selbst als in einem tiefen Bedürfnis der Menschen nach Religion zu suchen. Wenn F. H. Tenbruck hingegen – wie erwähnt – das heutige Interesse an fremden Religionen als Indiz der Relativierung der eigenen Religion deutet,[14] dann läßt sich das meiner Meinung nach unter einer anderen Perspektive besser und zutreffender als verdecktes und unbefriedigtes Interesse an der eigenen Religion lesen. Mit anderen Worten, dieses Interesse scheint mehr in den Menschen selbst als in den Religionswissenschaften begründet zu sein.

2. Der Akzent auf der Funktion der Religion

Weil der Gegenstandsbereich der Religionswissenschaften so schwer zu fassen ist, zog man sich vereinzelt auf „negative Formaldefinitionen" (vgl. E. Feil 2000, 17) zurück. Eine solche negative Formaldefinition lieferte zum Beispiel C. Colpe, der die Religion bestimmte als „die Qualifikation einer lebenswichtigen Überzeugung, deren Begründung, Gehalt oder Intention mit den innerhalb unserer Anschauungsformen von Raum und Zeit gültigen Vorstellungen und mit dem Denken in den dazugehörenden Kategorien *weder* bewiesen *noch* widerlegt werden kann" (C. Colpe 1980, 88). Man kann in der Tat diese „Definition" nicht anders denn als negative Formaldefinition bezeichnen. Um diesem Dilemma zu entkommen, schlug F.-X. Kaufmann vor, im Bereich der Religionswissenschaften und der Religionssoziologie auf einen – wie er es nannte – „substanziellen Religionsbegriff" zu verzichten und Religion lediglich als ein „problemanzeigendes Wort" zu verstehen (F.-X. Kaufmann 1989, 84). Sie sollten sich nicht bei definitorischen Fragen nach dem Wesen der Religion aufhalten, sondern der Frage nach der *Funktion* der Religion nachgehen. Wozu es Religion brauche, das sei die Frage, die diese Wissenschaften zu bearbeiten hätten. Unter dieser Perspektive zeige sich die „funktionale Mehrdimensionalität" (F.-X. Kaufmann 1989, 82) der Religion, auf die die Religionswissenschaften und die Religionssoziologie ihren Forschungsschwerpunkt zu setzen hätten.

Wir müssen hier den Ausführungen F.-X. Kaufmanns nicht weiter nachgehen. Es reicht festzuhalten, daß die religionswissenschaftliche und religionssoziologische Diskussion das Gewicht auf die *Funktion* der Religion legte. In ihrem Gefolge verlagerte sich auch das wohl anthropologisch begründete Interesse der Menschen am religiösen Phänomenbereich auf den funktionalen Aspekt der Religion. Gewiß darf man hieran diesen Wissenschaften nicht monokausal die alleinige Schuld geben. Diese Akzentverlagerung im Religionsverständnis ist auch im größeren Zusammenhang des gesellschaftlichen Ausdifferenzierungsprozesses zu sehen, der mit Recht als *funktionaler* Ausdifferenzierungsprozeß charakterisiert wird, so daß in seiner Folge neben anderen Lebensbereichen auch

Religion (und Kirche) immer mehr unter funktionalen Kategorien wahrgenommen wurde.[15]

Es verdient daran erinnert zu werden, daß diese Verlagerung auf den funktionalen Aspekt der Religion den Religionswissenschaften, insbesondere der Religionsphilosophie, nicht von Anfang an eigen war (vgl. N. Schiffers 1969, 164–175). Die Religionswissenschaften bedienten sich verschiedener „Methoden", die sich gerade nicht auf die Frage nach dem funktionalen Aspekt der Religion beschränkten. So ging es etwa der *Abstraktions*methode darum, im vergleichenden Verfahren verschiedener religiöser Phänomene durch Abstraktion die Unterschiede herauszueliminieren und so zu einem gewissermaßen einheitlichen Religionsverständnis zu kommen. Ähnlich arbeitete die *Additions*methode, die anders herum durch Addition vergleichbarer, ähnlicher religiöser Phänomene meinte, zu einem halbwegs konsistenten Religionsverständnis zu gelangen. Rationalistischer setzte die *Subtraktions*methode an, die von einem abstrakten Wesen der Religion ausging, um nach dieser Meßlatte konkrete Religionsformen zu bestätigen oder auszuscheiden. Auf noch einmal andere Weise ging die – allerdings stärker im Referenzrahmen der Religionsphilosophie als der Religionswissenschaften angesiedelte – *Interpretations*methode vor, bei der die Vernunftgemäßheit den Ausschlag bei der Beurteilung der Religion gab. Hegel kann als der markanteste und radikalste Vertreter diese Interpretationsmethode gelten, da bei ihm die Interpretation dazu führte, daß die (Religions-)Philosophie über die Religion dominierte und so im Grunde „die Aufhebung von Religion durch Philosophie" (M. Lutz-Bachmann 2003,162) betrieb.

Es ist im ganzen nicht leicht, sich einen konsistenten Überblick über die Wirkungsgeschichte der Religionswissenschaften und der Religionssoziologie zu verschaffen. Dazu sind die im einzelnen gesetzten Akzente zu unterschiedlich. Gleichwohl läßt sich das Fazit ziehen, daß wir in der Akzentuierung der *Funktion* der Religion einen Befund erheben, der bis heute das gesellschaftliche (Vor-)Verständnis der Religion entscheidend mitgeprägt hat.

3. Der Einfluß auf die Wahrnehmung des religiösen Feldes

Unseren bisherigen Überlegungen zum Einfluß der Religionswissenschaften und der Religionssoziologie auf das heutige Religionsverständnis fehlt noch das Wichtigste, worauf F. H. Tenbruck nachdrücklich aufmerksam gemacht hat. Das eigentliche methodologische Problem der genannten Wissenschaften besteht nämlich weniger darin, daß sie ohne substantiellen Religionsbegriff arbeiten. Es besteht vielmehr darin, daß sie sich bisher kaum die Frage gestellt haben, ob sie sich zu Recht oder zu Unrecht als „unbeteiligte Beobachter" (F. H. Tenbruck 1993, 35) der religiösen Phänomene verstehen dürfen. Es ist eben nicht nur so, daß sie nur insofern auf das Religionsverständnis von heute Einfluß nehmen, als ihre Fragestellungen und Ergebnisse gewissermaßen zum Bestand des Allgemeinwissens zählen. Weit delikater ist, daß sie kaum registrieren, daß sie durch ihre Forschungsansätze auf das religiöse Feld selbst Einfluß genommen haben und nehmen. Um es mit F. H. Tenbruck zu sagen: „Wo immer ... die Religionswissenschaft die moderne Religion untersucht, da hat sie es in wachsendem Maße *mit ihren eigenen Wirkungen* (kursiv S. K.) auf ihr Objekt zu tun" (F. H. Tenbruck 1993, 35).

Religionswissenschaften und Religionssoziologie sind eben nicht bloße Beobachter des religiösen Phänomenbereichs, sie wirken auf ihn in ihrer Beobachtung durch ihr erkenntnisleitendes Interesse in einer Weise ein, daß dieses Feld seine Unabhängigkeit, gewissermaßen sein ursprüngliches Selbstsein, einbüßt. Zu Ende gedacht heißt das, daß sie es gar nicht mehr mit dem religiösen Feld an sich zu tun haben, sondern mit dem durch ihre Fragestellungen bereits veränderten und verformten Feld. Noch einmal F. H. Tenbruck: „Unter dem steten Druck der Religionswissenschaften ist die moderne Religion in eine ganz neue Lage und Verfassung geraten, welche die Religionswissenschaften gar nicht mehr erfassen können, so lange sie an der Fiktion festhalten, die Religion bestehe und entwickle sich unabhängig von ihren Aussagen und Befunden über die Religion" (F. H. Tenbruck 1993, 35). Solange sie aber wissenschaftstheoretisch nicht auf ihre eigenen Wirkungen auf das religiöse Feld reflektieren, merken sie nicht, daß sie es weniger mit diesem Feld als mit ihrem Zuschnitt dieses Feldes zu tun haben. Sie leiden, so F. H. Tenbruck, an einem „systematischen Fehler".[16]

So stellt sich in der Tat den Religionswissenschaften und der Religionssoziologie die vordringliche Aufgabe, „ihren eigenen Einfluß auf die moderne Entwicklung der Religion gründlich zu untersuchen, um dadurch sachgerechte Fragestellungen, Begriffe und Theorien für ihre künftige Arbeit zu gewinnen" (F. H. Tenbruck 1993, 36).

Nach diesen Überlegungen besteht die entscheidende Einsicht bezüglich des Einflusses der Religionswissenschaften und der Religionssoziologie auf das heutige Religionsverständnis darin, daß es diese Wissenschaften nicht schlicht mit der Religion in unserem Lande, mit der religiösen Befindlichkeit der Gesellschaft und der Menschen in ihr, der Katholikinnen und Katholiken, zu tun haben. Das mag provokant und makaber klingen, aber es provoziert um so mehr und ein weiteres Mal zu unserer Fragestellung nach dem Phänomen der Religion in unserem Lande und zu einer praktisch-theologischen Beurteilung dieses Phänomens.

Den „systematischen Fehler" scheinen am ehesten Ansätze der Religionsphänomenologie zu vermeiden bzw. zu korrigieren, indem sie die Erfahrungswerte der Subjekte ernstnehmen und bei ihnen ansetzen und so zum Beispiel dezidiert auf der Unterscheidung zwischen dem „explaining" und dem „understanding" des religiösen Feldes bestehen (vgl. J. Waardenburg 1999, 53). Unter „explaining" verstehen sie das von außen ansetzende erklärende Deuten, unter „understanding" aber das wirkliche Verstehen.[17] Im Gefolge von Wilhem Dilthey (1833–1911), auf den bekanntlich die Unterscheidung in Geistes- und Naturwissenschaften zurückgeht, sind immer mehr Religionswissenschaftler der Überzeugung, daß eine rationalistisch-erklärende Religionswissenschaft dazu verleitet, das religiöse Feld nicht zu erklären, sondern es geradezu „wegzuerklären", es also als dezidiert „religiöses Feld" zu nivellieren. Im Gegensatz dazu versuchen sie, „to seize the essence of religion, instead of its surface and periphery; do have access to the irrational life and inspiration that hat given birth to the religious phenomena" (J. Waardenburg 1999, 53).

Dieses Bemühen läuft darauf hinaus, die Alternative zwischen einer ausschließlich objektorientierten und einer ausschließlich subjektorientierten Religionswissenschaft zu überwinden, indem das Verstehen (understanding) als etwas den Gegensatz von Subjekt und Objekt („something beyond the opposition of subject and object") Übergreifendes verstanden und das „meaning" als erfahrungsgesättigtes Deuten gewertet wird. Solches „Verstehen" erspürt dann das „religiöse" Element in den religiösen Phänomenen, also das, was an ihnen spezifisch religiös ist. Gewiß bleiben auch hier Fragen zum Verständnis des religiösen Feldes, aber man erkennt zumindest die Tendenz, den von F. H. Tenbruck charakterisierten „systematischen Fehler" tunlichst zu vermeiden.[18]

Was bleibt also festzuhalten? Als erstes wird deutlich, daß die Religionswissenschaften und die Religionssoziologie nicht in der Lage sind, eine inhaltlich-begriffliche Definition der Religion vorzulegen. Sie erforschen (lediglich) die religiösen Phänomene, haben aber gleichwohl das Wissen bewahrt, daß die Religion an tiefere Dimensionen rührt, die sich ihnen allerdings entziehen. „Was hinter der Religion steht," sei Thema und Gegenstand der Theologie. Hieran fällt zweierlei auf. Zum einen haben die Religionswissenschaften und die Religionssoziologie nicht das gesamte Feld, oder besser, nicht alle Dimensionen der Religion im Blick. Dessen ungeachtet aber orientiert sich das gesellschaftliche Verständnis von Religion weithin am reduzierten Religionsverständnis dieser Wissenschaften. Zum anderen wird deutlich, daß sich diese Wissenschaften zwar in Erhebungen und Vergleichen mit den religiösen Phänomenen befassen, dabei aber nur auf jene religiösen Phänomene zugehen, die gesellschaftlich verläßlich kommuniziert werden, so daß ihnen ansatzweise neue Phänomenbildungen – wie zum Beispiel flüchtige religiöse Suchbewegungen und ähnliches – eher zu entgehen drohen.

Darüber hinaus bleibt festzuhalten, daß der von diesen Wissenschaften beförderte *funktionale* Religionsbegriff – wozu braucht der einzelne, wozu braucht die Gesellschaft Religion? – auf das gesellschaftlich geteilte Religionsverständnis maßgeblich durchschlägt, so daß die andere Ebene, die ein „substantieller Religionsbegriff" anzuzeigen versucht,[19] darüber ins Hintertreffen gerät.

Die darüber hinausgehende Frage, die die wissenschaftstheoretisch und methodologisch eigentlich fundamentale Frage ist, nämlich, was Religionswissenschaften und Religionssoziologie eigentlich in den Griff bekommen, ob die Religion selbst oder ob lediglich die von ihnen maßgeblich beeinflußte und abgewandelte Gestalt der Religion, ist die ganz entscheidende Frage, deren Lösung gewiß nicht der Theologie obliegt. Es handelt sich aber gewissermaßen um einen Schwachpunkt, der die Theologie, und wiederum insbesondere die Praktische Theologie, herausfordert, ihn zu beleuchten und auszuleuchten.

Wenn wir es richtig sehen, schält sich deshalb die Frage nach dem funktionalen und/oder dem substantiellen Religionsbegriffs als die für unsere Studie wesentliche Frage heraus, der wir uns im folgenden zuwenden wollen.

4. Kapitel: Zur Problematik des funktionalen und substantiellen Religionsbegriffs

Der Vorschlag Heinrich von Stietencrons, im Bereich der Religionswissenschaften[20] und der Religionssoziologie ganz auf einen Definitionsversuch von Religion zu verzichten, vermag angesichts der Komplexität ihrer Verflechtungen mit Kultur und Gesellschaft nicht zu überzeugen. Nach ihm selbst haben Religionen „kognitive, emotionale, rituelle, ästhetische, literarische und künstlerische, aber auch wirtschaftliche, rechtliche, institutionelle und machtpolitische Dimensionen; sie haben individuelle und gesellschaftliche Komponenten; und ihren Funktionen begegnet man von der Wiege bis zum Grabe in den verschiedenen Lebensbereichen" (H. v. Stietencron 1993, 116f.). Diese Fülle von Merkmalsbeschreibungen verlangt geradezu danach, in sie eine systematische Ordnung zu bringen. Mir will scheinen, in dieser Aufzählung von Merkmalen deuten sich Zusammenhänge an, die man in einen funktionalen bzw. in einen substantiellen Religionsbegriff zu fassen versucht hat. Wir müssen auf diese Unterscheidung hier noch einmal zurückkommen, da sie im Zusammenhang unserer Studie von erheblicher Bedeutung ist. Freilich kommen wir dabei nicht umhin, uns zunächst weiterhin im Feld religionswissenschaftlicher und religionssoziologischer Fragestellungen zu bewegen.

Dem substantiellen Religionsbegriff geht es gewissermaßen darum festzustellen, was Religion *ist*, dem funktionalen, was Religion *leistet*.[21] Die Frage, was Religion leistet, scheint für viele Religionswissenschaftler und Religionssoziologen im Vordergrund zu stehen, ja die eigentlich zu bearbeitende Frage zu sein. Hier sind freilich die Meinungen nicht einheitlich. Es gibt auch – wenn auch in geringerer Anzahl – Vertreter, die durchaus einem substantiellen Religionsbegriff anhangen.

1. Der funktionale Religionsbegriff

Wie schon der Begriff sagt, nimmt der funktionale Religionsbegriff die Religion von ihren Funktionen her und nur unter der Perspektive ihrer Funktionen wahr. Wir hatten diese funktionale Sicht bereits bei Heinrich von Stietencron kennengelernt, der nach einer sehr allgemeinen Beschreibung der Religion[22] ihre genauere Funktion darin sah, zum einen zur Sicherung von Werten und Normen sowie zur Stabilisierung der Gesellschaft beizutragen, zum anderen aber auch Beziehungen zu nicht unmittelbar sinnlich zugänglichen Bereichen der Wirklichkeit zu ermöglichen. Bereits bei Èmile Durkheim (1858–1917), einem der Gründerväter der Soziologie und der Religionssoziologie, wird die Religion unter funktionalem Aspekt gesehen. Dabei hatte er, wie er bekannte, die Religion als Thema der Soziologie erst relativ spät entdeckt, aber da ausschließlich unter der Fragestellung, welche Funktion sie im gesellschaftlichen Leben spiele.[23] Auch Max Weber betonte ähnlich wie Èmile Durkheim die soziale Funktion der Religion. Fr. X. Kaufmann lieferte vor Jahren einen hilfreichen Überblick über die funktionale Sichtweise der Religion im Bereich der Religionswissenschaften und der Religionssoziologie. Er registrierte folgende Funktionstypen der Religion: Sie nehme dem Leben des einzelnen Angst und trage zur Sinnstiftung bei (ihre Funktion der Identitätsfindung); sie erlaube das Bestehen außeralltäglicher Situationen (ihre Funktion der Orientierung); sie helfe bei der Verarbeitung von Schicksalsschlägen, Leid und Ungerechtigkeit (ihre Funktion der Kontingenzbewältigung); sie führe Menschen zusammen (ihre sozialintegrative Funktion); sie gewähre einen umfassenden Bedeutungshorizont der Welt (ihre kosmisierende Funktion) und sie befähige zu kritischer Distanz gegenüber den faktischen Gegebenheiten des Lebens (ihre prophetische Funktion).[24]

Als ausdrücklichster und entschiedenster Vertreter des funktionalen Religionsbegriffs muß Niklas Luhmann gelten. Er charakterisiert die Funktion der Religion als eine auf die Gesellschaft und nicht auf den einzelnen bezogene Funktion. Nach ihm kann die Notwendigkeit der Religion „nicht auf anthropologischer, sondern nur auf soziologischer Grundlage nachgewiesen werden. Religion löst nicht spezifische Probleme des Individuums, sondern erfüllt eine gesellschaftliche Funktion" (N. Luhmann 1989, 349). Man kann dies gewissermaßen als die Position einer potenzierten Funktionalität der Religion ansehen, die ihren Bezugspunkt nicht mehr in individuellen, sondern nur noch in gesellschaftlichen Zusammenhängen hat.[25] Auf dieser Basis fragt N. Luhmann nach dem typischen Code, nach dem das Religionssystem arbeite.[26] Sein Code liege in der „Differenz von Immanenz und Transzendenz" (N. Luhmann 1989, 313), genauer in der „Einheit der Differenz von Immanenz und Transzendenz." Religion habe nichts mit Sinnkrise, Sinnverlust, Identitäts- und Weltverlust zu tun (vgl. N. Luhmann 2000, 35), sondern mit der Unterscheidung von Immanenz und Transzendenz und der Einheit dieser Differenz. So sei eine Kommunikation immer dann religiös, „wenn sie Immanentes unter dem Gesichtspunkt der Transzendenz betrachtet" (N. Luhmann 2000, 77). Freilich ist dieser Transzendenzbegriff nicht als theologisch gefüllter Begriff zu verstehen, sondern – wenn ich N. Luhmann recht verstehe – als Ergebnis der erkenntnistheoretischen Überlegung, daß in einem Beobachtungsprozeß immer die Differenz von beobachtbar/unbeobachtbar gegeben ist. An der Realität schwinge immer eine andere, nicht sichtbare, nicht beobachtbare Seite mit. Die Funktion der Religion bestehe hier exakt im Festhalten an der Einheit der Differenz von beobachtbar und unbeobachtbar bzw. von Immanenz und Transzendenz. Sie bestehe im Umgang mit dem Vertrauten und Umgänglichen bei Aufrechterhaltung der Differenz von vertraut/unvertraut (vgl. N. Luhmann 2000, 83). Daran wird deutlich, daß nach N. Luhmann Religion/Religiosität nicht einfach die Qualität einer in sich ruhenden Gewißheit und Sicherheit hat, sondern als dauernde Spannung aus Bestimmtheit und Unbestimmbarkeit erfahren wird (vgl. M. Wohlrab-Sahr 2002, 24). Durchgehend liegt diesen Überlegungen N. Luhmanns die Überzeugung zugrunde, daß Religion nicht spezifische Probleme des einzelnen löse, sondern eine gesellschaftliche Funktion erfülle.

2. Der substantielle Religionsbegriff

Der von anderen Religionswissenschaftlern und Religionssoziologen vertretene substantielle Religionsbegriff hingegen vermag nicht ohne die „Angabe eines Bezugsgegenstandes der Religion" (D. Pollack 1995, 168) auszukommen. Erst diese Gegenstandsangabe, besser ihr Bezug, mache deutlich, was Religion sei.[27] Dabei kann dieser Bezug mehr in objektiven und/oder mehr in subjektiven Kategorien beschrieben werden. Friedrich Schleiermacher zum Beispiel sah im „Unendlichen", in der „Transzendenz", in „Gott" den Gegenstandsbereich der (christlichen) Religion, dem auf Seiten des Menschen das „Gefühl des Unendlichen", der „Sinn und Geschmack für das Unendliche" korrespondiere (vgl. E. Feil 2000, 8; M. Lutz-Bachmann 2003, 161). Rudolf Otto fokussierte das Religiöse im Begriff des Heiligen und beschrieb Religion als das Gefühl schlechthinniger Abhängigkeit, der – im Gegenstandsbereich – die objektive und schlechthinnige Überlegenheit (Gottes) entsprach. Zu den jüngeren Vertretern eines substantiellen Religionsbegriffs, der dabei gewiß immer mit dem funktionalen oszilliert, zählen vor allem Peter L. Berger und Thomas Luckmann.[28] Ihr Religionsbegriff orientiert sich an der Erfahrung der Transzendenz und am Gehalt dieser Erfahrung. Nach ihnen erweisen sich die Lebenserfahrungen der Menschen immer als „doppelbödig", und dies nicht nur in punktuellen Ereignissen, die die Normalität des Lebens gewissermaßen nur für einen Augenblick unterbrechen, sondern grundsätzlich. Die normale Realität der Wirklichkeit sei doppelbödig. In ihr zeige sich „der andere Zustand" der Wirklichkeit, ihre Transzendentalität. Vergleicht man ihre Position mit der Rudolf Ottos, so drängt sich der Eindruck auf, daß ihre Programmatik, an den Erfahrungen des normalen Alltags Hinweise auf die andere Seite der Wirklichkeit, auf die Transzendenz, zu entdecken, leichter einzulösen sei als der Zugriff auf das „Heilige" bei Rudolf Otto. Hinzukommt, daß bei der Fokussierung der Religion auf das Heilige, auf das Numinose, die lebensrelevante Komponente der Religion, insbesondere ihre soziale Komponente, rasch zu kurz kommen kann.

3. Mischformen

Mancher Versuch, die Religion zu beschreiben, scheint die Alternative zwischen funktionalem und substantiellem Religionsbegriff dadurch umgehen zu wollen, daß er sich mit einer formaleren Bestimmung zufriedengibt, die gewissermaßen weder Fisch noch Fleisch ist (vgl. F.-X. Kaufmann 1989, 57). So etwa, wenn Heinz Robert Schlette Religion als jenen Akt charakterisiert, „in dem der Mensch sein Leben auf einen für ihn absolut verbindlich geltenden ‚Sinn‘ bezieht" und er dabei „alles auf eine Karte setzt'" (zitiert nach F.-X. Kaufmann 1989, 57). Andere Autoren neigen von vornherein zu Mischformen beider Begriffsinhalte, so wenigstens kann man deren Religionsbestimmungen lesen. Wolfgang Trillhaas benennt die Wesenszüge der Religion in den Begriffen „Weltbezug, Bezug auf das Geheimnis der Welt, Sinnhaftigkeit, Hoffnung auf Geborgenheit, Gewißheit, Erlösung, Anthropologie, Praxis, Verobjektivierung" (zitiert nach D. Pollack 1995, 170). Und Kurt Rudolf lieferte die Definition, Religion sei „der von der Tradition bestimmte Glaube einer Gemeinschaft oder eines Individuums an die mehr oder weniger starke Abhängigkeit (Bestimmtheit) des natürlichen und gesellschaftlichen Geschehens von übermenschlich oder überirdisch wirkenden persönlichen Mächten und die daraus resultierende Verehrung derselben durch bestimmte kultisch geprägte Handlungen, die von der Gemeinschaft in festen Formen überliefert werden" (zitiert nach D. Pollack 1995, 175). Auch Charles Y. Glock scheint mir hier einzuordnen zu sein, der allerdings nicht nach einem funktionalen oder substantiellen Religionsbegriff fragte, sondern dessen Interesse den verschiedenen Dimensionen der Religiosität galt. Die Frage nach der Religiosität – im Unterschied zur Frage nach der Religion – ist insofern keine neue und andere Frage, als auch in den eben genannten Religionsbeschreibungen die Religiosität bereits immer mit anklang. Charles Y. Glock unterschied fünf Dimensionen der Religiosität: a) die Glaubensdimension, b) die Dimension der religiösen Praxis, c) die Dimension der religiösen Erfahrung, d) die Wissensdimension und e) die Dimension der religiösen Konsequenzen (vgl. Helmuth P. Huber 1999, 105).

4. Strukturimmanenz

Während diese Beispiele einen Beleg für die kaum weiter reflektierte faktische Vermischung des funktionalen und substantiellen Religionsbegriffs darstellen, haben sich, von gewiß unterschiedlichen Ansätzen her, Richard Schaeffler und Detlef Pollack um reflektierte Kombinationsvorschläge bemüht.

Ausgangspunkt ist bei Detlef Pollack (vgl. D. Pollack 1995, 184ff.) die These, daß die Religion die Ungesichertheit des Daseins thematisiere. Das tue sie nicht allein, darin teilten sich viele Wissenschaften. Der religiöse Ansatz aber unterscheide sich von anderen Ansätzen dadurch, daß er von der Ungesichertheit des Daseins, mit anderen Worten, von der Kontingenz des Lebens als *real gemachter Erfahrung* der Menschen ausgeht und Kontingenz nicht bloß als „philosophischen Universalbegriff" versteht. Die Lebenserfahrung der Menschen führe oft zu Ein- und Abbrüchen, zur „Durchbrechung des eingespielten Selbst- und Weltverständnisses, die als Kontingenz erfahren wird" (D. Pollack 1995, 185).[29] Damit allein aber nimmt nach D. Pollack diese Erfahrung noch nicht im umfassenden Sinn den Status einer religiösen Erfahrung ein. Denn dazu gehöre wesentlich der intendierte Schritt zur Problemlösung der Kontingenzerfahrung. Dieser Schritt sei durch zwei Momente gekennzeichnet, a) durch den Akt der Überschreitung der verfügbaren Lebenswelt des Menschen und b) durch die tatsächliche Bezugnahme dieser Überschreitung zurück auf das reale Leben (vgl. D. Pollack 1995, 185). Was hier etwas verklausuliert formuliert erscheint, meint mit anderen Worten, daß Religion und Religiosität nicht schon allein da gegeben sind, wo auf der Basis von Kontingenzerfahrungen die Sinnfrage gestellt werde, sondern erst da, wo sich diese Sinnfrage öffne für die Antwort, die die Religion gibt.[30] Vielleicht wird es nur im Hintergrund deutlich, daß dieser reflektierte Ansatz von Detlef Pollack in der Tat den funktionalen und den substantiellen Religionsbegriff miteinander zu kombinieren versucht hat.

Um dasselbe Anliegen scheint sich mir – von religionsphilosophischer Warte aus – Richard Schaeffler bemüht zu haben (vgl. R. Schaeffler 1985). Er mochte sich nicht zufriedengeben mit jenen Religionswissenschaftlern und Religionssoziologen, die auf einen Wesensbegriff der Religion verzichten und das Phänomen der Religion allein aus ihren Funktionen bestimmen. Es reiche nicht aus, gewissermaßen nur zu beschreiben, *wie* Religion sich äußere, und von ihr ein phänomenologisches Bild zu entwerfen. Wir können das hier auf dem Hintergrund unserer Fragestellung als Aufforderung lesen, das religiöse Feld nicht nur unter funktionaler Perspektive abzustecken, also unter der Perspektive, *wie* sich Religion äußere. Es dürfe nicht ausgeblendet werden, *was* die Religion sei. Womit also ausdrücklich nach einem substantiellen Religionsbegriff gefragt ist.

Es gehöre zur Struktur des religiösen Aktes, jedenfalls des sich ausdrücklich und reflex als religiös verstehenden Aktes, daß er sich auf ein transzendentales Woraufhin beziehe, auf Gott, sei es in individuellen, sei es in gemeinschaftlichen Akten. In dieser spezifischen Ausrichtung unterscheidet sich der religiöse Akt von allen anderen Vollzügen des Menschen. Dieser im religiösen Akt bewußt gesetzte Ausgriff des Menschen mache „das Wesen der Religion aus" (R. Schaeffler 1985, 65). Insofern nun nach dem christlichen Glauben Gott in Jesus Christus auf den Menschen zukomme und so des Menschen religiösen Ausgriff auf ein Woraufhin bestätige – ein Ausgriff, der von Gott selbst gestützt und getragen ist, also nicht ins Leere greift –, komme im Christlichen der Religionsbegriff zu seiner dichtesten Konsistenz.

Nun ist es allerdings so, daß nach dem christlichen Religionsverständnis Gott nicht nur gewissermaßen in immer nur punktuell-partikulären und in diesem Sinn „religiösen" Akten verehrt wird, als sei Gott ein Gegenstand, wenn auch ein höherer oder der höchste, in einer Reihe weiterer Gegenstände, dem man sich immer wieder einmal zuwendet. Gott ist nicht nur in den bewußt als religiös gesetzten Akten das Ziel des religiösen Tuns des Menschen, sondern, da er der umgreifende Horizont des Lebens ist, ist er letztlich der Bezugspunkt aller Lebensvollzüge des Menschen. Das heißt, „religiös" im Leben des Menschen sind nicht nur die manifest religiös gesetzten Akte, die dann die Religionssoziologie erkunden und beschreiben kann. Religiös sind auch in einer weniger ausdrücklichen Weise viele andere Akte des Menschen. Religion ist deshalb nie „bloß Religion." Sie greift weiter aus.

Das ist dann aber die entscheidende Argumentationsbasis, um

die Beschränkung des Interesses der Religionssoziologen auf die erklärt religiösen Phänomene – wir können dafür auch sagen, auf den bloß funktionalen Religionsbegriff – zu kritisieren. Der Blick auf die Funktionen der Religion läuft Gefahr, nur das manifest für religiös Gehaltene wahrzunehmen, nämlich die gesellschaftlich als religiöse Domäne identifizierte Wirklichkeit. Je länger, je mehr das so geht, ohne das Interesse dafür, *was* Religion eigentlich ist und will, wird der funktionale Religionsbegriff zum Selbstläufer. Er löst sich von seinem eigentlichen Wurzelgrund ab, wenn er denn je in ihm verwurzelt war, nämlich vom Wesen der Religion selbst.

Auf der anderen Seite bedeutet das nicht, der am Wesen der Religion orientierte substantielle Religionsbegriff sei „funktionslos". Alles andere als das. Nur bindet er die Funktionen der Religion strukturimmanent an das Wesen der Religion und leitet sie davon ab. Der Unterschied zwischen einem nirgends verankerten und deshalb auch nur schwer von anderen Vollzügen abgrenzbaren funktionalen und einem substantiellen Religionsbegriff liegt also darin, daß für den substantiellen Religionsbegriff die Funktionen der Religion im Kern der Religion selbst begründet und verankert sind.

Als Ergebnis – und zwar auf der Basis religions*philosophischer* und nicht schon theologischer Überlegungen – bleibt festzuhalten, daß der funktionale Religionsbegriff, so beliebt er unter Religionswissenschaftlern und Religionssoziologen auch sein mag, erst unter Wahrung seiner strukturimmanenten Beziehung zur Religion ins richtige Lot kommt und erst dann als sinnvoller Arbeitsbegriff dienen kann.

Vielleicht haben wir uns mit diesen Überlegungen für das Empfinden mancher Leser schon längst auf das Feld theologischer Argumentationen begeben, die hier noch gar nicht an der Reihe waren. Dem ist nicht so. Erst jetzt steht es – als letzter Schritt innerhalb der Vorklärungen zur Komplexität der Frage nach der Religion – an, uns mit dem theologischen Verständnis der Religion zu befassen. Damit sind wir freilich noch immer nicht bei der eigentlichen Frage unserer Studie angelangt, wie es heute um das Vorkommen der Religion in unserem Lande steht und wie dieses Vorkommen praktisch-theologisch zu beurteilen ist. Wir bewegen uns ein letztes Mal weiter im Bereich der Vorklärungen.

5. Kapitel: Der theologische Begriff der christlichen Religion

Für sich genommen stellt der spezifisch theologische Begriff der christlichen Religion natürlich mehr als eine Vorklärung dar. Er faßt ja begrifflich bzw. versucht begrifflich zu fassen, worum es in der christlichen Religion überhaupt geht. Insofern geht es in ihm um die Sache selbst und nicht bloß um eine Vorklärung. In den Bereich der Vorklärungen gehören aber die folgenden Überlegungen, insofern sie im Aufbau dieser Studie noch nicht zu ihrem eigentlichen Fokus, nämlich zum Vorkommen der Religion in unserer Gegenwartsgesellschaft, zählen.

1. Theologische Vergewisserungen

Wir können nicht davon absehen, die christliche Religion als *Religion* zu charakterisieren. Dagegen sind ja nicht unerhebliche Einwände geltend gemacht worden. Karl Barth war es vor allem, der das Spezifische des Christentums gerade darin sah, daß es Nicht-Religion sei, da es sich der Initiative der göttlichen Offenbarung verdanke und nicht das Ergebnis menschlich-religiösen Vermögens sei. Dieser Ursprung aus der göttlichen Offenbarung unterscheide das Christentum uneinholbar von allen anderen Phänomenen der Religion, in welchen Facetten sie auch immer vorkämen, ob als primitive oder als Hochreligionen. Alle nichtchristlichen Religionen seien, so sagt Karl Barth in seiner Kirchlichen Dogmatik, „Angelegenheiten des gottlosen Menschen." Nach ihm klaffe zwischen Christentum und dem Begriff Religion ein unversöhnlicher dialektischer Gegensatz. Nicht ganz so scharf argumentierte Dietrich Bonhoeffer, wenn er vom kommenden „religionslosen Christentum" sprach, das alle dem Christentum wesenfremden religiösen Eigenschaften abstreifen müsse. In den letzten Jahren lebten ähnliche Gedanken bei dem italienischen Religionsphilosophen und Theologen G. Baget Bozzo auf, der das Buch veröffentlichte: „Prophetie. Das Christentum ist keine Religion" (vgl. J. Ratzinger 2003, 41f.) Ich schließe mich im Gegensatz dazu Joseph Ratzinger an, für den „der Begriff eines religionslosen Christentums widersprüchlich und unrealistisch" ist. „Der Glaube muß sich auch als Religion und in Religion ausdrücken, ist freilich nicht auf sie rückführbar" (J. Ratzinger 2003, 42).

1.1 Die alles entscheidende Vorgabe: das Faktum der Offenbarung

Die christliche Religion ist nicht auf das religiöse Bedürfnis, auf das religiöse Vermögen, auf das religiöse Interesse des Menschen – oder wie immer man das nennen will – rückführbar. Das ist ihr Spezifikum. Sie führt sich zurück und verdankt sich der Offenbarung Gottes, die aus Gottes freier Initiative ergangen ist. „Gott hat in seiner Güte und Weisheit beschlossen, sich selbst zu offenbaren und das Geheimnis seines Willens kundzutun (vgl. Eph 1,9): daß die Menschen durch Christus, das fleischgewordene Wort, im Heiligen Geist Zugang zum Vater haben und teilhaftig werden der göttlichen Natur (vgl. Eph 2,18. 2 Petr 1,4). In dieser Offenbarung redet der unsichtbare Gott (vgl. Kol 1,15. 1 Tim 1,17) aus überströmender Liebe die Menschen an wie Freunde (vgl. Ex 33,11; Joh 15,14–15) und verkehrt mit ihnen (vgl. Bar 3,18), um sie in seine Gemeinschaft einzuladen und aufzunehmen" (Dei verbum Art. 2).[31]

Damit ist im Kern das Wesen der christlichen Religion ausgesagt. Sie ist die Responsorik des Menschen – die ihrerseits von Gott ermöglicht und unterfangen ist – in Wort und Tat auf die freie, ungeschuldete und vergebende, absolute Selbstmitteilung Gottes (vgl. K. Rahner 1976, 122). Oder, wie die Internationale Theologenkommission 1996 formuliert hat, die Antwort auf „die Initiative des Vaters im Erlösungswerk", auf „die einzigartige Mittlerschaft Jesu", auf „die Universalität des Heiligen Geistes" (Sekretariat der Deutschen Bischofskonferenz 1996, 19, 21, 27).

Diese verdichteten Aussagen wären nun zu explizieren. Ohne An-

46

spruch auf Vollständigkeit – wir verfolgen hier ja nicht das Projekt eines dogmatischen Traktats – lenken wir den Blick lediglich auf einige Aspekte dieser Aussagen, die dabei wohlgemerkt als Aspekte, aber nicht als segmentierte Teile eines unteilbar Ganzen zu verstehen sind.

1.2 Die hermeneutischen Verstehensbedingungen der Offenbarung

Weil Gottes Offenbarung seine letzte Aufgipfelung und Endgültigkeit in Jesus Christus erfahren hat, ist es wichtig, den Blick auf Jesus Christus zu richten, ohne dabei den Fehler einer mentalen Abspaltung zwischen ihm auf der einen und Gott, dem Vater, und dem Heiligen Geist auf der anderen Seite zu begehen. 1 Tim 2,5–6 formuliert die Mittlerrolle Jesu Christi so: „Einer ist Gott, Einer auch Mittler zwischen Gott und den Menschen: der Mensch Christus Jesus, der sich als Lösegeld hingegeben hat für alle." Wenn wir hier einmal vom Nachsatz „der sich als Lösegeld hingegeben hat" absehen, nicht um die Gültigkeit seiner Aussage in Zweifel zu ziehen, sondern eher deshalb, weil er auf ein eigenes neues Diskussionsfeld führen würde, wenn wir also beim ersten Satzteil bleiben, dann ist gesagt, daß der *Mensch* Jesus Christus der Mittler zwischen Gott und den Menschen ist. Der *Mensch* Jesus in seiner historischen Partikularität. Die gleichwohl universale Geltung beansprucht. Darin deutet sich ein Problem an, das nicht nur immer wieder den der christlichen Religion Zugehörigen aufstoßen kann, sofern sie sich überhaupt mit dem universellen Anspruch Jesu Christi als Mittler der Offenbarung bewußt auseinandersetzen. Darin liegt auch insbesondere ein Problem der Begegnung und Auseinandersetzung der christlichen Religion mit den nichtchristlichen Religionen, worauf nachher zurückzukommen sein wird.

Schon im eigenen innerchristlichen bzw. innertheologischen Diskurs um das Verständnis der Universalität Jesu Christi begegnet man sprachlichen Mißgriffen und Ungenauigkeiten. So behauptet die erwähnte Erklärung der Internationalen Theologenkommission auf der einen Seite zurecht, Jesus sei der „inkarnierte Logos, der alle Menschen erleuchtet" (Sekretariat der Deutschen Bischofskonferenz

1996, 22). Wenig später aber liest man den Satz: „Nur die Christen kennen ihn (sc. Jesus Christus) in seiner Vollständigkeit" (1996, 24). Es fragt sich: Berechtigt der Glaube an die universale Bedeutung der Offenbarung durch Jesus Christus tatsächlich zu der Aussage, wir Christen würden Jesus in seiner Vollständigkeit kennen? Geraten hier nicht zwei notwendigerweise zu unterscheidende Ebenen durcheinander? Nämlich die ontologische und die epistemologische Ebene?

Dieselbe Frage ist auch an die Erklärung „Dominus Iesus" zu stellen, wenn sie im Abschnitt „Fülle und Endgültigkeit der Offenbarung Jesu Christi" die Auffassung als im Gegensatz zum Glauben stehend zurückweist, „daß die Wahrheit über Gott in seiner Globalität und Vollständigkeit von keiner geschichtlichen Religion, also auch nicht vom Christentum und nicht einmal von Jesus Christus, erfaßt und kundgetan werden könne" (Dominus Iesus Nr. 6). Lassen wir hier einmal den auf Jesus bezogenen Bereich der Aussage außer Betracht. Paul J. Griffiths hat zurecht angemerkt, daß die Erklärung „Dominus Iesus" an dieser Stelle in ihrer Argumentation einen fraglichen Wechsel von der ontologischen auf die epistemologische Ebene vollzogen hat (vgl. P. J. Griffiths 2000, 408f.). Es treffe selbstverständlich ohne den geringsten Zweifel zu und darauf beruhe ja die christliche Lehre in ihrer Substanz, daß die Offenbarung Gottes durch den Mittler Jesus Christus universal und unbegrenzt gilt (das betrifft die ontologische Ebene). Aber es treffe nicht zu, daß diese universale Wahrheit über Gott „in seiner Globalität und Vollständigkeit" vom Menschen erfaßbar sei (das betrifft die epistemologische Ebene).[32] „Die (unverzichtbare) Aussage, daß *die Offenbarung Gottes in Christus vollständig ist*, ist mit der Aussage, daß *die der Kirche ausdrücklich bekannte und von ihr gelehrte Wahrheit über Gott vollständig ist*, weder identisch noch in ihr enthalten" (P. J. Griffiths 2000, 409). Die Vollständigkeit, lateinisch plenitudo, von der „Dominus Iesus" spricht, meint nicht eine einmal erreichbare „materiale" Vollständigkeit, sondern bezeichnet „einen Horizont, der für das Denken und die Sprache unerreichbar ist" (Paul J. Griffiths 2000, 408).

Aus dieser Perspektive fällt dann sogar auch in der Erklärung „Dominus Iesus" die behutsame Formulierung in Nr. 6 auf, „daß der Heilige Geist ... die Apostel und durch sie die Kirche aller Zeiten diese ‚ganze Wahrheit' (Joh 16,13) *lehrt.*" Es handelt sich also um einen nicht abgeschlossenen Prozeß, der insofern auch nicht abschließbar ist, als die Kirche auch das, „was der Heilige Geist sie bereits gelehrt hat, noch nicht vollständig verstanden" (P. J. Griffiths 2000, 409) hat. Diese nämliche Verwechslung bzw. Vermischung der epistemologischen mit der ontologischen Ebene scheint auch der Erklärung der Internationalen Theologenkommission zugrundezuliegen, da sie nicht – was richtig gewesen wäre – von der Vollständigkeit der Offenbarung durch Jesus Christus, sondern von der Vollständigkeit ihrer Kenntnis durch die Christen spricht.

1.3 Die der christlichen Religion immanente kenotische Struktur

Auf ontologischer Ebene ist nicht das Geringste davon wegzunehmen, daß Jesus Christus der endgültige universale Mittler der Offenbarung Gottes ist, und zwar, wie 1 Tim 2,5 sagt, als *Mensch*. Die Betonung auf dem *Menschen* Jesus Christus führt uns zu einem weiteren inhaltlichen Moment am spezifisch theologischen Begriff der christlichen Religion (vgl. E. Borgman 2000, 507–519). Nach dem Christushymnus des Phil-Briefes führt die Inkarnation der 2. Person in Gott in die Kenosis, in die Erniedrigung. „Er entäußerte sich und wurde wie ein Sklave und den Menschen gleich. Sein Leben war das eines Menschen; er erniedrigte sich und war gehorsam bis zum Tod, bis zum Tod am Kreuz" (Phil 2,7–8). Im Tod am Kreuz erfährt der Mittler zwischen Gott und den Menschen in einer unerträglichen Paradoxie in seiner eigenen Person die letzte Gottverlassenheit (vgl. E. Borgman 2003, 512). „Mein Gott, mein Gott, warum hast du mich verlassen?" Dieser Ruf ist der Ausdruck der Treue zu Gott in letzter Verzweiflung über die Erfahrung seiner Abwesenheit.

Worauf macht uns das aufmerksam, wenn wir darin ein weiteres Moment am spezifisch theologischen Begriff der christlichen Religion erkennen? Wir werden inne, daß Gott, den Jesus Christus in seiner Fülle geoffenbart hat, ein Gott ist, „der anwesend ist bis in seine Abwesenheit hinein" (E. Borgman 2003, 512). Auf der subjektiven Ebene unseres Glaubens bedeutet dies, daß der christliche

Glaube immer wesentlich angefochtener Glaube ist. Auf der objektiven Ebene heißt das, daß die kenotische Struktur offenbar zu seinem Wesen gehört. Im Rückbezug auf den vorausgegangenen Aspekt läßt sich sagen, daß wir an der Tatsache der auf epistemologischer Ebene nicht einholbaren Fülle der Offenbarung wiederum die kenotische Struktur der christlichen Religion erkennen können..

1.4 Der Bezug zu Gott

Wo von der Offenbarung Gottes als einer an die Menschen vermittelten Realität die Rede ist, nimmt es nicht wunder, daß konsequenterweise für die christliche Religion der Bezug des Menschen zu Gott ein weiteres konstitutives Element darstellt. Dabei darf dieser Bezug nicht verstanden werden als etwas aposteriorisch, gewissermaßen unter der Kategorie der Dankbarkeit gegenüber Gott Geschuldetes, sondern er ist mit der Offenbarung selbst als etwas ihr Immanentes gegeben.

Thomas von Aquin sieht in der Beziehung des Menschen zu Gott das Wesen der Religion (religio proprie importat ordinem ad Deum) (vgl. M. Seckler 1985, 179). Dieser „ordo ad Deum" nimmt dabei nicht erst mit der Offenbarung seinen Ausgang, er ist dem Menschen bereits durch die Schöpfungsordnung eingegeben. Die unverdient und ungeschuldet ergangene Offenbarung versetzt den Menschen in die Lage, sein Leben im Rahmen dieses „ordo" auch tatsächlich zu leben und es so ganz zu sich kommen zu lassen. Diese Ausrichtung des Menschen darf freilich nicht darauf reduziert werden, als müsse sie sich immer nur in ausdrücklich religiös-rituellen Akten und Handlungsweisen individueller und kollektiver Art äußern. Womöglich unter Vernachlässigung der sozialen Bezüge des Lebens. Einer solchen sektoralen Religiosität könnte die Annahme zugrundeliegen, Gott sei gewissermaßen ein weiteres, wenn auch das höchste Objekt über und nach allen anderen Objekten des Lebens. So aber verhält es sich mit dem Gott der Offenbarung nicht.

Der Gott unserer Offenbarung ist vielmehr der umfassende Horizont, das Wovonher und Woraufhin unseres Lebens. Er darf freilich nicht in einem pantheistischen Sinn mißdeutet werden, als würde er sich schließlich mit allem und jedem in einem Meer der Unendlichkeit auflösen. Er ist als der dreifaltige Gott, als Vater, Sohn und Heiliger Geist, nicht ein weiteres Objekt, sondern der umfassende Horizont unseres Lebens. Deshalb haben wir es mit ihm nicht nur in ausdrücklich religiös-rituellen Akten zu tun. Gewiß sind diese Akte, die sich expressiv an Gott als dem Wovonher und Woraufhin unseres Lebens richten, im Gebet, in der Liturgie, unverzichtbar. Aber es muß deutlich bleiben, daß sich unser „ordo ad Deum" als unsere apriorische Ausrichtung auf Gott nicht nur in solchen ausdrücklich religiösen Akten äußert, sondern ebenso in den vielen anderen verantwortlich gesetzten Akten unseres Lebens.[33] Wir können deshalb mit M. Seckler festhalten, „daß der theologische Religionsbegriff den ‚Ort' für *religio* zunächst nicht sektoral kulturtheoretisch oder phänomenologisch bestimmt, sondern anthropo-theologisch, eben als den *ordo hominis ad Deum*" (M. Seckler 1985, 181). Dieser „ordo ad Deum" ist somit ein weiterer zentraler Aspekt des christlichen Religionsbegriffs, der allerdings deshalb zu wenig greifbar erscheint, weil er sich einer ausschließlich sektoral-phänomenologischen Bestimmung der Religion entzieht.

1.5 Die Würde des Menschen

Ist, so kann man fragen, die Würde des Menschen ein weiterer neuer Aspekt am christlichen Religionsbegriff oder ist sie nur ein Annex am „ordo ad Deum"? Die Erklärung über die Religionsfreiheit „Dignitatis humanae" des Zweiten Vatikanischen Konzils hält die Würde des Menschen für konstitutiv für die christliche Religion. Nach Artikel 9 dieser Erklärung läßt die Offenbarung „die Würde der menschlichen Person in ihrem ganzen Umfang ans Licht treten." Zu dieser Würde zählt das Recht auf religiöse Freiheit, die in der Person und ihrer Personwürde selbst begründet ist. Deshalb muß nach der Erklärung – was im ersten Moment überraschen mag, was aber die Ernsthaftigkeit ihrer Aussage unter Beweis stellt – das Recht auf religiöse Freiheit auch denen erhalten bleiben, „die ihrer Pflicht, die Wahrheit zu suchen und daran festzuhalten, nicht nachkommen" (Dignitatis humanae Art. 2). Konkret müsse die Wahrheit „auf eine Weise gesucht werden, die der *Würde* der menschlichen Person und ihrer Sozialnatur eigen ist, d. h." – wird dann exemplarisch erläutert – „auf dem Wege der freien Forschung, mit Hilfe des Lehramtes oder der Unterweisung, des Gedankenaustauschs und des Dialogs, wodurch die Menschen einander die Wahrheit, die sie gefunden haben oder gefunden zu haben glauben, mitteilen, damit sie sich bei der Erforschung der Wahrheit gegenseitig zu Hilfe kommen" (Dignitatis humanae Art. 3).

Nach diesen Texten beansprucht die Würde des Menschen eine generelle Geltung. Sie hat ihre letzte Quelle in der göttlichen Offenbarung und ist somit ein weiterer spezifischer Aspekt am theologischen Begriff der christlichen Religion.

1.6 Der Heilsaspekt

Kehren wir noch einmal zum Begriff des „ordo ad Deum" zurück, um einem möglichen Mißverständnis vorzubeugen. Beim „ordo ad Deum" handelt es sich nicht – woran man denken könnte – um einen rein formalen Begriff, der mit allen möglichen Inhalten gefüllt werden könnte. Der christliche Begriff des „ordo ad Deum" ist von Anfang an theozentrisch konzentriert auf das Heil, das von Gott kommt. In der christlichen Religion geht es um die *Heilsfrage*, allerdings nicht um ein Heil, das der Mensch von sich aus in eigener Regie bewerkstelligen könnte, er müßte sich nur gebührend bemühen. Vielmehr geht es um ein Heil, das von Gott initiiert ist und von ihm kommt.

Wir haben uns angewöhnt, dieses Heil mit Erlösung zu bezeichnen. Nicht wenige haben mit diesem Begriff Schwierigkeiten, obwohl er – was nicht zu bestreiten ist – in der Heiligen Schrift eindeutig ausgewiesen ist. Nur muß man hier genauer zusehen (vgl. T. Sundermeier 1999, 55–57). Die Schrift denkt nämlich vom Heil in zwei Modellen, im Modell der *Erlösung* und im Modell der *Versöhnung*. Je nachdem erscheint die Offenbarungsreligion als Erlösungs- oder als Versöhnungsreligion. Die Erlösungsreligion betont die *ver-*

tikale Beziehung des Menschen zu Gott, die Versöhnungsreligion die versöhnende Wirkung des Heils in der *Horizontale* des Lebens. Nicht nur im Alten Testament dominieren die Versöhnungsvorstellungen die Erlösungsvorstellungen. Auch das Neue Testament spricht in seinen frühen Schichten vom Heil in Versöhnungs- und nicht in Erlösungsbegriffen. So dürfte der paulinische Versöhnungsgedanke letztlich auf die realen Erfahrungen zurückzuführen sein, die die Menschen mit Jesus gemacht hatten. Jesus hatte sich den kultisch und sozial Ausgestoßenen zugewandt. Er hatte mit ihnen Mahlgemeinschaft gepflegt. Er hatte vom Reich Gottes in den Bildern und Metaphern eines Hochzeitsfestes gesprochen. Alles Symbole des versöhnten Lebens. Paulus knüpfte offensichtlich an solche Erfahrungen an, wenn er im Römer-Brief sagt, daß wir „als Feinde", d. h. in unseren unversöhnten feindlichen Lebensbeziehungen, „mit Gott versöhnt wurden durch den Tod seines Sohnes" (Röm 5,10) und so „Friede haben mit Gott durch Jesus Christus" (Röm 5,1). Auch in den Nachpaulinen hält diese Auffassung an, wenngleich sie konterkariert wird durch die Perspektive der Erlösung. So spricht Kol 1,14 in einer Überschrift von der „Erlösung", von der Vergebung der Sünden, im anschließenden Hymnus aber ruht der Akzent auf der Versöhnung: „ Denn Gott wollte mit seiner ganzen Fülle in ihm (sc. in Christus) wohnen, um durch ihn alles zu *versöhnen*. Alles im Himmel und auf Erden wollte er zu Christus führen, der *Friede* gestiftet hat am Kreuz durch sein Blut" (Kol 1,19–20). Die nämliche Versöhnungsterminologie spricht aus Eph 2,14–18.

Wir haben hier nicht der Frage nachzugehen, wie es kam, daß das Heil – mit Ansätzen schon im Neuen Testament – schließlich stärker im Modell der Erlösung als in dem der Versöhnung dargestellt wurde und die Christentumsgeschichte hindurch dominierte. In unserem Zusammenhang reicht es festzuhalten, daß in jedem Fall – vor der Differenzierung in Versöhnung oder Erlösung – die Frage nach dem Heil ein unverzichtbares Moment der christlichen Religion bildet.

Im Vorausgehenden ging es darum, sich der Inhalte des theologischen Begriffs der christlichen Religion zu vergewissern. Grundlegend für diesen Religionsbegriff ist die Tatsache der göttlichen Offenbarung, in der Gestalt des Mittlers Jesus Christus. Er wurde als *Mensch* in seiner Kenose ins Menschsein bis zum Tod, ja bis zum Tod am Kreuz, der Mittler zwischen Gott und Menschen. Aus seiner Erfahrung der Abwesenheit Gottes am Kreuz wird die Paradoxie der Anwesenheit Gottes in seiner Abwesenheit als konstitutives Element des christlichen Religionsbegriffs erahnbar. Konstitutiv für diesen Religionsbegriff ist schließlich die Hinordnung des Menschen auf Gott, sein „ordo ad Deum", aus der/aus dem sich die Würde des Menschen und sein Heil herleiten.

2. Unbegründete Generalisierung?

Man möchte diese Aspekte des Begriffs der christlichen Religion – die hier gewiß ohne Anspruch auf Vollständigkeit zusammengetragen wurden – so stehen lassen, wenn gegen sie nicht der empirisch unbestreitbare Befund spräche – oder sollten wir vorsichtiger sagen, zu sprechen scheint?; denn diesen gilt es ja gerade auf seine Unbestreitbarkeit zu überprüfen –, daß die dem christlichen Religionsbegriff zugrundeliegenden anthropo-theologischen Generalisierungen gerade keine generelle Gültigkeit für sich in Anspruch nehmen. Denn es gibt Menschen, zumal heute, die ohne metaphysisch-religiöses Bedürfnis durchs Leben kommen, sogar gut durchs Leben kommen und die nie nach dem Sinn des Lebens fragen.[34] Es gibt andere, die den christlichen Religionsbegriff generell mit einem Projektionsverdacht belegen oder ihm einen Entfremdungsvorwurf machen.

Diese Problematik weiterzuverfolgen, ist hier nicht unser Ansinnen. Nur soviel sei gesagt: Die subjektive Befindlichkeit des einzelnen bezüglich seiner existentiellen Fragen ist das eine. Und mögen es heute viele sein, die die Sinnfrage kaum noch stellen und die, mit Max Weber gesprochen, in diesem Sinn „religiös unmusikalisch" sind. Das andere ist gleichwohl die hintergründige, vielfach unentdeckte transzendentale Bezogenheit des Menschen, die in der christlichen Religion dank der göttlichen Offenbarung im Wissen um die ausdrückliche Verwiesenheit und in der Annahme dieser Verwiesenheit auf Gott zur vollen Geltung kommt. Diese Verwiesenheit gehört zur Struktur des Menschen. Sie ist nicht allein durch kontingente Situationen des Lebens zu erklären. Wobei daran erinnert werden darf,[35] daß diese Verwiesenheit und ihre Annahme sich nicht unbedingt in expressiv religiösen Akten ausdrücken müssen, als seien nur solche Akte der Beweis ihrer Existenz. Es gibt Formen und Weisen der Annahme dieser Verwiesenheit, die auf die prima vista nicht als religiöse Akte erscheinen, sondern als ihr gerades Gegenteil, als Indifferentismus oder als absolute Fehlanzeige, in denen es aber doch auf verhaltene Weise um das religiöse Suchen des Menschen geht.

Es mag hier reichen, an Sätze aus der Erklärung über das Verhältnis der Kirche zu den nichtchristlichen Religionen, „Nostra aetate", zu erinnern, die ganz generell den Menschen vor die ungelösten Rätsel seines Daseins gestellt sehen, vor Rätsel „die heute wie von je die Herzen der Menschen im tiefsten bewegen." Indem die Menschen von solchen Fragen bewegt werden, rühren sie an Zusammenhänge, die zuletzt auf Gott als letztes Ziel verweisen. „Was ist der Mensch? Was ist Sinn und Ziel unseres Lebens? Was ist das Gute, was die Sünde? Woher kommt das Leid, und welchen Sinn hat es? Was ist der Weg zum wahren Glück? Was ist der Tod, das Gericht und die Vergeltung nach dem Tode? Und schließlich: Was ist jenes letzte und unsagbare Geheimnis unserer Existenz, aus dem wir kommen und wohin wir gehen?" (Nostra aetate Art.1). Nach Gaudium et spes Art. 41 weiß sich die Kirche der Aufgabe verpflichtet, dem Menschen das Verständnis seiner eigenen Existenz zu erschließen. „Sie (sc. die Kirche) weiß darum, daß der Mensch unter dem ständigen Antrieb des Geistes Gottes niemals dem Problem der Religion gegenüber ganz gleichgültig sein kann, wie es nicht nur die Erfahrung so vieler vergangener Jahrhunderte, sondern auch das vielfältige Zeugnis unserer Zeit beweist. Denn immer wird der Mensch wenigstens ahnungsweise Verlangen in sich tragen, zu wissen, was die Bedeutung seines Lebens, seines Schaffens und seines Todes ist".

3. Christliche Religion/nichtchristliche Religionen

Wenn im Vorausgehenden der theologische Begriff der christlichen Religion gewissermaßen hinreichend Kontur angenommen hat, so würde den bisherigen Überlegungen gleichwohl etwas Entscheidendes fehlen, wenn wir ihn nicht ins Gespräch mit den nichtchristlichen Religionen unserer Zeit brächten. Die nichtchristlichen Religionen sind in der Tat Religionen unserer Zeit geworden, insofern sie uns im Zuge der modernen weltweiten Globalisierung und der Tendenz zum „global village" näher auf den Leib gerückt sind als je. Mit dem Ende des kulturellen, politischen und religiösen Eurozentrismus nach dem Zweiten Weltkrieg (vgl. R. Bernhardt 1998, 21) war gewissermaßen ein anderer, nicht mehr der ausschließlich eurozentrische Blick auf die nichtchristlichen Religionen angesagt. Das Zweite Vatikanische Konzil vollzog vor allem in „Nostra aetate" den notwendigen Blickwechsel. Mittlerweile hat die Notwendigkeit an Dringlichkeit zugenommen, zu den nichtchristlichen Religionen – ja, wie soll man sagen – aus christlicher Warte Position zu beziehen? Geht es überhaupt um ein gewissermaßen selbstsicheres und forsches Position-Beziehen, das womöglich den nichtchristlichen Religionen gar nicht gerecht würde? Steht nicht vielmehr ein ernstgemeinter und nicht bloß taktisch-strategischer Dialog an, in welchem sich alle Dialog- bzw. Diskurspartner gleichwertig ernstnehmen?

Ein solcher Dialog aber erfolgt nicht standpunktlos, er setzt vielmehr die erkennbaren Konturen der eigenen Religion, in unserem Fall der christlichen, voraus. Seit geraumer Zeit macht die „Theologie der Religionen" von sich reden. Ein etwas schillernder Begriff. Schillernd deshalb, weil er unterschiedliche Sachverhalte bezeichnen kann (vgl. P. Schmidt-Leukel 1998, 39). Er kann zum einen das spannungsfreie interreligiöse Zusammenleben von Christen und Muslimen im Alltag im Blick haben.[36] Er kann und sollte – und das wäre das weit Wichtigere – die Aufgabe anzeigen, wie unsere Religion die anderen Religionen sieht, und wie sich unsere Religion angesichts der anderen Religionen sieht. Er kann schließlich die Frage avisieren, welche Bedeutung „die Pluralität der uns umgebenden lebendigen Religionen und religiösen Traditionen *in Gottes Plan* für die Menschheit hat" (W. R. Burrows 1998, 62).

3.1 Exklusivismus, Inklusivismus, Pluralismus

Die Theologie der Religionen, zumal als „pluralistische Theologie" der Religionen, führt bisweilen in religionstheologische Untiefen, die Fragen aufwerfen.[37] Das Problem fängt für uns schon damit an, daß wir versucht sein können, uns „den anderen Religionen mit den strukturierenden Vorgaben der eigenen Religion zu nähern" (G. Griffith-Dickson 2003, 401). Wir neigen dann dazu, die anderen Religionen mit den der christlichen Religion eigenen Doktrinen zu vergleichen. Damit machen wir uns einer „zu undifferenzierten Betrachtung" (J. Ratzinger 2003, 44) schuldig. Notwendig ist eine differenzierte Sicht der Religionen, wie sie die Internationale Theologenkommission zum Beispiel in „Nostra aetate" gegeben sieht. In „Nostra aetate" werde beschrieben, „was die Weltreligionen grundlegend gemeinsam haben, ... ohne die ebenso grundlegenden Unterschiede zu verwischen" (Sekretariat der Deutschen Bischofskonferenz, 1996, 46). Es stellt sich nur die Frage, wie eine solch differenzierte Sicht der je anderen Religionen konkret zustande kommt. Hier ist offenbar eine besondere Hermeneutik erforderlich, die T. Sundermeier als „mehrstufige Hermeneutik" charakterisiert hat. Ihre erste Stufe bestehe darin, die andere Religion „als andere, fremde Religion" (T. Sundermeier 1999, 207) wahrzunehmen. Auf der zweiten Stufe sei die andere Religion „in ihrem eigenen, besonderen Kontext" (T. Sundermeier 1999, 208) zu erfassen. Teilnehmende Beobachtung ist angesagt. Auf der dritten Stufe läßt man sich auf die andere Religion ein und setzt sich ihrer Faszination aus.[38] Auf der vierten Stufe wird für einen Moment die Relevanz dieser anderen Religion vernehmbar. Die Distanz zu ihr wird aufgehoben, so daß diese Religion geradezu „zur Versuchung wird" (T. Sundermeier 1999, 209).

Wir dürfen diese hermeneutischen Stufen, vor allem die Stufe der Relevanzebene fremder Religionen, nicht von vornherein ablehnen, und dies aufgrund der Struktur unserer eigenen christlichen Religion. Wie Paulus den Juden ein Jude und den Heiden ein Heide wurde – und was bedeutete das anderes, als daß er das tatsächlich wurde und dies nicht nur aus strategisch-taktischen Gründen mimte –, so darf sich auch unser Glaube in den Kontexten der anderen Religionen als „angefochtener Glaube" erfahren. Denn ihm ist ja gemäß dem Christushymnus des Philipper-Briefes die kenotische Struktur zutiefst zu eigen.

In der aktuellen Diskussion der Theologie der Religionen werden bezüglich des Beziehungsverhältnisses der christlichen Religion zu den nichtchristlichen Religionen drei Positionen vertreten, der Exklusivismus, der Inklusivismus und der Pluralismus.[39]

Für den *Exklusivismus*, der heute innerhalb der christlichen Religion in aller Strenge und Konsequenz eigentlich nur noch von fundamentalistischen Gruppen vertreten wird, ist die christliche Religion die einzig wahre und einzig seligmachende Religion. Der Exklusivismus beruft sich dabei – allerdings in einer zu restriktiven Deutung – auf das Axiom „extra ecclesiam nulla salus". Er hat es allein schon schwer, vor der Heiligen Schrift zu bestehen. Denn diese sagt in 1 Tim 2,4 und ähnlich in Röm 2,6f, daß Gott „will, daß *alle* Menschen gerettet werden." Zu Unrecht wird übrigens gelegentlich Karl Barth als Verfechter dieses Exklusivismus angesehen. Ihm ging es nämlich nicht um die Frage des Verhältnisses der christlichen Religion zu den nichtchristlichen Religionen, sondern um die ganz andere Frage, ob der christliche Offenbarungsglaube überhaupt als *Religion* zu bezeichnen sei. Eben dies lehnte Barth mit der Begründung ab, daß die religiösen Phänomene lediglich vom Menschen hervorgebrachte Leistungen seien, während der christliche Glaube auf der göttlichen Offenbarung beruhe.

Der *Inklusivismus* schlägt den Bogen weiter. Für ihn ist klar, daß das Erlösungswerk Jesu Christi nicht nur denen gilt, die ausdrücklich glauben – gemeint sind die, die zur sichtbaren Gestalt der Kirche gehören –, sondern daß an ihm alle Menschen Anteil haben. Der Inklusivismus spricht aus der ersten Enzyklika Johannes Paul II., Redemptor hominis, wenn es dort heißt: „Der Mensch – und zwar jeder Mensch ohne Ausnahme – ist von Christus erlöst worden. Christus ist mit jedem Menschen, ohne Ausnahme in irgendeiner Weise verbunden, auch wenn sich der Mensch dessen nicht bewußt ist" (Sekretariat der Deutschen Bischofskonferenz 1979). Im Licht dieses Inklusivismus sind auch die nichtchristlichen

Religionen implizit vom Heilswillen Gottes erfaßt. Damit wird nicht in Frage gestellt, daß diese Religionen auch Ambivalentes, ja bisweilen der Würde des Menschen Widersprechendes an sich haben können (wie übrigens die gelebte christliche Religion selbst auch). Ganz ausdrücklich bringt sogar die Erklärung „Dominus Iesus" das inklusive Denkmodell zur Geltung, wenn sie in Nr. 8 sagt, wobei sie die Enzyklika „Redemptoris missio" zitiert: „Weil (aber) Gott alle Völker *in Christus* zu sich rufen und ihnen die Fülle seiner Offenbarung und seiner Liebe mitteilen will, hört er nicht auf, sich auf vielfältige Weise gegenwärtig zu machen, ‚nicht nur dem einzelnen, sondern auch den Völkern *im Reichtum ihrer Spiritualität, die in den Religionen* ihren vorzüglichen und wesentlichen Ausdruck findet, auch wenn sie Lücken, Unzulänglichkeiten und Irrtümer enthalten.' Die heiligen Bücher anderer Religionen, die faktisch das Leben ihrer Anhänger nähren und leiten, erhalten also *vom Mysterium Christi* jene Elemente des Guten und der Gnade, die in ihnen vorhanden sind" (Dominus Iesus Nr. 8). Zur Verdeutlichung: Hier wird also in einem restriktiven Sinn behauptet, daß die nichtchristlichen Religionen alles, was sie in ihren Lebensäußerungen wie in ihren Schriften an Gutem und Gnadenhaften haben, dem Mysterium Christi verdanken.[40]

Karl Rahner wird gerne als Vertreter des Inklusivismus angesehen, ja er gilt manchen gar als dessen „klassischer Repräsentant" (J. Ratzinger 2003, 42). Diese Zuordnung trifft nur bedingt zu, denn Rahner entwickelte seine theologischen Gedanken zum sogenannten „anonymen Christen" bzw. zum „anonymen Christentum", auf die man sich da beruft, nicht im Zusammenhang der Frage des Beziehungsverhältnisses der christlichen Religion zu den nichtchristlichen Religionen. Er entwickelte sie im Rahmen seiner theologischen Anthropologie, nach der es der Mensch immer schon – wenn auch (oft) unthematisch – mit Gott zu tun hat. Und zwar mit dem Gott und Vater Jesu Christi und damit mit Jesus Christus selbst. Der Fokus seiner Fragestellung lag also nicht auf den nichtchristlichen Religionen, er lag auf den „ungläubigen Verwandten" des Christen,[41] er lag auf dem Verhältnis von kirchlicher und nichtkirchlicher Religiosität, er lag auf dem Stichwort des anonymen Glaubens,[42] er lag auf dem Atheismus als implizitem Christentum.[43] Diesen Fragen nachgeordnet erst ging es Rahner auch um das Christentum und die nichtchristlichen Religionen.[44]

Das Problem des Inklusivismus besteht offensichtlich darin, daß er die nichtchristlichen Religionen gewissermaßen nur unter einer Außenperspektive, aber nicht unter ihrer eigenen Innenperspektive wahrnimmt. Mit anderen Worten, die Frage, welche Bedeutung die Pluralität der nichtchristlichen Religionen nach dem Plan Gottes für die Menschheit spielt, findet kein unmittelbares Interesse.[45]

Der *Pluralismus* reibt sich an den impliziten Schwächen sowohl des Exklusivismus wie des Inklusivismus. Beide Positionen würden der Existenz der Pluralität der nichtchristlichen Religionen nicht gerecht. Als die beiden Hauptvertreter des Pluralismus bzw. der pluralistischen Theologie können John Hick und Paul F. Knitter gelten.[46] Die Diskussion hat mittlerweile einen breiten Raum eingenommen. Im Kern sagt der Pluralismus – bei unterschiedlichen Positionen im einzelnen –, daß alle Religionen Heilswege zu Gott seien bzw. sein können und daß sie offensichtlich von Gott positiv gewollt sind. Der Pluralismus bestreitet dabei nicht die Heilsbedeutung Jesu, nur räume er – nach dem Urteil Ratzingers – Jesus keine exklusive, sondern nur noch eine herausgehobene Stellung ein (vgl. J. Ratzinger 2003, 43). Neben der damit aufgeworfenen christologischen Frage, auf die gleich zurückzukommen sein wird, ist es vor allem das Problem der divergierenden Wahrheitsansprüche der Religionen, an denen sich die pluralistische Theologie abarbeitet. P. Schmidt-Leukel, einer der namhaften Pluralisten im deutschsprachigen Raum, versucht auf dem Weg des hermeneutischen Verstehens die sich widersprechenden religiösen Doktrinen der verschiedenen Religionen einer Lösung zuzuführen (vgl. P. Schmidt-Leukel 1998,46). Alle religiösen Aussagen – in welcher Religion auch immer – würden nur dann richtig erfaßt, „wenn ihre notwendige Unfaßbarkeit erkannt" (P. Schmidt-Leukel 1998, 48) werde.[47] Hinzukommt, daß alle menschliche Erkenntnis, also auch der Offenbarungs*empfang* durch den Menschen, strukturell immer perspektivisch gebunden ist. Was sich demnach als religiöse Aussage bzw. als religiöse Doktrin und Wahrheit ausforme, müsse, so Schmidt-Leukel, in den verschiedenen Religionen aufgrund der divergierenden Perspektiven notwendigerweise divergieren. In dieser Divergenz der unterschiedlichen Wahrheitsansprüche spiegelten sich aber „keine kontradiktorischen Widersprüche" (P. Schmidt-Leukel 1998, 53). Nicht Relativismus, sondern „perspektivenrelativer Realismus" (P. Schmidt-Leukel 1998, 52) liege hier vor.

Die Überlegungen Schmidt-Leukels stellen einen interessanten Denkansatz dar, der deutlich werden läßt, daß der Pluralismus nicht den Relativismus um des Relativismus willen auf den Schild hebt. Um einen religiöse Wahrheitsansprüche zersetzenden Relativismus geht es hier jedenfalls nicht. Gleichwohl werden natürlich an die pluralistische Theologie mit Recht grundsätzliche Anfragen gestellt,[48] die zeigen, wie diskussionswürdig das mittlerweile weite Feld der pluralistischen Theologie ist.

3.2 Dialog als Öffnung zu Gott

Der Dialog der Religionen ist heute notwendiger denn je. Er darf allerdings nicht von der Position des Generalverdachts aus geführt werden, den zum Beispiel Ratzinger gegenüber dem heutigen Dialogverständnis hegt. Der Begriff Dialog figuriert nach seiner Meinung heute als „Inbegriff des relativistischen Credo" und als „Gegenbegriff gegen Konversion und Mission" (J. Ratzinger 2003, 97).[49] Da treffen Gedanken von Francis X. Clooney weit eher ins Schwarze, die er in einem Beitrag über das interreligiöse Lernen äußerte: „Papst Johannes Paul II. war ein Prophet, als er 1986 in Indien sagte: ‚Im Dialog lassen wir Gott in unserer Mitte präsent werden. Denn in dem Maße, in dem wir uns im Dialog einander öffnen, öffnen wir uns Gott.' Es mag uns im neuen Millennium sehr viel abverlangen, zu verstehen, daß wir uns im Dialog Gott öffnen. Ohne Frage, wir haben die Aufgabe, die anderen religiösen Traditionen im Licht Jesu von Nazaret zu sehen. Aber wenn wir das tun, werden wir auch lernen, ihn im Licht dieser anderen Traditionen neu strahlen zu sehen. Von anderen Religionen lernen heißt nicht, von den zeitlosen Wahrheiten unseres Glaubens abzurücken, aber es heißt, unseren Weg der Nachfolge Jesu zu transformieren, zu bereichern und zu vertiefen. Das treibt nicht nur allen Relativismus und Indifferentismus aus, sondern auch alle Arroganz und Ignoranz" (Francis X. Clooney 2002, 168).[50]

3.3 Offenbarung als *Gottes* Offenbarung

Wir hatten eben schon erwähnt, daß nach Meinung mancher Jesus Christus in der pluralistischen Theologie nur noch eine herausgehobene, aber keine exklusive Bedeutung mehr zukomme. Weil sich in dieser Frage im Grunde die gesamte Diskussion verdichtet und weil es hier gewissermaßen in der Tat um den punctum saliens geht, ist er noch einmal gesondert zu bedenken. Pluralisten reiben sich an der These und sehen in ihr eine implizite Unterbewertung der Heilsbedeutung der nichtchristlichen Religionen, daß die göttliche Offenbarung in Jesus Christus in nicht mehr überbietbarer Fülle ein für allemal ergangen sei. Sie reiben sich an der spannungsreichen und scheinbar paradoxen Aussage, daß der geschichtlichen Partikularität Jesu Christi zugleich Universalität zukomme.[51]

Der springende Punkt, von dem her – jedenfalls für den Glauben – diese Spannung auflösbar ist, liegt im Verständnis der Offenbarung selbst. Wenn die in Jesus ergangene Offenbarung *Gottes* Offenbarung ist, in der sich Gott als Gott in seinem Gottsein uns zugesprochen hat, „dann können wir keine neue Offenbarung als solche mehr erwarten, denn die Fülle des Seins Gottes ist in Christus schon präsent" (G. D'Costa 1998, 149). Wir sagen, mit dem Tod der letzten Apostel ist die Offenbarung abgeschlossen (vgl. Denzinger 2021). Das deutet aber auf keinen hermetisch versiegelten und verschlossenen Sachverhalt hin. Wer die Offenbarung in einem positivistischen Sinn als geronnene Größe versteht, der hat sie mißverstanden. Wenn sich Gott als Gott geoffenbart hat, dann ist diese Offenbarung zwar abgeschlossen, aber ihr Abgeschlossensein „ist eine positive Aussage, keine negative" (K. Rahner 1962, 60). Dieses Offenbarungsverständnis liegt auch der Offenbarungskonstitution „Dei verbum" zugrunde: „Die Kirche *strebt* im Gang der Jahrhunderte ständig der Fülle der göttlichen Wahrheit entgegen, bis an ihr sich Gottes Worte erfüllen" (Dei verbum Art. 8). In diesem Streben, geleitet vom Geist Gottes, erkennt die Kirche mehr und mehr, daß die Fülle der göttlichen Wahrheit allen Menschen gilt, daß sich Gottes Güte und Liebe auf alle Menschen bezieht (vgl. K. Lehmann, Das Christentum – eine Religion unter anderen?). So rechnet die christliche Religion – auf der Basis der ergangenen Offenbarung (und nicht nach Art ihrer Überbietung) und auf der Basis der Partikularität Jesu Christi, die zugleich seine Universalität einschließt – damit, daß die Spuren der Güte und Liebe Gottes in allen geschichtlichen Situationen und Räumen wahrnehmbar sind. Nicht zuletzt auch in den Erfahrungsbereichen der nichtchristlichen Religionen, aus denen uns das Antlitz Christi und die Spuren der Güte und Liebe Gottes anblicken.

3.4 Reziproke Komplementarität

In diesem Sinn kann den nichtchristlichen Religionen eine gewisse Komplementarität gegenüber der Offenbarung zugesprochen werden, insofern die Überlieferungen und Traditionen dieser Religionen uns die uns anvertraute endgültige Offenbarung epistemologisch besser begreifen lassen (vgl. P. J. Griffiths 2003, 409). So gesehen geht es um eine Komplementarität epistemologischer, nicht ontologischer Art. Und insofern ist davon nicht der ganze andere Tatbestand berührt, den „Dominus Iesus" in Nr. 6 mit den Worten zurückgewiesen hat: „Im Gegensatz zum Glauben der Kirche steht (deshalb) die Meinung, die Offenbarung Jesu Christi sei begrenzt, unvollständig, unvollkommen und komplementär zu jener in den anderen Religionen." Epistemologisch ist, wie „Dei verbum" Art. 8 sagt, die Offenbarung unvollkommen erfaßt und jeder Art von Komplementarität zugänglich. Denn die Kirche *strebt danach*, die Offenbarung besser zu erfassen.

Aus all dem legt sich die Folgerung nahe, daß nicht alle Differenzen zwischen der christlichen Offenbarungsreligion und den nichtchristlichen Religionen ausschließlich Differenzen sind (vgl. P. Schmidt-Leukel 1998). Die bestehenden Differenzen müssen nicht ausschließlich als Gegensätze gelesen werden. Sie können auch – und darauf hätte sich der interreligiöse Dialog zu konzentrieren – als wechselseitige Beziehungen und als Korrekturen gelesen werden.

Um am Ende alles zusammenzufassen: Es schien uns notwendig, zu den Überlegungen zum theologischen Begriff der christlichen Religion auch einen ergänzenden Blick auf die Theologie der Religionen zu werfen, auch wenn diese Frage nicht im Vordergrund dieser Studie steht und stehen kann. Damit sind nun alle fünf Schritte unserer „Vorklärungen zur Komplexität der Frage nach der Religion" getan. Es ging um die „Religion als Phänomen", um die Vergewisserung, „was im Lauf der Christentumsgeschichte mit Religion bezeichnet wurde", um „die Bedeutung der Religionswissenschaften und der Religionssoziologie für das Verständnis des Religionsbegriffs", um die „Problematik des funktionalen und substantiellen Religionsbegriffs" und zuletzt um die Klärung des spezifisch theologischen Begriffs der christlichen Religion. Damit haben wir gewissermaßen die Voraussetzungen geschaffen, um nun die weitergehende Frage zu stellen, was heute bezüglich des Religionsvorkommens in unserer Gesellschaft der Fall ist. Wir suchen nach Orientierungen.

B
Wiederkehr oder epochaler Umbruch der Religion?

Die Zeiten, in denen man bei uns im Brustton der Überzeugung vom sicheren und abzusehenden Ende der überkommenen – also der christlichen – Religion sprach, sind lange vorbei. Man hielt ihr Ende gewissermaßen für eine zwangsläufige Folge der Säkularisierung. Es war allein schon bezeichnend, daß man die gesellschaftlichen Transformationsprozesse, die in der zweiten Hälfte des 18. Jahrhunderts einsetzten und die Zeitläufe bis in die letzten Jahrzehnte des 20. Jahrhunderts bestimmten, mit dem Begriff Säkularisierung, also mit einem an der Religion ausgerichteten Gegenbegriff, meinte beschreiben zu sollen. Als bringe dieser Begriff die Entwicklungsdynamik der gesellschaftlichen Veränderungen umfassend und exakt auf den Punkt. Das aber war nicht der Fall. Der Begriff der Säkularisierung blendet eine ganze Reihe von Realitätsaspekten an der gesellschaftlichen Entwicklung aus und macht sich in der Reduktion auf nur einen Aspekt einer Engführung schuldig.

Neuerdings liegt nun offenbar ein ähnlicher Fehler vor, wenn man umgekehrt meint, undifferenziert von einer Wiederkehr der Religion sprechen zu dürfen. Und eine neue Vokabel bietet sich für diese Wiederkehr wie selbstverständlich an: die Gesellschaft sei nicht mehr säkular, sondern „post-säkular" orientiert. Erst einer genaueren Betrachtung erschließt sich die tatsächliche „Komplexität und Widersprüchlichkeit der gegenwärtigen Entwicklung in Sachen Religion" (K. Gabriel 2003, 33).

Es ist ohne Frage richtig – und das bleibt als Fundamentalkritik an der Säkularisierungsthese gültig –, daß der Verfall der Religion, manche sprechen sogar von ihrer Erosion[1], keinen zwangsläufigen „strukturellen Trend der Moderne" (K. Gabriel 2000, 23) darstellt. Wo es zu Verfallstendenzen kam – wie in unseren Breiten, im Gegensatz zu den Entwicklungen im US-amerikanischen Raum –, da lag dies nicht unbedingt an der Religion als solcher, sondern an der Art und Weise, wie sie auf die Gesellschaftsentwicklung reagierte. Bei uns schien die gesellschaftliche Entwicklung in der kirchlich-institutionellen Religion gewissermaßen auf ihren Widerpart zu stoßen, so daß, je länger je mehr, damit zu rechnen war, daß die Religion allmählich auf breiter Front einbrechen müsse. Heute werden auf dem religiösen Feld andere Indizien sichtbar. Keine Frage, es hat sich viel verändert. Immerhin aber fällt auf, wie stark religiöse Themen, wenn auch als Konfliktthemen, die gesellschaftliche Öffentlichkeit beherrschen. So war etwa im Herbst 2004 der von der italienischen Regierung für das Amt eines Kommissars vorgeschlagene Rocco Buttiglione für die Mehrheit der Mitglieder des Europaparlaments deshalb nicht wählbar, nicht akzeptierbar, weil er als Mensch und Christ ethisch-moralische Positionen vertrat, die ihn in den Augen der Mehrheit der Parlamentarier für die Übernahme des Amtes ungeeignet erscheinen ließen. Man denke zurück an das Kruzifixurteil des Bundesverfassungsgerichts vor mehr als zehn Jahren, das die Kreuze – wie man es in weiten Kreisen der Bevölkerung aufnahm – aus den Schulen verbannen sollte. Man denke an die Querelen im Land Brandenburg um das Schulfach „Lebenskunde-Ethik-Religion" (LER), das das Fach Religion als Wahlpflichtfach an Schulen verhindern sollte. Man denke schließlich an die verschiedentlich ausgetragenen Streitfälle um das „Kopftuch". Das alles verweist – wenn auch in unterschiedlicher Gewichtung – auf die vorhandene, nach der Einschätzung von Karl Gabriel sogar „verstärkte Präsenz der Religion" (K. Gabriel 2003, 29) in unserer Gesellschaft.

Das alles kann freilich nicht darüber hinwegtäuschen, daß die „Wiederkehr" der Religion – wenn man denn von einer solchen sprechen mag – bislang an den Kirchen keine Spuren hinterlassen hat. Allenfalls in bisher tangentialen Bereichen werden die Kirchen von einer „Wiederkehr der Religion" berührt, zum Beispiel in Gestalt der pfingstlerischen, neopfingstlerischen und charismatischen Bewegungen, die allerdings nach der Einschätzung mancher ein starkes Wachstum – wenn auch stärker außerhalb Europas als innerhalb – erwarten dürfen (vgl. H. Knoblauch 2002, 297). Daß diese „Wiederkehr der Religion" ansonsten an den Kirchen noch kaum Spuren hinterlassen hat, hat auch damit zu tun, daß sie noch kaum eigenständige neue Sozialformen entwickelt hat (vgl. Ch. Lienkamp 2003, 273). Auf Zukunft hin aber spricht einiges dafür, daß die an den Rand der Gesellschaft gedrängte kirchliche Religion[2] in neuen Sozialformen der Religion Konkurrenz erhält, wenn sie nicht – im schlimmsten Fall, was es zu verhindern gilt – durch diese abgelöst wird.

Exakt vor dieser nicht nur theoretisch denkbaren Möglichkeit ist die Theologie, insbesondere die Praktische Theologie, herausgefordert, auf die Bedeutung der christlichen Religion für den einzelnen Menschen und für die Gesellschaft insgesamt zu reflektieren. Dabei darf sie freilich nicht nur auf eine bloße Tradierung des kirchlichen Lehrsystems setzen, sondern hat sie diese Tradierung als einen lebendigen Prozeß zu konzipieren, „in dem gegenwärtige und überlieferte Erfahrungen wechselseitig so aufeinander bezogen werden, daß von daher so bislang nicht gesehene Lebensmöglichkeiten wahrgenommen werden können" (N. Mette 2000, 85).

Wenn es noch eines weiteren Motivationsschubes bedarf, hier praktisch-theologisch tätig zu werden und also die bloße Zuschauerrolle, sei es des Lamentierens über Religionseinbrüche, sei es der überschwenglichen Freude über die Rück- bzw. Wiederkehr der Religion, zu verlassen, so kann dieser Motivationsschub von Seiten der Philosophie kommen. Die heutige Philosophie hat in ihrem mainstream die Phase der Religionskritik, in der sie sich gewissermaßen an die Stelle der Religion zu setzen versucht hatte, hinter sich gelassen zugunsten eines, wenn man so sagen darf, Kooperationsinteresses mit der Religion (vgl. M. Lutz-Bachmann 2003, 171). Einen ausdrücklichen Beweis dafür lieferte die berühmt gewordene Rede Jürgen Habermas' anläßlich der Verleihung des Friedenspreises des Deutschen Buchhandels 2001 in der Frankfurter Paulskirche (vgl. J. Habermas 2001). Auf seine Überlegungen wird später zurückzukommen sein.

Diese einleitenden Bemerkungen begründen hinreichend, diesen zweiten Teil unserer Studie unter die an Christoph Lienkamp angelehnte Formulierung „Wiederkehr oder epochaler Umbruch der Religion" (vgl. Ch. Lienkamp 2003, 273) zu stellen. Wobei sich

unser Interesse nicht darauf beschränkt, diese Alternative gewissermaßen zur Entscheidung zu bringen. Vielmehr liegt uns daran,
nach diesem orientierenden zweiten Teil, im dritten Teil die theolo-
gisch-pastoraltheologisch möglichen Linien und Wege aufzuzeigen,
die mit dem im Tiefsten seines Wesens auch heute religiös fundier-
ten Menschen zu gehen möglich sind.

6. Kapitel: Von der empirischen Erfassung des gegenwärtigen religiösen Feldes – Die Begrenztheit religiöser Typologien

Was ist bezüglich der Situation der Religion in unserem Land der Fall?, so kann hier die Eingangsfrage lauten. Und wer gibt hierüber verläßlich Auskunft? Hier fällt einem eine Vielzahl empirischer Umfragen allein der letzten Jahre ein, die freilich nicht einfach das nackte Faktum, sozusagen die reine Objektivität der Situation der Religion in unserem Lande widerspiegeln. Sie liefern von ihren jeweils perspektivisch begrenzten bzw. akzentuierten Fragestellungen her nur begrenzte Antworten. Die Datenaufnahme der Religion in unserer Gesellschaft ist somit ein schwieriges Geschäft.

Wonach will man, wonach soll man fragen? Nach dem Verhältnis von Religion und Moderne? Nach der Situation der institutionalisierten Religion? Nach dem, was die Leute glauben? Nach der individuell gelebten Religion? Nach dem Verhältnis von Religion und Öffentlichkeit? Von Religion und Politik? Von Religion und gesellschaftlicher Orientierung? All diese Fragen sind wichtig, besonders wichtig aber ist es, in Erfahrung zu bringen, wie es unter den heutigen Gesellschaftsbedingungen um den Glauben der Leute steht. Welcher Meßinstrumente bedient sich hier die religionssoziologische Forschung? Welcher sollte sie sich bedienen, um nicht anfechtbare bzw. falsche Ergebnisse zu erhalten? Geht es möglicherweise gar nicht darum zu fragen, *was* die Leute glauben, sondern *wie* sie glauben (vgl. R. J. Schreiter 2004, 21)?

Nach der Religion zu fragen ist allenthalben ein schwieriges Unterfangen, das an unerwartet vielen Klippen zerschellen kann. Man denke – wobei es sich bei diesem Beispiel gewiß nicht um methodisch reflektierte Empirie handelte – an die Frage, die ein Reporter an eine junge Frau in Ostberlin nach dem Fall der Mauer stellte, ob sie ein „religiöser Mensch" sei. Nach kurzem Zögern lautete die Antwort der Frau: „Nein eigentlich nicht, ich bin *eigentlich ganz nor-*

mal" (vgl. J. Matthes 1993, 23). Hier lagen beim Reporter und bei der Frau offensichtlich unterschiedliche Bezugshorizonte der Begriffe Religion, religiös vor. Die Frau hatte unter dem Einfluß des Gesellschaftssystems den Begriff der Religion dekonstruiert. Aber gab ihre Antwort letztlich Aufschluß über den mit der Frage eigentlich angezielten Sachverhalt? Wohl nicht.

Man hat den Eindruck, daß es auch bei Deutungen empirisch erhobener Daten vorkommt, daß sie einseitig ausfallen und gewissermaßen zutage liegende Zusammenhänge nicht sehen bzw. nicht sehen wollen. Der holländische Theologe Anton van Harskamp machte auf diese Gefahr vor einigen Jahren am Beispiel der Umfrage „God in Nederland" aufmerksam (vgl. H. Meyer-Wilmes 2003, 117–119). Nach seiner Meinung wurde dieser Report dem Glauben der Niederländer deshalb nicht gerecht, weil er kein Verständnis dafür hatte, daß sich Religiosität „nicht in der Präzision beschreibender Sprache auszudrücken vermag" (H. Meyer-Wilmes 2003, 118). Hinzukam, daß er nicht imstande war, die offensichtliche Sympathie einer großen Zahl von Niederländern für religiöse Bewegungen – am Rande oder außerhalb der großen Konfessionen – positiv zu würdigen. Wohl aufgrund des Vorurteils – das die erhobenen empirischen Daten, vorurteilsfrei besehen, nicht alimentierten –, daß die holländische Gesellschaft eine zutiefst säkularisierte Gesellschaft sei. Andere registrierten im Gegensatz dazu das Phänomen, daß es in den Niederlanden mehr „believers" als „belongers", mehr Gläubige als Kirchgänger gab (vgl. H. Meyer-Wilmes 2003, 119).

Zur Situation der christlichen Religion in unserem Lande liegen einige jüngere Umfragen und Untersuchungen vor.[3] Unser Interesse gilt vor allem den von ihnen erstellten und favorisierten *Typologien von Religion und Religiosität.*

Es mag hier ausreichen, lediglich zwei Forschungsprojekte zur Situation der Religion und der Religiosität in unserem Land in Betracht zu ziehen.[4] Das eine größere Forschungsprojekt betreibt seit Jahren der Lehrstuhl für vergleichende Kultursoziologie an der Europa Universität Frankfurt/Oder. Hier ergänzte man die in 11 Ländern Europas durchgeführte Großumfrage „Political Culture in Central and Eastern Europe" (PCE 2000) durch die ausdrückliche Frage nach der Religion, indem man das Religionsmodul „Individualisation of Religiosity in Central and Eastern Europe" entwickelte. Darüber hinaus erarbeitete man 1999 unter dem Titel „Glaube und Individualisierung" (vgl. D. Pollack, G. Pickel 2003, 447–474; G. Pickel, O. Müller 2004, 57–69; vgl. auch D. Pollack 2003) einen eigenen Datensatz zur Situation der Religion in Ost- und Westdeutschland. Das andere religionssoziologische Forschungsprojekt lieferten in den letzten Jahren Hans-Georg Ziebertz und sein Mitarbeiterteam am Lehrstuhl Religionspädagogik der Universität Würzburg. Im Rahmen ihrer breiter angelegten Forschungen erstellten sie eine „Typologie religiöser Orientierungen westdeutscher Jugendlicher" (vgl. H.-G. Ziebertz, U. Riegel, B. Kalbheim 2004, 71–86; H.-G. Ziebertz, B. Kalbheim, U. Riegel 2003).

1. Eine Religionstypologie aus Frankfurt/Oder

Detlev Pollack und Gert Pickel (Lehrstuhl für vergleichende Kultursoziologie) waren von der traditionalen Kirchlichkeit, von der individuellen Religiosität und von der nicht-institutionalisierten außerkirchlichen Religiosität als den drei Dimensionen der Religiosität ausgegangen. Aufgrund bestimmter Indikatoren wollten sie über die Existenz dieser drei religiösen Dimensionen und ihre wechselseitige Beeinflussung Klarheit gewinnen. Über die Dimension der traditionalen Kirchlichkeit sollten die Indikatoren *Kirchenaustritt* und *Kirchgangshäufigkeit* Aufschluß geben, über die Dimension der individuellen christlichen Religiosität *der Glaube an Gott* und *der Glaube an ein Leben nach dem Tod*, über die Dimension der außerkirchlichen Religiosität die Indikatoren *alte* (Astrologie, Wunderheiler, Reinkarnation) und *neue Religiosität* (New Age, Zen). Der Indikator Gottesglaube gab nach den Autoren Aufschluß darüber, daß zwischen 1991 und 1998 sowohl die traditionale Kirchlichkeit als auch die individuelle Religiosität abgenommen hatten. „In den letzten Jahrzehnten haben (also) weitaus mehr den Glauben an Gott verloren als zu ihm gekommen sind" (D. Pollack, G. Pickel 2003, 459). Diese Wertung liest sich recht bestimmt und eindeutig. Sie wird aber unserer Meinung nach zuwenig mit der anderen Aussage korreliert, daß die Konfessionslosen in Westdeutschland zu 52 Prozent an Gott oder an ein höheres Wesen glauben und sich zu 25 Prozent subjektiv als religiös einschätzen. Für Ostdeutschland liegen die Vergleichzahlen bei 12 bzw. 3 Prozent.

Die grundlegende Frage, die sich hier aus theologischer Perspektive an das Setting der Erhebungen stellt, ist, ob die Items „Es gibt Gott" oder „Gott ist allmächtig" – oder gar „Es gibt die Hölle" – überhaupt dem Frage- und Wahrnehmungshorizont der Menschen von heute gerecht werden, so daß mit ihrer Hilfe die Religiosität der Menschen von heute überhaupt erhoben werden kann. In einer nach alten und neuen Bundesländern getrennten Korrelationsanalyse fragten die Autoren nach dem Grad des Zusammenhangs zwischen traditionaler Kirchlichkeit, individueller Religiosität und außerkirchlicher Religiosität. Sie taten das auf der Basis der genannten theologisch wenig aussagekräftigen, weil nicht ausreichenden Indikatoren und Items. „Religion und Kirche sind in Ostdeutschland offenbar in vielen Gesellschaftsschichten derart abseitig, daß nicht nur traditionale Kirchlichkeit abgelehnt wird, sondern mit ihr *alle Formen von Religion*" (Hervorhebung S. K; D. Pollack, G. Pickel 2003, 463), so formulierten sie ein Ergebnis.

Exakt dieses Ergebnis scheint uns in Frage gestellt werden zu müssen. In vielen Gesellschaftsschichten Ostdeutschlands würden *alle Formen von Religion* als abseitig gelten, also sowohl traditionale Kirchlichkeit wie individuelle Religiosität wie außerkirchliche Religiosität. Die Autoren erläuterten diesen Befund mit Hilfe des Begriffspaares „Religiosität und Säkularität". Religiosität und Säkularität hätten sich in Ostdeutschland weit schärfer als in den alten Bundesländern gegeneinander profiliert. Das mag auf der Basis ihrer Analysedaten zutreffen. Aber ist damit tatsächlich schon der entscheidende Punkt hinreichend erfaßt, was auf dem religiösen Feld, sagen wir genauer, was beim einzelnen Individuum religiös der Fall ist? Es sagt über diese Frage immerhin schon einiges aus, wenn die Religiositätswerte der Konfessionslosen in Westdeutschland höher liegen als bei den Konfessionslosen Ostdeutschlands und wenn Westdeutschland über eine höhere religiöse Pluralitätstoleranz als

Ostdeutschland verfügt. Ungleich interessanter und herausfordernder aber ist unter theologischer Perspektive der Aspekt, daß es unter den Konfessionslosen Ostdeutschlands überhaupt einen – gewiß geringen – Prozentsatz gibt, der sich subjektiv für religiös hält. Diese Gruppe fällt – trotz der theologisch unbefriedigenden Indikatoren und Items, deren man sich bediente – nicht einfach durch das Raster der Religiosität, gewissermaßen in die pure Areligiosität. Dies festzuhalten, ist von erheblicher theologischer Relevanz.

In einer Clusteranalyse erstellen die Autoren schließlich sechs *Religiositätstypen*. Es sind dies die Gruppe der *Areligiösen* (30,7 Prozent in West-, 65,8 Prozent in Ostdeutschland), der *Durchschnittschristen* (29,4 Prozent zu 20 Prozent), der *kirchlich Religiösen* (8,0 Prozent zu 2,7 Prozent), der *engagierten Christen* (9,0 Prozent zu 1,5 Prozent), der *Synkretisten* (7,9 Prozent zu 8,1 Prozent) und der *außerkirchlich Religiösen* (15,1 Prozent zu 1,9 Prozent). Die *Areligiösen* würden alle Dimensionen von Religion bzw. alle Formen von Religiosität ablehnen, also sowohl die traditionale Kirchlichkeit wie die individuelle christliche Religiosität wie auch die außerkirchliche Religiosität. Es sei daran erinnert, worauf die Autoren selbst verweisen, daß Charles Glock bereits 1958 ein Dimensionen-Modell der Religiosität vorgeschlagen hatte, das fünf Dimensionen kannte: die religiöse Überzeugung (1), die religiöse Erfahrung (2), die kirchlich-rituelle Praxis (3), die ethischen Konsequenzen des Glaubens (4) und das religiöse Wissen (5). Detlef Pollack und Gert Pickel verzichteten in ihren Analysen auf die Dimensionen 4 und 5, worin allein schon eine gewisse Perspektivenverkürzung erblickt werden kann. Daß sie die beiden Dimensionen der religiösen Überzeugung und der religiösen Erfahrung nach Glock in der einen Dimension der individuellen Religiosität bündelten, mag überzeugen. Nur bleibt erneut das Bedenken, daß ihre Indikatoren und Items nicht hinreichend an die religiöse Erfahrung der Menschen – zumal in Ostdeutschland – heranreichten.

Insofern kommt ihrer Wertung, daß die *Areligiösen* alle Formen der Religiosität ablehnen, nur eine begrenzte Gültigkeit zu. Die Gruppe der *Durchschnittschristen* schätze sich religiös ein und glaube an Gott, nehme aber kaum am kirchlichen Leben teil. Die

Gruppe der *kirchlich Religiösen* weise einen hohen Grad an Religiosität und Kirchlichkeit auf und lege den Akzent auf die individuelle Religiosität, während für die Gruppe der *engagierten Christen* die Beteiligung am kirchlichen Leben im Vordergrund stehe. Die Gruppe der *Synkretisten* vereine alle drei Religiositätsdimensionen, sie nehme dabei überdurchschnittlich am kirchlichen Leben teil. Die Gruppe der *außerkirchlich Religiösen* weise eine Religiosität mit einem „klar akirchlichen und vielleicht sogar antikirchlichen Charakter" (D. Pollack, G. Pickel 2003, 468) auf.

Areligiöse, Durchschnittschristen, kirchlich Religiöse, engagierte Christen, Synkretisten und außerkirchlich Religiöse – ist diese Typologie in sich schlüssig? Ist sie vor allem ausreichend, um das religiöse Feld tatsächlich bis in alle Facetten des realen Lebens zu erfassen? Setzt sie die richtigen Akzente? Aus theologischer Perspektive ist an dieser Typologie zumindest das wenn auch qualitativ-quantitativ unterschiedliche, aber überall anzutreffende Interesse an der Religion festzuhalten. Die *kirchlich Religiösen* weisen eine hohe Wertschätzung der individuellen Religiosität auf. Auch die *Synkretisten*, die sich ein subjektiv gewähltes Religiositätsmodell zusammenbasteln (durchaus nicht kirchen- und gemeindefern), haben einen Bedarf an einer subjektiv tragfähigen Religiosität. Bei den *engagierten Christen* äußert sich dieser nämliche Bedarf in ihrer Beteiligung am kirchlichen Leben. Und wie steht es diesbezüglich mit der Gruppe der *außerkirchlich Religiösen*? Die Autoren identifizieren sie gewissermaßen negativ als „akirchlich bzw. antikirchlich". Wichtiger aber ist, ihre „außerkirchliche Religiosität" auf ihre tieferen Motive und ihre innere Dynamik zu befragen. Theologisch jedenfalls ist darauf der Blick zu richten. Die Theologie sieht nämlich den Menschen von Anfang an in einem religiös zu nennenden Horizont, der durch die Begriffe „kirchlich" oder „akirchlich" oder „außerkirchlich" weder in der einen noch in der anderen Richtung zu präjudizieren ist. Von diesem religiösen Horizont wird später zu handeln sein.

2. Eine Religionstypologie nach Hans-Georg Ziebertz

Hans-Georg Ziebertz und sein Mitarbeiterteam am Lehrstuhl Religionspädagogik der Universität Würzburg haben im Rahmen breiter angelegter Forschungen mit Hilfe von 300 Items das Religionsprofil von Elftkläßlern eines fränkischen Gymnasiums untersucht. Die Schülerinnen und Schüler waren im Alter zwischen 16 und 17 Jahren (vgl. H.-G. Ziebertz, U. Riegel, B. Kalbheim 2004, 71–86; H.-G. Ziebertz, B. Kalbheim, U. Riegel 2003). Sie kamen auf der Basis der Antworten der Probanden und Probandinnen „zum Verhältnis von *Religion und Moderne*, zur *Selbstkonstruktion* des Glaubens, zur Bedeutung von Religion und Glaube als *Orientierungshilfe* im Leben, zur religiösen *Wertorientierung* und zum *Gottesbild*" (H.-G. Ziebertz, U. Riegel, B. Kalbheim 2004, 74) zu *fünf Religiositätstypen* Jugendlicher.

Bereits einem oberflächlichen Vergleich fallen die gegenüber den Frankfurter Untersuchungen anderen Items und Indikatoren auf. Von daher verwundert es nicht, daß diese Religiositätstypologie im Ergebnis nicht einfach deckungsgleich sein kann mit der Typologie der Frankfurter Autoren.

Ein erster Typ liegt nach der Würzburger Studie im *kirchlich-christlichen Typ* (16,7 Prozent) vor. Jugendliche dieses Typs haben eine (kaum reflektierte) selbstverständliche Nähe zum christlichen Glauben und zur Kirche. Einer Selbstkonstruktion des Glaubens stehen sie skeptisch gegenüber. Dem *christlich-autonomen Typ* (27,4 Prozent) liegt an der Selbstkonstruktion des Glaubens, und zwar in einer gewissen Distanz, aber durchaus in Referenz zu den christlichen Gemeinden. Der *konventionell-religiöse Typ* (20,6 Prozent) zeigt ein schwach ausgeprägtes religiöses Profil. Für ihn ist Religion kein beherrschendes Thema, gleichwohl schätzt er Religion als Orientierungs- und Lebenshilfe. Dem *autonom-religiösen Typ* (20 Prozent) liegt nicht am Bezug zur Institution Kirche, gleichwohl – oder gerade deshalb – ist ihm die Selbstkonstruktion des Glaubens wichtig. Keinesfalls darf dieser Typ als areligiös eingestuft werden. Der *nicht-religiöse Typ* (15,3 Prozent) lehnt die Existenz Gottes und religiöse Werte ab.

Gewiß handelt es sich bei dieser Würzburger Studie um ein kleinformatiges Forschungsfeld gegenüber den breit angelegten

Frankfurter Forschungen. Im Ergebnis aber streben beide dasselbe Ziel an, nämlich eine aussagekräftige Religiositätstypologie zu erstellen, einmal bevölkerungsweit für Ost- und Westdeutschland, einmal bezogen auf eine elfte Klasse eines Gymnasiums im fränkischen Raum. Bei allem vermeintlichen Gleichklang der Typologien sind die Unterschiede doch erheblich.

3. Ein Vergleich der Typologien

Beide Typologien kennen den Typ der *Areligiösen* (F) bzw. den *nicht-religiösen Typ* (W),[5] aber sie unterscheiden sich in den quantitativen Verhältnissen erheblich. Die Frankfurter Autoren zählen 30,7 Prozent der westdeutschen und 65,8 Prozent der ostdeutschen Bevölkerung diesem Typ zu. In der Würzburger Studie macht dieser Typ nur 15,3 Prozent aus. Man kann diese Abweichung mit den für die deutschen Verhältnisse nicht repräsentativen Religiositätsverhältnissen in Franken erklären. Vielleicht aber erklärt sich dieser quantitativ geringere Prozentsatz der Würzburger Studie aus den anderen Fragestellungen, aus den anderen Items, die auf *Religion und Moderne,* auf die *Selbstkonstruktion des* Glaubens, auf die Religion als *Orientierungshilfe,* auf die *religiöse Wertorientierung* und auf das *Gottesbild* abhoben. Daß die *Areligiösen* (F) bzw. der *nicht-religiöse Typ* (W) die Existenz Gottes ablehnen, was besagt das eigentlich? In diese Frage kann man den *autonom-religiösen Typ* (W) miteinbeziehen, der mit dem kirchlich verfaßten Christentum nicht zuletzt wohl deshalb Schwierigkeiten hat, weil hier vielfach ein formelhaftes und starres Gottesbild tradiert wird. Was besagt denn schon die Frage nach Gott, ob jemand an Gott glaubt, und was besagt die Verneinung dieser Frage, wenn dabei ungeklärt bleibt, was einer unter Gott versteht?

Wie passen die *Durchschnittschristen* (F) und der *konventionell-religiöse Typ* (W) zusammen? Man möchte meinen gut, bis man merkt, daß sich der *konventionell-religiöse Typ* (W) durchaus um die Selbstkonstruktion des Glaubens bemüht, welches Profil am *Durchschnittschristen* (F) gerade fehlt. Am ehesten scheinen noch Verwandtschaften zu bestehen zwischen den *kirchlich Religiösen* (F) und dem *christlich-autonomen Typ* (W), insofern beide auf die individuelle Religiosität bzw. auf die Selbstkonstruktion des Glaubens Wert legen. Nur unterscheiden sie sich wiederum darin, daß die *kirchlich Religiösen* einen hohen Grad an Kirchlichkeit aufweisen, während der *christlich-autonome Typ* eine gewisse Distanz zur Kirchlichkeit hält. Die größte Nähe zueinander scheinen die *engagierten Christen* (F) und der *kirchlich-christliche Typ* (W) aufzuweisen.

Macht unser Vergleich beider Typologien einen Sinn?, so kann man mit Recht fragen. Und es mag manche geben, die so etwas aus methodischen Gründen für fragwürdig halten. Im Ganzen aber wird aus einem solchen Vergleich deutlich – und darauf kommt es uns hier an –, daß empirische Religiositätsstudien aufgrund der unterschiedlichen Rahmenbedingungen ihrer Forschungsansätze und Forschungsziele nur eine begrenzte Gültigkeit hinsichtlich der tatsächlichen Religiositätsprofile der Menschen von heute haben. Mit anderen Worten, die Theologie, insbesondere die Praktische Theologie, muß hier weiterfragen. Sie muß ihre eigenen Theorieansätze ins Spiel bringen, die vor allem anthropozentrisch und eben darin – und das ist ihr Spezifikum – theozentrisch orientiert sind, von denen aus sie ihren Beitrag zur Frage der Religion und der Religiosität in der Gegenwartsgesellschaft zu leisten hat.

7. Kapitel: Säkularisierung oder Individualisierung der Religion? – Ein Paradigmenstreit

Bei unserer alternativen Frage nach einer Wiederkehr oder einem epochalen Umbruch der Religion in unseren Tagen stoßen wir unvermeidlich auf einen Paradigmenstreit innerhalb der gegenwärtigen Religionssoziologie, der sich an den Schlagworten – oder sollte man von Kampfbegriffen reden? – der Säkularisierung bzw. der Individualisierung festmacht. Die eine Richtung faßt die Entwicklung, die die Religion bei uns nimmt, in den Begriff Säkularisierung, die andere in den Begriff Individualisierung der Religion.[6]

1. Religion aus der Perspektive der Säkularisierung

Ohne Frage ist unsere Gesellschaft von säkularisierenden Tendenzen gekennzeichnet. Europa insgesamt scheint sich zur Zeit mehrheitlich nicht von seinen christlichen Wurzeln und Werten her zu definieren. Auch innerhalb der deutschen Bevölkerung gelten nicht Glaube und christliche Werte, sondern – wenn man so will – die säkularen Werte der individuellen Freiheit, der Demokratie, der Achtung der Menschenwürde und ein deutlicher Materialismus als die maßgebenden Orientierungen (vgl. R. Köcher 2004, 5). Zurecht kann man daraus auf die mangelnde Vitalität des Christlichen in unserem Land schließen, sollte sich aber dabei davor hüten, die implizit christlichen Wurzeln dieser Gesellschaftswerte zu übersehen.

Die Vertreter der Religionssoziologie, die der gegenwärtigen Entwicklung der Religion in unserem Land den Stempel der Säkularisierung aufdrücken, müssen sich fragen lassen, ob sie sich – wie schon einmal angedeutet – eines hinreichend angemessenen Meßinstrumentariums bedienen und ob ihre Schlußfolgerungen der religiösen Gesamtlage gerechtwerden. Manchmal ist nur schwer der Eindruck zurückzuhalten, als wolle sich ihr Säkularisierungsparadigma bewußt gegen die These der Individualisierung der Religion profilieren (vgl. D. Pollack, G. Pickel 2003, 447–474; G. Pickel, O. Müller 2004, 57–69). So sprechen Detlef Pollack und Gert Pickel entschieden von der Dominanz des Säkularisierungsprozesses, „in den sich freilich", so räumen sie ein, „Individualisierungstendenzen einlagern" (D. Pollack, G. Pickel 2003, 447). Ihr Forschungsziel ist dabei exakt, die Individualisierungsthese aufgrund eigener empirischer Untersuchungen zu falsifizieren. So ziehen sie das Fazit, daß kaum davon gesprochen werden könne, daß in Deutschland die De-Institutionalisierung der Religion durch ihre Individualisierung kompensiert werde. Zumal Ostdeutschland sehen sie auf dem Weg „zu einem Musterbeispiel einer säkularisierten Gesellschaft" (G. Pickel, O. Müller 2004,67). In Ostdeutschland habe sich eine Kultur der Konfessions- und Glaubenslosigkeit ausgebreitet, angesichts derer „in der näheren Zukunft … von einer weiteren Erosion des Glaubens ausgegangen werden" (G. Pickel, O. Müller 2004, 67) müsse. In einem letzten Fazit richten sie sich ausdrücklich gegen die Luckmannsche These der Individualisierung der Religion: „Die Hoffnung, daß die Menschen schon aufgrund einer anthropologisch verankerten individuellen Religiosität" (vgl. Th. Luckmann, Unsichtbare Religion; S. K.) in die Kirchen zurückkehren, scheint zumindest wenig begründet." Dieses Schlußfazit entbehrt insofern nicht einer überschießenden Süffisanz, als den Autoren bewußt sein mußte, daß der Luckmannschen Individualisierungsthese der Religion gerade die Gegenläufigkeit zur kirchlich-institutionell gefaßten Religion zugrunde liegt, es also deshalb nicht sehr seriös ist, augenzwinkernd vom nicht zu erwartenden Weg der Menschen in den neuen Bundesländern zurück in die Kirchen zu sprechen.

Ohne die besondere Lage der Religion in den neuen Bundesländern schönreden zu wollen – auf ihre besondere Lage wird gleich zurückzukommen sein –, kann doch nicht verborgen bleiben, daß es Tendenzen der Religionssoziologie gibt, die Lage der Religion in Deutschland schlechter zu reden, als sie ist. Seit über hundert Jahren wird bei uns die Religion zu einem Auslaufmodell erklärt, und sie bewahrt gleichwohl in zäher Trägheit ihre Existenz. Wie erklärt sich diese „Trägheit" – im Sinne von Beharrlichkeit – der kirchlichen

Form der Religion (vgl. H. Knoblauch, B. Schnettler 2004, 8)? Ist es nicht denkbar, daß im Sinne dieser Trägheit der Religion – die hier wie gesagt positiv verstanden wird – auch bei den Menschen im Bereich der neuen Bundesländer eine beharrende religiöse Trägheit gegeben sein kann, die sich dabei freilich nicht in Form manifester religiöser Bindungen äußert und die eben deshalb nur schwer den „bildgebenden Verfahren" quantitativer Sozialforschung zugänglich ist? Dabei muß der besonderen historischen Lage der Religion im Osten Deutschlands Rechnung getragen werden, die sich um einiges vom Westen Deutschlands unterscheidet (vgl. K. Gabriel 2003, 113–118). Bei allen historischen Ähnlichkeiten der Christianisierung in den West- und Ostteilen Deutschlands schlug das Christliche im Süden und Westen Deutschlands wohl tiefere volksreligiöse Wurzeln. Es wurde nicht nur vom landesherrlichen Regiment getragen. Im Bereich des norddeutschen Protestantismus hingegen ersetzten die kirchlich-landesherrlichen Elemente in gewisser Weise die tiefere Einwurzelung des Christlichen bei den einzelnen Subjekten. Mit der Beeinträchtigung dieser Strukturen in der NS-Zeit wie in der Zeit der DDR trat die tiefsitzende Kirchenferne der Menschen mehr und mehr in Erscheinung; eine Beobachtung, die man nur bedingt als „Ent-Kirchlichung" im strengen Sinn bezeichnen kann, da ihr vielfach keine wirkliche Kirchenbindung vorausging. Um so weniger darf man deshalb heute erwarten, daß sich unter diesen Bedingungen die religiöse Substanz der Menschen in den neuen Ländern in kirchlich-institutionellen Bindungen ausdrückt. So gesehen erscheint die Schlußfolgerung voreilig, „daß Religion im alltäglichen Leben der Menschen in den neuen Bundesländern kaum mehr eine Rolle spielt" (G. Pickel, O. Müller 2004, 65). Noch einmal, um nicht mißverstanden zu werden: Die Kirchenferne vieler Menschen in den neuen Ländern ist – schon aus den aufgezeigten historischen Gründen – nicht zu bestreiten. Nur, sie einfach mit religionsferner bzw. religionsloser Lebensart gleichzusetzen, dagegen richtet sich unser Bedenken.

2. Religion aus der Perspektive der Individualisierung

H. Knoblauch und B. Schnettler stehen nicht an, vom „Mythos der Säkularisierung" und von der „Trägheit des Säkularisierungstopos" zu sprechen. Trägheit auch hier wieder im Sinn der zähen Beharrlichkeit verstanden. Sie sind – neben vielen anderen – Vertreter der These der Individualisierung der Gegenwartsreligion.[7] Deren gemeinsame Grundüberzeugung ist, daß die Säkularisierungsthese, die lange Zeit das Feld beherrschte und sich über die Medien beharrlich in den Köpfen der Menschen festgesetzt hat, empirisch gesehen auf schwachen Füßen steht. Ihre Schwäche bestehe darin, daß sie die unbestreitbare De-Institutionalisierung der Religion mit einem Rückgang bzw. mit einem weitgehenden Religionsverlust der Menschen gleichsetzt, was auf die eingesetzten Meßinstrumente zurückzuführen sei, die die Religion lediglich quantitativ erfassen würden. So werde die Religion und die Religiosität auf kirchensoziologische Merkmale reduziert und zu wenig in ihren eigenen Eigenschaftsmerkmalen erfaßt. Dabei hätten schon Beobachtungen am religiösen Verhalten Jugendlicher zur Vorsicht mahnen müssen. Die gewiß nicht unumstrittenen Untersuchungen von Heiner Barz (vgl. H. Barz 1992) machten auf eigenständige Religiositätsformen bei Jugendlichen aufmerksam, bei Jugendlichen, die man aus kirchlich-institutioneller Perspektive in der Regel gerne für a-religiös hielt (vgl. H. Knoblauch 2000, 75; W. Tzscheetzsch 2004, 39–43).

Die These der Individualisierung der Religion versucht also in gewisser Weise das Säkularisierungsparadigma und das Bild einer säkularisierten Gesellschaft zu korrigieren. Strukturell ist dabei die Individualisierung der Religion selbstverständlich eingebunden in den größeren gesellschaftsbedingten Individualisierungsprozeß. Es konnte, mit anderen Worten, gar nicht ausbleiben, daß im Rahmen des allgemeinen Individualisierungssogs auch der Zugang zur Religion und die religiöse Praxis der strukturell bedingten Individualisierung unterlagen. Näherhin betrachtet – was hier nur nebenbei erwähnt sei – erwächst in dieser Situation der Religion die Aufgabe, das von der Gesellschaft kaum noch sozial gestützte Feld der Findung der Individualität des einzelnen spezifisch zu bearbeiten. „Religion findet demnach

ihr dominantes Bezugsproblem in der Bestimmung ... der Individualität von Individuen" (M. Krüggeler 1999, 123; vgl. ders. 2004, 101–
110; ders., P. Voll 1993, 17–49). Wie auch immer, die These der Individualisierung der Religion rechnet mit der Existenz und der Relevanz
der Religion im Leben der Menschen.

3. Drei Dimensionen der Säkularisierung und ihre Diskussion

Wir haben bisher gewissermaßen ohne exaktere Bestimmung mit
dem Begriff der Säkularisierung hantiert und haben ihn für uns
wahrscheinlich assoziativ mit bestimmten Inhalten gefüllt. Indem
es nun um eine genauere Klärung seines Verständnisses gehen soll,
wird sich darin auch die Bedeutung und Reichweite der Individualisierung der Religion weiter vertiefen. Wir können mit Karl Gabriel[8]
drei Bedeutungsdimensionen der Säkularisierung unterscheiden: Säkularisierung als funktionale und strukturelle Differenzierung der
Gesellschaft (1), Säkularisierung als Rückgang und Schwächung des
religiösen Glaubens und der religiösen Praxis (2) und Säkularisierung als Rückzug der Religion in die Privatsphäre (vgl. K. Gabriel
2000, 9–28; ders. 2003, 13–36).

(1) Bezüglich der ersten Bedeutungsdimension sollte man von
der Säkularisierung besser als einem Aspekt der funktionalen und
strukturellen Differenzierung der Gesellschaft sprechen. Der Prozeß
der funktionalen Differenzierung der Gesellschaft selbst ist ja oft beschrieben worden. In ihm traten die Bereiche der Politik, der Ökonomie, der Bildung, der Wissenschaft, der Kultur, der Freizeit und
der Religion aus Gründen der jeweils anderen immanenten Funkti-
onsgesetze auseinander. Die Bereiche verselbständigten sich und traten, so gesehen, aus der bis dahin dominierenden Vorherrschaft der
Kirche und der Religion heraus.[9] Insofern liegt es in einem gewissen
Sinn nahe, in diesem Ausdifferenzierungsprozeß Säkularisierungs-
tendenzen zu vermuten. Welchen Impulsen sich aber letztlich die
funktionale Ausdifferenzierung der modernen Gesellschaft verdankt,
darüber rätselt die Soziologie. Ein Begründungsargument lieferte

vor Jahren immerhin die Theologie, die auf den Zusammenhang verwies, daß im Christentum selbst die innere Dynamik auf die Verselbständigung und Autonomie der irdischen Wirklichkeiten angelegt sei, und zwar aufgrund der Inkarnation, der Menschwerdung Gottes in Jesus von Nazaret. Durch sie sei in Bestätigung und Fortsetzung der Schöpfungstheologie die Welt in die Selbständigkeit entlassen und insofern „säkularisiert" worden. Eine eigene Richtung innerhalb der Theologie, die „Säkularisierungstheologie", bemühte sich um die Erhellung dieser Zusammenhänge, bis sie mit einem gewissen Erschrecken gewahr wurde, daß ihr Theologieansatz mißdeutbar war, indem daraus gefolgert werden konnte, Gott habe die Welt in die Beliebigkeit entlassen und es bestehe also keine menschlich-kulturelle Verantwortung gegenüber der Welt (vgl. J. B. Metz 1984, 23f.).

(2) In der zweiten Dimension erscheint die Säkularisierung als Rückgang und Schwächung des religiösen Glaubens und der religiösen Praxis. Diese Sicht der Säkularisierung scheint sich in unserem Land gegenwärtig und schon seit geraumer Zeit auf erdrückende Weise zu bestätigen. Nur liegen die Dinge nicht so eindeutig, wie es den Anschein hat. Wenn als Zeichen der Säkularisierung von der Schwächung des religiösen Glaubens die Rede ist, muß man dagegenfragen, wer diese Schwächung mit welchen Meßinstrumenten gemessen hat. Dieser Bereich entzieht sich in der Regel einer eindeutigen Beurteilung. Es spricht viel dafür, daß man aufgrund der veränderten religiösen Praxis, die mehr oder weniger deutlich Abstand genommen hat von der Teilnahme und vom Vollzug öffentlich-religiöser Riten, auf einen Rückgang des Glaubens schließt. Schon vor Jahren entbrannte in der Frage der pastoral zu verantwortenden richtigen Sakramentenpraxis eine heftige Diskussion um die Sakramentenfähigkeit der Empfänger (vgl. S. Knobloch 1991, 106–125). Vielfach wurde ihnen der hinreichende Glaube als Voraussetzung des Sakramentenempfangs abgesprochen, der ja in der Tat – wovon nicht abzurücken ist – vorauszusetzen ist, da die Sakramente doch Sakramente des Glaubens sind. Nur ging man damals wie selbstverständlich von der Annahme aus – ohne sie einer Prüfung zu unterziehen –, daß die Menschen früherer Generationen, unter

christentümlichen Bedingungen also, selbstverständlich einen persönlichen Glauben als Voraussetzung des Sakramentenempfangs mitbrachten.

Bei dieser zweiten Dimension der Säkularisierung ist, mit anderen Worten, eine gewisse Zurückhaltung angebracht. Vieles mag hier nach Rückgang oder gar nach Verlust der religiösen Praxis aussehen, was man auch ganz anders einstufen kann. H. Knoblauch äußerte mehrfach die Vermutung, daß die Annahme einer religiösen Säkularisierung vielfach mit einem zu engen Religionsbegriff und mit einem zu engen Praxisbegriff der Religion zusammenhänge. Man habe keinen Blick für neu aufkommende religiöse Praxisformen – für die neuen religiösen Bewegungen, für pfingstlerische, neopfingstlerische und charismatische Gruppen (vgl. H. Knoblauch 2002, 297). Ohne die Dinge schönreden zu wollen, darf man deshalb begründetermaßen mit der Frage dagegenhalten, ob im religiösen Feld tatsächlich alles Rückgang und Schwäche sei. Insofern erscheint diese zweite Dimension der Säkularisierung durchaus als zweifelhaft und anfechtbar.

Richtiger liegt man wohl, wenn man die vermeintliche Schwächung des Glaubens und der religiösen Praxis eher als Prozeß der Individualisierung der Religion identifiziert. Diese Individualisierung ist – wie bereits aufgezeigt – strukturell bedingt durch die moderne Gesellschaftsentwicklung, also mitnichten das Produkt des Juxes und der Tollerei der einzelnen Menschen. Zugleich darf dieser Prozeß nicht mit der Intimisierung der Religion und ihrem Rückzug ins Private gleichgesetzt werden. Von diesem dritten Aspekt der Säkularisierung als Rückzug der Religion ins Private wird gleich die Rede sein. An dieser Stelle aber geht es um eine Sicht der Individualisierung, in deren Licht – durchaus mitausgelöst von der modernen Gesellschaftsentwicklung – der alte christliche Glaubenstopos der Einmaligkeit des Individuums und seine konstitutive Bezogenheit auf Gott neue Leuchtkraft gewinnen können. Dieser Topos war im Bewußtsein der Gläubigen in den letzten Jahrhunderten über Gebühr zurückgetreten. Dabei hatte doch noch die spätantike lateinische Theologie dem Menschen als Individuum vor Gott eine starke Beachtung geschenkt (vgl. K.-H. Ohlig 2000, 43–61). Dasselbe fällt an den „Confessiones" Augustinus' und an der gesamten früh- und hochmittelalterlichen Schultheologie auf. Und ebenso an Martin Luthers besorgter Frage, wie er als Individuum, als Subjekt vor Gott, einen gnädigen Gott finde.

Am Prozeß der religiösen Individualisierung fällt auf, daß hier die Religiosität einen stark erlebnis- und erfahrungsorientierten Charakter annimmt. Nicht, daß es ihr auf objektive Vorgaben wie dogmatische Aussagen oder normative Werte und Verhaltensregeln, nicht ankäme. Aber diese gewinnen ihre Bedeutung und ihr Gewicht erst im Maße der subjektiven Bewährung und Wertschätzung. Das ist nicht dasselbe, wie sich jenseits aller objektiven Vorgaben eine eigene religiöse Welt einzurichten, sich also von Vorgaben gänzlich zu lösen. Nur erfolgt diese Bricolage – das Zusammenbasteln der religiösen Werte und Orientierungen – nach dem Prinzip der Erfahrungshaltig- und Erfahrungswertigkeit. Die Lehren einer religiösen Gruppe werden für das Subjekt nur insofern relevant, als sie den Filter der eigenen Erfahrungsevidenz durchlaufen haben (vgl. zum Ganzen H. Knoblauch 2002, 295–307). Das bleibt nicht ohne Folgen für das institutionelle Gefüge einer Religionsgemeinschaft. Dadurch werden nämlich die Strukturen einer Religionsgemeinschaft in Frage gestellt, ja sie werden unterlaufen. Denn diese Strukturen beruhen in aller Regel auf einem klaren Gegenüber von Autoritätsträgern und Autoritätsabhängigen, von Wissenden und eher Unwissenden, von Virtuosen und Laien. Sobald aber die Individuen ihre eigenen religiösen Erfahrungen ins Spiel bringen, stört das und unterwandert das die sanktionierte Differenz zwischen amtlichen und nichtamtlichen Rollen innerhalb einer Religionsgemeinschaft. „Die Entscheidung darüber, was wahr ist, was wirklich ist, was gut ist, was überhaupt ist oder nicht vielmehr nicht ist, wird nicht mehr den Experten überlassen, sondern in die Subjekte hineinverlagert" (H. Knoblauch 2002, 303).

In der Tat gehört all das, was Gläubige in einer Religionsgemeinschaft glauben, sagen wir konkret, was Christinnen und Christen in ihrem Glauben für Erfahrungen machen, zum positiven Bestand der Kirche als Volk Gottes (vgl. S. Demel 2004, 618–623). Denn die Kirche ist als Volk Gottes erst auf dem Weg, der Fülle der

Wahrheit zuzustreben (vgl. Dei verbum Art. 8). Das bodenständige religiöse Erfahrungswissen der einfachen Leute darf also nicht länger mit dem Makel behaftet bleiben, sich vor der kirchlichen Autorität als legitim ausweisen zu müssen. Es hat seine eigene Dignität und Würde, auch wenn es sich von der manchmal so erfahrungsarmen (oder nur erfahrungsverdeckten?) „Hochsprache" des Amtes unterscheidet. Um hier nicht mißverstanden zu werden: Auf beiden Seiten – auf Seiten der „Virtuosen" wie auf Seiten der „Laien" – darf nichts in einer bunten Beliebigkeit versanden. Beide Seiten müssen sich selbstverständlich an der Wahrheit des Evangeliums ausrichten, eine Ausrichtung, die weder das Kirchenamt allein für die Laien noch umgekehrt die Laien allein für das Kirchenamt erbringen können. Mit diesen etwas abschweifenden Überlegungen sollten lediglich die Konsequenzen angedeutet werden, die eine subjektive, erlebnis-und erfahrungsbezogene Form der Religion für eine kirchliche Gemeinschaft nach sich zieht.

(3) In einer dritten Deutung wird Säkularisierung als Rückzug der Religion in die Privatsphäre verstanden. Diese dritte Deutung der Säkularisierung ist nicht identisch mit der eben beschriebenen Individualisierung der Religion. Wenn auch die religiöse Individualisierung vulgär oft mit der Privatisierung der Religion gleichgesetzt wird, so handelt es sich doch um zwei deutlich unterscheidbare Sachverhalte. Erst die Deutung der Säkularisierung als Privatisierung der Religion legt den Akzent auf das Private und spricht der Religion und der religiösen Praxis die Wirkung auf den sozialen Raum der Öffentlichkeit weitgehend ab. So wenigstens behauptet es die Theorie dieser dritten Dimension der Säkularisierung. Hält sie aber der Wirklichkeit stand? Oder äußert sich in ihr eher nur eine Sicht auf die Wirklichkeit, die diese eher verfehlt als trifft?

Unter einer bestimmten interessegeleiteten Perspektive mag in der Tat die in der zweiten Dimension beschriebene religiöse Individualisierung als nichts anderes denn als Rückzug ins Private erscheinen. Doch wäre einer solchen Einschätzung gleich ein zweifacher Fehler unterlaufen. Zum einen setzte sie, wie gesagt, die Individualisierung der Religion mit ihrem Rückzug ins Private gleich. Zum anderen übersieht sie, daß dem konstatierten Rückzug in die Privatsphäre selbst schon gegenläufige Tendenzen der De-Privatisierung der Religion innewohnen. Gewiß ist damit nicht gesagt, daß es den Rückzug ins Private nicht gebe. Aber wichtiger ist im Feld der Religion, ihrer paradoxen Verschränkung von Privatisierung und Entprivatisierung gewahr zu werden, von der gleich die Rede sein wird.

4. Das Phänomen der gesellschaftlichen Resonanz auf „Vergessenes"

Voraus sei von Jürgen Habermas her noch grundsätzlich etwas zur Säkularisierung unserer Gesellschaft – in welchen drei Spielarten auch immer – gesagt. Wir nehmen hier Bezug auf seine berühmte Rede in der Frankfurter Paulskirche im Jahr 2001 anläßlich der Verleihung des Friedenspreises des Deutschen Buchhandels (vgl. J. Habermas 2001; ders. 2004, 35–36; H.-J. Große Kracht 2003, 236–239; Ch. Lienkamp 2003, 284–286). Habermas leugnet in seiner Rede nicht die Tatsache der Säkularisierung unserer Gesellschaft, aber es will scheinen, als würde er sie als weniger tiefgehend, als weniger radikal ansehen, als mancher ihrer Verfechter dies tut. Er rechnet nämlich damit, daß die säkularisierte Welt durchaus ein Ohr hat, unter gewissen Bedingungen die religiöse Sprache zu verstehen. So sagt er: „Moralische Empfindungen," – Habermas macht sich im Zusammenhang Gedanken über die Gentechnik – „die bisher nur in religiöser Sprache einen hinreichend differenzierten Ausdruck besitzen, können allgemeine Resonanz finden, sobald sich für ein fast schon Vergessenes, aber implizit Vermißtes eine rettende Formulierung einstellt" (J. Habermas 2001, 29). Die säkularisierte Welt hat sich demnach ein Empfinden für Vergessenes bewahrt, das sie implizit vermißt und auf das sie durch eine angemessene religiöse Sprache aus dem Fundus der Religion rettend gestoßen werden kann. Denn die säkulare Seite habe sich „einen Sinn für die Artikulationskraft religiöser Sprache bewahrt" (J. Habermas 2001, 22).[10] Die pluralisierte Vernunft des Staatsbürgerpublikums bleibe lernbereit für die semantischen Potentiale der religiösen Tradition. Ausdrücklich formulierte Habermas: „Die verlorene Hoffnung auf Resurrektion[11] hinterläßt eine spürbare Leere." Aufnahmefähigkeit, Hörfähigkeit, Empfinden des Vergessenen, des implizit Vermißten – das alles nimmt Abschied von der Vorstellung einer radikal-säkularisierten Gesellschaft, weshalb Habermas zu Recht von der – zwar weiteren Säkularisierungserfahrungen ausgesetzten, aber im Grunde – postsäkularen Gesellschaft sprach.

So wendet sich am Ende unserer Überlegungen die zunächst offene Frage „Säkularisierung oder Individualisierung der Religion?" von der Position der Säkularisierung eher ab – ohne diese vollends zu bestreiten – und neigt sich der religiösen Individualisierung als der zutreffenderen Positionsbeschreibung der Religion heute zu, wobei freilich damit die religiöse Individualisierung noch längst nicht hinreichend charakterisiert ist.

8. Kapitel: Paradoxe Verschränkung von Privatisierung und Entprivatisierung der Religion

Haben die vorangehenden Überlegungen zu zeigen versucht, daß die moderne Gesellschaftsentwicklung nicht in einem kruden Verlauf zu einer radikalen Säkularisierung des Lebens führt, sondern daß mehr für die These der Individualisierung der Religion im Leben der Leute spricht, so zeigt sich nun an der genannten dritten Dimension der Säkularisierung, wonach die Religion in die Privatsphäre abwandert und hier gewissermaßen in der Bedeutungslosigkeit versickert, daß dieser Privatisierung paradoxe *Gegenkräfte der Entprivatisierung* innewohnen. Es gilt also, nicht nur die Auffassung zu revidieren, daß die Kräfte der Säkularisierung in der Gesellschaft alles Religiöse mit der Urgewalt eines Tsunami wegspülen, wie die offensichtliche Resistenz und „Trägheit" der Religion beweist. Es gilt darüber hinaus, in der Gegenwartsgesellschaft Phänomene der Deprivatisierung der Religion wahrzunehmen.

1. Bedingte Privatisierung der Religion

Vor allem José Casanova, ein aus Spanien stammender und an der „New School for Social Research" in New York lehrender Religionswissenschaftler war es, der dieser paradoxen Verschränkung von Privatisierung und Entprivatisierung der Religion in den Ländern Europas nachging (vgl. J. Casanova 1996, 181–210). Er kam zu der Erkenntnis, daß in den Ländern Europas die Individualisierung und Privatisierung der Religion in dem Maß einsetzte, in dem die moderne Gesellschaftsentwicklung – bei im einzelnen nur geringfügigen Nuancen – überall die strukturelle Verzahnung von Staat und Religion überwand. Dabei wurde dieser Prozeß der Privatisierung der Religion nicht erst durch die Gesellschaftsentwicklung ausgelöst. Er war bereits vorher – und diese Entwicklung mitbegleitend – angebahnt durch die kirchliche Ehe- und Sexualmoral, vor der – wenn man das so vereinfacht sagen will – die Menschen den Rückzug in die Privatsphäre ihrer eigenen religiös motivierten Entscheidungen antraten. Nach José Casanova war der Rückzug der Religion in die Privatsphäre um so deutlicher, je dominanter und ausgeprägter die strukturelle Verzahnung von Staat und Religion war. Wo diese Verzahnung keine Rolle spielte – wie zum Beispiel in Amerika – bestand kein vergleichbares kompensatorisches Motiv zum Rückzug der Religion. Aus dieser Beobachtung leitete er die Schlußfolgerung ab, daß der Rückzug der Religion in die Privatsphäre keine zwangsläufige und generelle Begleiterscheinung moderner Gesellschaftsentwicklung sei, sondern von der Intensität der Verzahnung von Staat und Religion abhänge. Insofern sei es nicht angemessen, die religiöse Entwicklung in den Ländern Europas als einen zwingenden und in der Modernisierung der Gesellschaft selbst angelegten Prozeß anzusehen, demgegenüber die anders verlaufene Entwicklung in Amerika als „amerikanischer Exzeptionalismus" (K. Gabriel 2000, 23) anzusprechen sei.

2. Die Zivilgesellschaft als Arena der Entprivatisierung der Religion

An drei Arenen der Öffentlichkeit – am Staat, an der politischen Gesellschaft und an der Zivilgesellschaft – verdeutlichte Casanova den (von ihm freilich nicht so genannten) Gedankengang der paradoxen Verschränkung von Privatisierung und Entprivatisierung der Religion. Paradoxe Verschränkung, soviel zum Begriff, will besagen, daß die Religion zu den verschiedenen Arenen der Öffentlichkeit ein unterschiedliches Verhaltensmuster an den Tag legt. Wo – wie in Amerika – eine strikte Trennung zwischen Staat und Kirche herrscht, besteht von Seiten der Religion kaum die Versuchung, auf die staatliche Öffentlichkeit, auf die Mechanismen und Instrumente der Staatsgewalt, Einfluß auszuüben. Hier enthielten sich die religiösen Institutionen und Organisationen weitgehend einer Einflußnahme. Dieser Verzicht war aber nicht gleichzusetzen mit einem völligen Rückzug der Religion. Denn als zweite Arena der Öffentlichkeit bot sich immer noch die politische Öffentlichkeit an. Sie ist in der Tat offen – zumal in Amerika – für die Einflußnahme religiöser Institutionen und Organisationen. Man erinnere sich beispielsweise des 11. Septembers 2001 und der religiösen Stilisierung der Trauerfeiern damals. Hier agierte die politische bzw. die politisch traumatisierte Öffentlichkeit Amerikas gewissermaßen selbst religiös. Und das im wörtlichen Sinn nicht aus sich selbst, sondern aus ihrer Verwurzelung im religiösen Grundbefinden der amerikanischen Bevölkerung.

Ihr eigentliches Aktionsfeld aber findet nach José Casanova die entprivatisierte Religion in der Arena der Zivilgesellschaft. Der Begriff der Zivilgesellschaft faßt jene Bereiche der Gesellschaft ins Auge, in denen sich Menschen, jenseits von Staat und politischer Gesellschaft, zu Initiativen und Gruppen zusammenschließen und zu Trägern von längerfristigen oder kurzfristigen Einstellungen, Verhaltensmustern oder Aktionen werden. In allen modernen Gesellschaften kommt der Zivilgesellschaft eine immer größere Bedeutung zu, insofern sie zum Tableau zivilgesellschaftlicher Diskurse und Prozesse wird. Nach José Casanova ist sie der bevorzugte Ort der Entprivatisierung der Religion. Ein Ort, der der Religion Chancen eröffnet und sie davor bewahrt, aus dem Raum der Gesellschaft abzutauchen und sich gänzlich in die Privatsphäre zurückzuziehen.

Casanovas Überlegungen laufen darauf hinaus, von den gewiß anderen Bedingungen der Religion in Amerika aus – die einen extremen Rückzug der Religion in die Privatsphäre nie nötig machten und religiöse Aktivitäten in der Zivilgesellschaft wie selbstverständlich ermöglichten[12] – die Kirchen in den Ländern Europas zu ermutigen, sich ebenso entschieden in der Arena der Zivilgesellschaft zu verausgaben und in diesem Sinn der Privatisierung der Religion eine die Religion öffnende Entprivatisierung an die Seite zu stellen. Über solche Öffnungen in den Bereich der Zivilgesellschaft hinein bestehe die Möglichkeit, sogar wieder einen indirekten Einfluß auf Staat und politische Gesellschaft auszuüben. Es sei zu beobachten, „daß sich die religiösen Traditionen rund um die Welt weigern, die marginale, auf die Privatsphäre beschränkte Rolle zu übernehmen, die ihnen moderne Gesellschaftstheorien und Theorien der Säkularisierung zugewiesen haben. Gesellschaftliche Bewegungen treten in Erscheinung, die religiöser Natur sind oder im Namen der Religion Legitimation und Autonomie der grundlegend weltlichen Bereiche des Staates und der Wirtschaft in Frage stellen. Ähnlich weigern sich religiöse Institutionen und Organisationen, sich lediglich auf die Sorge um die Seelen zu verlegen. Sie lassen vielmehr nicht davon ab, nach der Verbindung von privater und öffentlicher Moral zu fragen und stellen den Anspruch von Staat und Wirtschaft in Frage, jenseits ethischer Normen selbstregulativ agieren zu dürfen. Eines der Ergebnisse dieser in Gang gekommenen Kontestation ist der sich wechselseitig beeinflussende Prozeß der Repolitisierung der privaten religiös-moralischen Sphäre und der Renormativisierung von Wirtschaft und Politik" (J. Casanova 1994, 5f.; vgl. zum Ganzen H.-J. Große Kracht 2003, 230–235; K. Gabriel 2000 a, 9–28; hier 21–27; ders. 2000 b, 16–37; hier 30–37).

Es mag weitgegriffen erscheinen, wenn Casanova ohne zu zögern vom Prozeß der „Repolitisierung der privaten religiös-moralischen Sphäre" spricht, und in diesem Sinn von der Entprivatisierung der Religion, und in der weiteren Konsequenz sogar von der „Renormativisierung von Wirtschaft und Politik". Diese seine Einschätzung blieb auch nicht unwidersprochen. Casanova überschätze in gewisser Weise die Bedeutung der Zivilgesellschaft als Arena der Religion. Hinzukomme, daß der Begriff der Entprivatisierung der Religion nicht mehr als ein „Suchbegriff" sei (vgl. Ch. Lienkamp 2003, 278), der vor allem dann perspektivisch defizitär bleibe, solange er nur im Referenzrahmen von „öffentlich – privat" und nicht auch im Referenzrahmen von „öffentlich – geheim(nishaft)" diskutiert werde.[13] Gleichwohl hat der Rekurs von Kirche und Religion auf die Zivilgesellschaft etwas nachhaltig Gewinnendes an sich, das auch durch Bedenken dagegen nicht geschmälert werden kann.

3. Die Zivilreligion der Zivilgesellschaft

Mit José Casanova möchten wir – ohne dadurch Mißverständnisse hervorrufen zu wollen – zum Begriff der umstrittenen Zivilgesellschaft noch den Begriff der „Zivilreligion" hinzunehmen. Gewiß könnte man einwenden, mit diesem weiteren Begriff komme eine weitere Unbekannte ins Spiel, die alles nur unklarer mache. Dabei ist es in der Tat so, daß der sachgemäße Rekurs auf die Zivilreligion der Zivilgesellschaft als Arena kirchlicher und religiöser Aktivitäten größere Plausibilität verleiht.

Es ist wahr: Der Begriff der Zivilreligion ist mehrdeutig. Wie sollte er auch im Wandel gesellschaftlicher Entwicklungen nicht seinerseits einem Bedeutungswandel unterliegen? Ihren Ausgangspunkt nahm die „religion civile" bei Jean-Jacques Rousseau (vgl. H.-J. Große Kracht 2003, 253), der in seinem „contrat social" dafür plädierte, daß ein säkular-demokratisches Staatswesen sich selbst einen verläßlichen und konsensfähigen Grundbestand an Prinzipien und Normen geben müsse, auf den es seine Ordnung gründe. Diesen Grundbestand nannte Rousseau „religion civile". Damit war die Ablösung und Abkoppelung des Staates von hierokratisch-kirchlichen Vorgaben angesagt. Im Zuge der späteren Restauration des 19. Jahrhunderts nahm sie wiederum mehr die Gestalt einer christentümlich stilisierten Ausrichtung nahezu aller Lebensbereiche an Kirche und Religion an. Im Prozeß der gesellschaftlichen Differenzierung aber differenzierte sich auch die Zivilreligion aus in „einer Mehrzahl religiöser Interpretations- und Traditionsgemeinschaften, die um die Definition gemeinsamer Überzeugungen ringen" (K. Gabriel 2000 b, 33). Die gelebten Überzeugungen traten somit in den Vordergrund gegenüber lehrhaften Glaubensformeln. Damit war wiederum für die Religion der Weg in die Arena der Öffentlichkeit eröffnet, nur nicht mehr unmittelbar in die Öffentlichkeit des Staates und der politischen Gesellschaft, sondern in die Öffentlichkeit der Zivilgesellschaft.

Im Hintergrund ist hier der Einfluß mitzubedenken, der von der Kirche selbst, genauer vom Zweiten Vatikanischen Konzil, ausging. Das Konzil hatte sich in der „Erklärung über die Religionsfreiheit" aufgrund des Prinzips, daß Wahrheit nicht anders Anspruch erheben kann „als kraft der Wahrheit selbst" (DH 1) von der direkten kirchenpolitischen Beeinflussung der staatlichen und politischen Domäne verabschiedet. Was die Kirche bezüglich der Grenzziehung staatlicher Befugnisse gegenüber der Kirche festlegte, mußte vice versa auch für sie gegenüber der staatlichen Domäne gelten. Die staatliche Gewalt habe zwar, so die Erklärung über die Religionsfreiheit, das religiöse Leben der Bürger anzuerkennen und zu begünstigen, „sie würde aber ... ihre Grenzen überschreiten, wenn sie so weit ginge, religiöse Akte zu bestimmen oder zu verhindern" (DH 3). Im Blick auf die drei Arenen der Öffentlichkeit – Staat, politische Gesellschaft und Zivilgesellschaft – bedeutet das wiederum, daß die Zivilgesellschaft sich als das eigentliche Feld der Entprivatisierung der Religion herausschält.

Der Blick auf die realen Verhältnisse bestätigt das eindeutig. Doch dem voraus sei erwähnt, daß es noch gar nicht so lange her ist, daß man im Gefolge der französischen „mission générale" unter dem Stichwort der missionarischen Erneuerung[14] die Strategie verfolgte, alle Lebensbereiche – wie Familie, Erziehung, Bildung, Beruf, Kultur, Freizeit – unter den Einfluß der Kirche zu bringen. Die Devise lautete in den 50er und 60er Jahren des letzten Jahrhunderts, alle Milieus und ganze Regionen auf Dauer in die Kirche zurückzuführen.[15] Von solchen Zielvorstellungen nimmt man heute mit Recht Abstand, da sie eher Ausdruck raumeinnehmender Omnipotenzphantasien waren als Ausdruck sich bescheidener gebender zivilgesellschaftlicher Möglichkeiten.

4. Hinweise auf zivilreligiöse Grundbestände

Dem besonnenen Beobachter zeigen sich vielfache Hinweise auf die Virulenz der Religion in der Gegenwartsgesellschaft. Überflüssig zu sagen, daß wir hier unsere Überlegungen nach wie vor auf die Zivilgesellschaft fokussieren, also auf die nie nur vom einzelnen hervorgebrachten, sondern in Gruppen und Verbünden kommunizierten und diskutierten religiösen Überzeugungen und Lebensstile, aus deren Fundus anstehende private wie gesellschaftliche Fragestellungen angegangen werden. Dabei kann es durchaus sein, daß ein Diskussionsprozeß im Bereich der Zivilgesellschaft gewissermaßen von der kirchlichen Hierarchie angestoßen wird. Wenn wir uns erinnern: Im Fall des Sozialwortes der Kirchen „Für eine Zukunft in Solidarität und Gerechtigkeit" von 1997 war dies der Fall. Damals war ein weitläufiger Konsultationsprozeß in breiten Schichten der Zivilgesellschaft in Gang gekommen, der allenfalls seine bedauerliche Grenze in manchen Kirchengemeinden fand, die im Konsultationsprozeß gesellschaftliche Fragen aufgeworfen fanden, die sie nicht für ihre eigenen, ihnen aufgetragenen Fragen hielten.[16]

Die religiös-moralisch grundierte Zivilgesellschaft war auch angesprochen von der Flutkatastrophe in den Ländern und Küstenregionen Südostasiens Ende Dezember 2004. Die beeindruckende Bereitschaft zu Hilfe und Solidarität entsprang damals gewiß einer unmittelbaren Betroffenheit, die nicht zuletzt auch darin begründet lag, daß Opfer aus der eigenen Bevölkerung zu beklagen waren. Aber dahinter war diese Hilfsbereitschaft offensichtlich auch gespeist vom christlichen Motiv der Nächstenliebe, die sich nicht – wie in manchen islamischen Ländern – durch den abstrusen Gedanken von der Hilfeleistung abhalten ließ, die betroffenen Gebiete und Regionen seien aufgrund ihres lasziven Lebens von der Strafe Allahs getroffen worden. In diesem gesellschaftsweiten Aufbruch der Hilfsbereitschaft wurden die Hilfsappelle des Vorsitzenden der Deutschen Bischofskonferenz, Kardinal Karl Lehmann, und des Ratsvorsitzenden der EKD, Bischof Wolfgang Huber, die sich nicht nur an die Kirchenmitglieder, sondern über diese hinaus richteten, dankbar aufgenommen und nicht als Einmischung in die Domäne des Staates und der politischen Gesellschaft empfunden. Auch das ein Hinweis auf die religiöse, bisweilen latent verdeckte Virulenz der Zivilgesellschaft. Selbst der damals Anfang Januar 2005 im Gedenken an die Flutopfer im Berliner Dom begangene ökumenische Gottesdienst, zu dem freilich die Zivilgesellschaft hinter den Absperrungen keinen Zutritt hatte, weil dieser nur Vertretern des Staates und der Parteien und Angehörigen von Opfern vorbehalten war, selbst dieser Gedenkgottesdienst hatte seinen eigentlichen Resonanzboden in der zivilreligiösen Substanz der Zivilgesellschaft.

Nicht zu vergessen ist auch die „neue Sichtbarkeit" der Religion in der massenmedialen Öffentlichkeit (vgl. K. Gabriel 2003 a, 27).[17] Hierbei ist gar nicht in erster Linie an die mediale Übertragung großer Papstmessen mit Hunderttausenden von Menschen aus allen Teilen der Welt zu denken.[18] Viel näher liegt, an die Tatsache zu denken, daß heute gewissermaßen traditionelle Themen der Religion von den Medien aufgegriffen und unter die Leute gebracht werden: Fragen des Lebens, Lebensschicksale, Fragen nach dem Leben nach dem Tod. Eine „populäre Religion", wie H. Knoblauch sie nennt (vgl. H. Knoblauch 1999 a, 201–222) breitet sich aus, die dabei keineswegs als triviale Religion abgestempelt werden darf, nur weil sie sich einer anderen Sprache als der Kirchensprache bzw. der Sprache der reflektierten Theologie bedient. Wieder hat dieses Phänomen der populären Religion seinen eigentlichen Rückhalt in der Zivilgesellschaft. Und dieses Phänomen vermag unter Umständen sogar bis in den Bereich der religiösen Institutionen und Organisationen hinein zu wirken. Denn die populäre Religion, die, wie schon ihr Name sagt, das Gehege der Privatheit verlassen hat, bezieht ihre Attraktivität strenggenommen nicht aus den Massenmedien selbst, also nicht aus der medialen Vermittlung als solcher, sondern aus der Vermittlung *persönlicher erfahrungsgesättigter religiöser Bestände*. Jenseits der inhaltlichen Themen, die verhandelt werden und die wechseln können, liefert die mediale Vermittlung also den bedeutsamen Subtext, daß die Menschen in der Tat eine eigene Deutungskompetenz in Sachen religiöser Erfahrung haben. Darüber hinaus enthalten Spielfilme und Krimis häufig „inhärente Transzendenzbezüge" (K. Gabriel 2003 a, 27), die die Fragestellungen des Lebens über den Tellerrand des Alltags zu öffnen geeignet sind.

Nicht zuletzt darf noch einmal erinnert werden, daß in der Tat Fragen der Religion über die Zivilgesellschaft hinaus bis in die politische Gesellschaft und bis in die Organe des Staates und der Verfassung hinein virulent sind. Nach den strengen Maßstäben der Säkularisierungstheorien dürfte damit überhaupt nicht mehr zu rechnen sein. Freilich treten religiöse Fragen in diesem Bereich häufig als Konfliktthemen auf. Man denke an den mittlerweile ausgestandenen Streit um LER im Land Brandenburg, man denke an die Stichworte

Kopftuchstreit, Schächten, Moscheebauten. Wie immer auch die Dinge im einzelnen zu beurteilen sind, sie sind auf ihre Weise ebenso ein Ausweis der paradoxen Verschränkung von Privatisierung und Entprivatisierung der Religion in unserer Gegenwartsgesellschaft.

5. Jürgen Habermas' philosophische Einlassungen der letzten Jahre

Zuletzt sei ein weiteres Mal auf Jürgen Habermas Bezug genommen, dessen philosophische Einlassungen der letzten Jahre auf die These der Verschränkung von Privatisierung und Entprivatisierung der Religion ein interessantes Licht werfen (vgl. J. Habermas 2001; ders. 2003; ders. 2004, 35–36). Allein schon die Tatsache, daß er die gegenwärtige Gesellschaft tendenziell als „post-säkulare Gesellschaft" einstuft, insofern sie nicht auf die gewiß „längst profanisierten Quellen der religiösen Überlieferung" (J. Habermas 2001, 21) verzichtet, macht auf die, wenn auch den Zeitgenossen nicht immer bewußte Nachhaltigkeit der religiösen Traditionen aufmerksam. Insbesondere in der heutigen bioethischen Auseinandersetzung um Hirn- und Keimzellenforschung hält es Habermas für erforderlich, auf das „semantische Potential" der Religion zu rekurrieren. Es gehe für die Menschen das Wesentliche verloren, „wenn sie sich nach und nach *selber* (nur noch; S. K.) unter naturwissenschaftliche Beschreibungen subsumieren" (J. Habermas 2001, 16). Die Hirnforschung mache einen gravierenden Kategorienfehler, wenn sie aufgrund ihrer Forschungen dem Menschen die Freiheit abspricht. In der Tat hat man bei manchen ihrer Vertreter, zum Beispiel bei Rolf Singer und Gerhard Roth als den Hauptprotagonisten der modernen Hirnforschung, den Eindruck, die neuronalen Abläufe im Gehirn würden Subjektivität und Bewußtsein des Menschen ersetzen. Habermas setzt sich diesen Tendenzen als Philosoph zur Wehr – und ist dabei der transzendental-theologischen Sicht des Menschen ganz nah –, indem er ihnen ein, wie er sagt, „empiristisches" Sprachverständnis unterstellt, das alle Hinweise auf subjektive Einstellungen eines Sprechenden als simple Täuschung eliminiere. Für eine „mentalistische

Sprache" – das ist bei Habermas der Gegenbegriff zur empiristischen Sprache –, die von den Äußerungen und Dimensionen des „Meinens", des „Überzeugens", des „Bejahens" und des „Verneinens" lebt, bleibe nach diesen Hirnforschern kein Platz. Habermas wehrt das als ein den Menschen seiner Freiheit beraubendes Verständnis des Menschen argumentativ ab: „Gedanken, die wir im mentalistischen Vokabular ausdrücken können, lassen sich nicht ohne einen semantischen Rest in ein empiristisches, auf Dinge und Ereignisse zugeschnittenes Vokabular übersetzen" (J. Habermas 2004, 35). Unsere Sprache enthält unauflösbare und uneinholbare Signale – Habermas spricht vom semantischen Rest –, die anthropologisch auf mehr verweisen als auf sich selbst organisierende neuronale Prozesse des Gehirns.[19]

Das Beispiel der Hirnforschung ist nur ein Bereich aus dem größeren Komplex bioethischer Fragen, um die heute gerungen wird. Die Art und Weise, wie sich Habermas als Philosoph der Gegenwartsgesellschaft auf diese Fragen einläßt, berechtigt wiederum zu dem Schluß, daß die Zivilgesellschaft untrüglich aus der Goldader der religiösen Traditionen schöpft, ja aufgefordert ist, aus ihr noch intensiver zu schöpfen.

9. Kapitel: Die neue Sensibilität für das Geheimnishafte des Lebens als Herausforderung an die Religion

Solange man die Situation der Religion in der Gegenwartsgesellschaft in der Dialektik von „öffentlich und privat" zu orten versucht, erfaßt man zwar wesentliche Aspekte, läßt aber gleichwohl etwas Entscheidendes außer Betracht. Ohne Zweifel befaßt sich der Paradigmenstreit, ob die heutige Situation der Religion eher als Säkularisierung oder eher als Prozeß der Individualisierung zu deuten ist, mit einer wichtigen Frage. Wobei der mainstream der Religionssoziologen heute der These der Individualisierung der Religion und nicht ihrer Säkularisierung zuneigt. In beiden Fällen wird die Religion im Referenzrahmen der Dialektik von „öffentlich und privat" verortet. Demselben Referenzrahmen weiß sich auch, wenn auch mit anderer Akzentsetzung, José Casanova verpflichtet, der auf das der Individualisierung und Privatisierung der Religion gegenläufige Phänomen ihrer Entprivatisierung aufmerksam machte. In beiden Spielarten, im Fall der individualisierten wie der entprivatisierten Religion, handelt es sich um durchaus zutreffende, aber wohl ergänzungsbedürftige Deutungsmuster. Ihnen fehlt das, was hinsichtlich der Situation der Religion der Gegensatz von „öffentlich und geheim(nishaft)" zur Geltung bringt (vgl. Ch. Lienkamp 2003, 273–301; hier 278). Die Situation der Religion in der Gegenwartsgesellschaft erschließt sich, so will es scheinen, nicht zuletzt auch über das Gegensatzpaar von „öffentlich und geheim", wobei im zweiten Begriff insbesondere die Dimension des Geheimnishaften der Lebensvorgänge mitschwingt.

1. Symptome einer neuen Sensibilität für das Geheimnishafte

Wir würden uns gewiß der Fahrlässigkeit schuldig machen, würden wir behaupten, der Sinn für das Religiöse, gar für eine ausdrückliche Beziehung zu Gott, habe sich in den letzten Jahren in der Gesellschaft auf breiter Front verstärkt, gar in dem Sinn, daß die Kirchen daraus bereits die Nutznießer wären. Davon kann keine Rede sein. Aber es fällt gleichwohl auf, daß an der Gesellschaft, zumindest an Teilen von ihr, eine neue Sensibilität für das Geheimnishafte, Abgründige und Unverfügbare des Lebens zu beobachten ist. Wir meinen damit nicht die Wertediskussion unserer Tage, die in der Öffentlichkeit zunehmend breiten Raum einnimmt, als spüre man, daß einem mit dem Werteverfall wichtige Lebensgrundlagen entzogen würden. Wir meinen eher die zu beobachtende Verlagerung dieser Wertediskussion – man wird es wohl so sehen dürfen – auf das bisweilen bizarre Surrogat einer Geheimnissuche, die dem Leben Sinn und Halt zu geben verspricht. So sprechen manche mit leuchtenden Augen vom Eintritt ins Zeitalter des Wassermann, sie hängen einer holistischen Weltsicht an und sehen darin ihr Leben geheimnisvoll geborgen. New Age und Esoterik erfreuen sich nach wie vor eines beachtlichen Zuspruchs, auch wenn die Begriffe selbst mittlerweile eine leichte Patina angelegt haben. Schließlich: Worauf verweisen denn Psychoboom, Wellnessboom oder die Partydroge Ecstasy?

Wir wollen hier nicht alles in einen Topf werfen, aber in all dem ist als untergründiges Movens eine Dynamik zu erkennen oder zumindest zu vermuten, die die Menschen das Hintergründige und Geheimnishafte ihres Lebens suchen läßt. Natürlich kann man sagen, die Menschen würden im Wellness-Bereich Entspannung und Erholung suchen. Das tun sie ja auch. Aber – als Frage sei es gestellt – suchen sie darin nicht noch mehr? Gewissermaßen die tieferen Dimensionen ihres Lebens? Auch wenn es den Anschein hat, als würde sich ihre Aufmerksamkeit ausschließlich auf den Körper, auf den somatischen Bereich beschränken?

Dieses weite, im einzelnen schwer abzuschätzende Feld der Sensibilität für die tieferen Dimensionen des Lebens, für die New

Age, Esoterik und Wellness hier nur als Platzhalter stehen, führt uns zu der Frage, ob im Referenzrahmen des Gegensatzpaares von „öffentlich und geheim" heute nicht der Religion die Rolle zukommt, sich den Menschen als Begleiterin ihrer Suche nach den Tiefendimensionen des Lebens anzubieten. Die christliche Religion sollte also bewußt andocken an der diffusen Suche der Menschen im Bereich des Geheimnishaften. Nicht im Sinne des Rechthabens, sondern im Sinne *einer* orientierenden Stimme im Konzert polyvalenter Interpretationen. Darauf den Blick zu lenken und darauf zu reflektieren ist vor allem die Aufgabe der Praktischen Theologie, in der Konfiguration einer anthropologisch dimensionierten Theologie, die von der Suche, von der religiösen Suche, der Menschen nach den Tiefendimensionen des Lebens überzeugt ist, auch wenn diese Suche kaum irgendwo „empirische Gestalt" annimmt.

2. Der Fokus der anthropologisch dimensionierten Theologie auf der Geheimnishaftigkeit des Menschen[20]

Die anthropologisch dimensionierte Theologie geht von der begründeten Annahme aus, daß heute eine Vielzahl von Menschen auf der Suche nach dem tieferen Lebenssinn ihre Existenz auf einer geborgten Stabilität begründet, nämlich auf der geborgten Stabilität der eben genannten Symptome. Im Referenzrahmen des Gegensatzpaares von „öffentlich und geheim" geht es dann der Theologie darum, auf der Basis der Offenbarung den Menschen Wege aufzuzeigen, die sie von den Surrogaten einer geborgten Stabilität zu verläßlicher Stabilität führen. Dabei kann sie bei einem philosophischen Gedankengang ansetzen (vgl. M. Seckler 1985, 173–194; hier 190f.). Der Mensch verfügt aufgrund seiner konstitutionellen Beschaffenheit über ein reflexives Verhältnis zu sich selbst, zur Ganzheit seines Daseins. Dieser reflexive Bezug endet aber nicht an der Grenze seines individuellen und sozialen Daseins. Er ist überschüssig auf die Möglichkeit der Erfassung einer *letzten* Wirklichkeit, die die religiöse Sprache „Gott" nennt. Diese letzte Wirklichkeit bleibt dem Menschen dabei nicht indifferent. Vor ihr werden seine diffuse Abgründigkeit und der diffuse Geheimnischarakter des eigenen Lebens deutlicher erahnbar, sie erhalten gewissermaßen eine Richtung, auch wenn sie damit noch nicht in der Tiefe ergründet sind.

Wenn es zutreffen sollte, daß die Menschen heute über eine neue Sensibilität für die Tiefendimensionen des Lebens verfügen, dann hat das die Theologie in ihr Kalkül aufzunehmen und sich gewissermaßen in angepaßter Weise an die Menschen zu veräußern. J. B. Metz hat schon vor vielen Jahren gefordert, Theologie müsse sich auch als „Biographie" (vgl. J. B. Metz 1984,195–203) begreifen. Er beklagte das Schisma einer objektivistisch verkümmerten, zum System geronnenen Dogmatik und der davon abgespaltenen Lebens- und Glaubenserfahrungen der Leute, in denen die Dogmatik keine Herausforderung sehe. Nach Metz trug dieses Schisma mit dazu bei, daß sich die Religiosität der Menschen aus Teilen der Öffentlichkeit, sowohl der kirchlichen wie der gesellschaftlichen, zurückzog. Deshalb sei es wichtig, „das Subjekt in die Dogmatik ein(-zu)führen" (J. B. Metz 1984, 196). So würde die Dogmatik zur „Mystagogie für alle, ohne Vulgarisierungsangst, ohne Berührungsangst gegenüber dem alltäglichen, langweiligen, ‚normalen' Leben und seinen kaum entzifferbaren religiösen Erfahrungen" (J. B. Metz 1984, 197). Von den kaum entzifferbaren religiösen Erfahrungen des normalen Lebens sprach Metz. Damit traute er dem Leben religiöse Erfahrungen zu, die gewiß nicht nur von außen her, sondern auch von innen her, vom Subjekt her, nicht leicht in ihrer religiösen Qualität identifizierbar sind. Das hielt ihn aber nicht davon ab, ja bestärkte ihn darin, den dogmatischen Begriff des Geheimnisses nicht nur auf Gott, sondern auch auf den Menschen auszudehnen. „‚Geheimnis' ist ein Grund- und Schlüsselwort dieser lebensgeschichtlichen Dogmatik. In ihm ist beides, der Begriff des unbegreiflichen Gottes und die Erfahrung des sich selbst in diese Unbegreiflichkeiten hinein entzogenen Menschen, beziehungsreich zusammengeschlossen" (J. B. Metz 1984, 202).

In solchen Überlegungen bahnt sich so etwas wie ein epochaler Umbruch der Theologie und der Religion an, und zwar aus der Zusammenschau der Botschaft des Evangeliums und der Fragehorizonte der Menschen von heute. Es handelt sich gewiß zunächst um eine „theologische" Wertung – die von einer Minderheit von Religionssoziologen bezweifelt und in Abrede gestellt wird –, daß die Sinnsuche der Menschen heute religiöse Qualität hat, auch wenn die Menschen selbst sie nicht als religiös ansehen. Aber auf der Grundlage der theologischen Wertung geht es dann darum, daß Theologie und institutionalisierte Religion den Menschen in ihr reales Leben folgen, sich an ihm gewissermaßen die Hände schmutzig machen und versuchen, die Erfahrungen des Glücks und des gelungenen Lebens wie der Zweifel, der Schuld und des Versagens unter das klärende Licht des Evangeliums zu stellen.

Daß dies nicht ein illusionäres Programm realitätsferner Theologen ist, kann anhand von Überlegungen des US-amerikanischen Soziologen Alfred Schütz deutlich werden.[21] Schütz übernahm von Edmund Husserl den Begriff der „Lebenswelt", mit dem er, Schütz, die „mannigfaltigen Wirklichkeiten" des Lebens bezeichnet wissen wollte. Diese hätten sich in eine Vielzahl von sogenannten „Sinnprovinzen" ausdifferenziert. Zum Beispiel in die Sinnprovinz der Kunst, der Kultur, der Wissenschaft, der Literatur, der Religion, des Alltags. In ihnen gälten jeweils unterschiedliche Stile. Während die Sinnprovinz des Alltags einen auf praktisches Handeln bezogenen Stil aufweise, bei dem es weniger um theoretisches Denken gehe, gehöre es zum Stil anderer Sinnprovinzen, transzendierende Gedankenschritte zu machen. Wenn wir hierbei die Begriffe Kunst, Kultur oder Literatur und dergleichen nicht in einem elitären, gewissermaßen nur wenigen Menschen vorbehaltenen Sinn, sondern als Lebensräume bzw. Sinnprovinzen des Menschen schlechthin auffassen, dann wäre bereits hier mit Schütz gesagt, daß wir in diesen Bereichen transzendierende Gedankenschritte machen.

Schütz selbst wertet diese Art transzendierender Schritte noch nicht als religiöse Schritte. Die religiöse Qualität behält er der Sinnprovinz der Religion vor, die daher rühre, daß diese Sinnprovinz über einen eigenen, von anderen abweichenden Erkenntnisstil verfüge. Schütz charakterisiert diesen Erkenntnisstil als Schock, der sich urplötzlich einstelle, sei es als Glückszustand, sei es als Zustand der Bedrohung und Gefährdung oder als umwerfende Einsicht in das eigene Leben. „Erfahrungen dieser Art werden in aller Regel als unmittelbare Äußerungen der Wirklichkeit des sakralen Bereichs aufgefaßt" (Th. Luckmann 1991, 96).

Wenn wir uns dieses Moment nicht nur punktuell vorstellen, was Schütz's Darlegungen nahelegen, sondern in ihm eine habituelle Zustandsbeschreibung erblicken, dann sind wir offensichtlich ganz in der Nähe der Suche vieler Menschen heute nach den Tiefendimensionen ihres Lebens und damit bei der Chance, die sich daraus für die Begleitung dieser Menschen durch die institutionalisierte Religion auftut. Schon spricht man ja, vorsichtig genug, wie beim letzten Evangelischen Kirchentag in Hannover, von einer gewissen Zuwendung der Menschen zu den Kirchen. Das ist nicht das Pfeifen im Walde! Die neue Sensibilität für das Geheimnishafte des Lebens ist durchaus mehr als ein akzidenteller Befall der Menschen heute. Sie fordert, so will es uns scheinen, um es abschließend zusammenzufassen, Theologie und Religion heraus, mit den Menschen heute über deren Sensibilität für das Geheimnishafte in Kommunikation zu treten.

3. Religion als Kommunikation

Dem Programm der „Religion als Kommunikation"[22] nähern wir uns über die vorausgegangenen Gedanken zur neuen Sensibilität für das Geheimnishafte und die Tiefendimensionen des Lebens. Von der Religion als Kommunikation zu reden, erweist sich in diesem Zusammenhang offensichtlich als sinnvoll und angemessen. Jedenfalls stellt es keine ungebührliche Aufspreizung der Religion dar. Ebensowenig will die Formel Religion *als* Kommunikation die Assoziation wecken, als generiere die Kommunikation ihrerseits erst die Wirklichkeit der Religion, als verdanke sich die Religion in ihrer Existenz der Kommunikation. Die religiöse Kommunikation will vielmehr die individuellen Fragen der Subjekte nach den Tiefenstrukturen der eigenen Existenz – in welcher Gestalt auch immer diese Fragen auftauchen – aufnehmen und einer Klärung zuführen.

Dabei verbindet sich das Nichtsagbare der Tiefenstrukturen der eigenen Existenz mit dem Nichtsagbaren der Religion. Das aber dürfen wir nicht als unzumutbare Paradoxie der christlichen Religion zurückweisen, die gewissermaßen nicht in der Lage wäre, aus dem hermeneutischen Zirkel der Nichtsagbarkeit herauszufinden. Vielmehr ist es so, daß die religiöse Kommunikation das bleibend Nichtsagbare der Religion gleichwohl in Sagbares und kommunikativ Geteiltes und Bekennbares transformiert.

Wir können uns das an der Traditionsbildung der allerersten Phase der Christentumsgeschichte verdeutlichen, als es darum ging, die im Grunde nichtmitteilbare Erfahrung der Auferstehung Jesu in kommunizierbare Worte und in Erzählungen zu transformieren. Öffentlich wurde das Geheimnis der Auferstehung in den Ostererzählungen, die ihrerseits nicht unmittelbar die Auferstehung selbst wiedergeben, sondern die kommunizierbare Fassung eines Nichtsagbaren in Aussagbares darstellen. Religion als Kommunikation beschreibt demnach ein Strukturelement, das nicht nur in der Beginnphase des Christentums, sondern für alle Zeit gilt.

Hinsichtlich der neuen Sensibilität für die Geheimnisstrukturen des Lebens ist die religiöse Kommunikation besonders aus zwei Gründen bedeutsam. Zum einen soll die ahnende Begegnung mit den Tiefenstrukturen des Lebens in der religiösen Kommunikation aus der Zone eines bloßen Betroffenheitsgestus herausgeführt werden. Der bei Schütz als Schock charakterisierte Erkenntnisstil der religiösen Sinnprovinz schließt ja nicht aus, daß er lediglich zu einem bloßen Betroffenheitsgestus führt. Daran schließt der zweite Grund der religiösen Kommunikation unmittelbar an. Die kommunikativ bearbeitete und intensivierte Begegnung mit den Tiefenstrukturen des Lebens will das Leben des einzelnen aufschließen für die Begegnung mit anderen, für die sozialen Bezüge seines Lebens im allerweitesten Sinn. So will – idealtypisch gesprochen – die kommunikative Befassung mit den Tiefenstrukturen des einzelnen diesen zurückführen in die Wirklichkeit der Öffentlichkeit, gleich welcher, der gesellschaftlichen, zivilgesellschaftlichen oder kirchlichen.

4. Religion, Geheimnisstrukturen und radikal Böses

Auf Jürgen Habermas kamen wir bereits im Zusammenhang der Entprivatisierung der Religion zu sprechen. Hier ist nun noch einmal auf ihn zurückzukommen, und zwar im Referenzrahmen des Gegensatzpaares von „öffentlich und geheim(nishaft)", oder besser umgekehrt, von „geheim(nishaft) und öffentlich". Jürgen Habermas stellte in seiner Rede in der Frankfurter Paulskirche 2001 an der Gesellschaft fest, daß sie „sich auf das Fortbestehen religiöser Gemeinschaften in einer sich fortwährend säkularisierenden Umgebung einstellt" (J. Habermas 2001, 13). Wenn er „einstellen" sagte, meinte er sicher mehr als die Tatsache, daß die Gesellschaft lediglich in einer gewissen Toleranzhaltung zur Kenntnis nehme, daß in ihr – gewissermaßen unerwartet und anders als lange prognostiziert – immer noch religiöse Gemeinschaften und Kirchen anzutreffen seien. Nein, Habermas wollte damit positiv konstatieren, daß sich die Gesellschaft auf die Kirchen einstelle, zu ihnen Position beziehe und sie als Partner ernstnehme. Dem liege auf beiden Seiten, auf Seiten der Gesellschaft wie auf Seiten der religiösen Gemeinschaften, die Einsicht zugrunde, daß weder die säkularisierte Gesellschaft die Denkweisen und Lebensformen der religiösen Gemeinschaften durch „überlegene Äquivalente" einfach ersetzen könne, noch die religiösen Gemeinschaften Grund hätten, den ihnen von der säkularisierten Gesellschaft sozusagen entwendeten und ins Säkulare gewendeten Lebensformen nachzutrauern. Statt dessen bemühten sich beide Seiten, sich als Partner wahrzunehmen, indem sie versuchten, die Perspektive der jeweils anderen Seite einzunehmen. Die religiösen Gemeinschaften hätten dabei der Gesellschaft ein bedeutendes „semantisches Potential" (vgl. J. Habermas 2001, 25) anzubieten. Dieses sei nicht als Input von etwas der Gesellschaft radikal Fremdem zu verstehen, sondern als etwas, was in ihr verdeckt vorhanden, wofür sie ein Ohr habe, wofür sie osmotisch offen sei.

Diese dialektische Sicht auf die Vermittlerrolle der Religion ist auch an Jacques Derrida beobachtbar (vgl. J. Derrida, G. Vattimo 2001; Ch. Lienkamp 2003, 286–301). Wir würden uns übernehmen, wollten wir hier auf sein ganzes Werk zu sprechen kommen. Es muß ausreichen, uns auf den Gedankenaustausch zu beziehen, zu dem es zwischen Jacques Derrida, Gianni Vattimo und anderen auf einer Seminarveranstaltung 1994 zum Thema Religion auf Capri gekommen war. In seinem Bemühen, über die Bedeutung der Religion in der Gegenwartsgesellschaft Klarheit zu gewinnen, charakterisierte Derrida die Religion in einem Umschreibungsversuch „als jenes, was in einen reaktiven Antagonismus eingebettet ist und was gleichzeitig in einer überbietenden wiederholten Selbstbehauptung besteht" (J. Derrida, G. Vattimo 2001, 11). Im Moment des reaktiven Antagonismus gegenüber der Gesellschaft wie im Moment der überbietenden Selbstbehauptung, ist, so meinen wir, dasselbe angesprochen, das J. Habermas das semantische Potential der Religion nennt. Die überbietende Selbstbehauptung bezieht die Religion aus jenen tiefen Quellen, aus denen sie ihre Existenz begründet. Quellen, aus denen sie sich nährt, ohne sie ganz ausschöpfen oder gar restlos versprachlichen zu können. Aus diesen Quellen schöpfend fungieren die religiösen Gemeinschaften als Vermittler an die Öffentlichkeit der Gesellschaft.

Darin sieht Jacques Derrida die grundlegende und originäre Aufgabe der Religion. Vor ihr dürfe sogar die lange Zeit die Diskussion beherrschende Frage nach dem Verhältnis von Religion und Vernunft getrost zurücktreten. So empfiehlt Derrida, „sich jenseits des Gegensatzes zwischen Religion und Vernunft (zu) begeben" und darüber nachzudenken und sich um den Nachweis zu bemühen, „daß Religion und Vernunft derselben Quelle entspringen" (J. Derrida, G. Vattimo 2001, 49).

Für die Theologie noch interessanter scheint J. Derrida zu sein, wenn er – wenn auch nur in Form einer Frage – die Religion und die Rückkehr des Religiösen in einen Zusammenhang mit dem *Phänomen des radikal Bösen* bringt. Damit meint er natürlich nicht – damit das nicht einer auch nur für den Moment eines Augenblicks annehme –, daß die Religion selbst das Böse sei. Seine Frage lautet im Gegenteil so: „Und wenn die ‚Rückkehr des Religiösen' in einem Bezug zu der Rückkehr bestimmter – moderner oder meinetwegen auch postmoderner – Phänomene steht, die man als solche das radikal Böse betrachten muß?" Und er fügt die Frage an: „Zerstört oder *stiftet* das radikal Böse die Möglichkeit der Religion?" (J. Derrida, G. Vattimo 2001, 67; vgl. auch 105). Er schließt damit zumindest nicht aus, daß das radikal Böse die Religion, sagen wir, nicht stiftet, aber fördert, zu ihr hinführt.

Das erinnert an einen bedeutsamen Topos der christlichen Offenbarung. In Jesus Christus erschien Gott nicht nur in Gestalt der Erniedrigung, in der „morphé doulou" (Phil 2,7), sondern er unterwarf sich in dieser Knechtsgestalt auch den zerstörerischen Kräften des ihm von Menschen angetanen Bösen. Sein Leben, das Leben des von Gott gesandten Retters, durch den Gott zu uns in dieser Endzeit gesprochen hat (vgl. Hebr 1,2), wurde paradoxerweise mit dem radikal Bösen identifiziert. Und diese Identifizierung, diese Ineinssetzung traf ihn nicht nur von außen. In seinem elenden Sterben am Kreuz[23] erfuhr er sich gewissermaßen von innen her als ununterscheidbar eins mit dem Bösen, indem er mit den Worten des Psalms 22, „Gott, mein Gott, warum hast du mich verlassen?", seine Verzweiflung und Bestürzung über Gottes Abwesenheit hinausschreit. Das radikal Böse, das Jesus am Kreuz erfuhr, veränderte, transformierte seine Beziehung zu Gott, seinem Vater, zu einem Schrei der Verzweiflung, in dem er gleichwohl immer noch den verzweifelten Rückhalt beim Vater suchte.

Wir wollen das nicht überinterpretieren. Aber berechtigt das nicht, hier dieselbe innere Logik zu entdecken, die aus Jacques Derridas These oder besser Frage nach dem ursächlichen Zusammenhang von der Wiederkehr des Religiösen und dem Phänomen des radikal Bösen spricht? Das radikal Böse generiert gewissermaßen als seinen Gegenpol religiöses Urvertrauen auf Überwindung des Bösen, die der Mensch nicht aus eigenem Vermögen herbeiführen kann, sondern die ihm geschenkt wird, womöglich in der Form des Untergangs, der auf paradoxe Weise – so sagen wir, weil wir es nicht anders denn als Paradox zu benennen wissen – Rettung und Überwindung ist.

Wenn dieser Zusammenhang zwischen der Wiederkehr der Religion und dem Phänomen des Bösen besteht, was könnte das für unsere Grundannahme der neuen Sensibilität für die Geheimnisstrukturen des Lebens bedeuten? Diese Frage führt vor eine fast unerträgliche Paradoxie, die die kommunikative Aufgabe der christlichen Religion nicht leichter macht. Die Impulse, die von der christlichen Religion ausgehen sollen, um das radikal Böse in seiner vielfachen Gestalt zu überwinden, sind *ihrerseits* der Dialektik des Unterliegens im Besiegen des Bösen unterworfen. Das mag zuviel an Zumutung sein, um dieser Paradoxie der christlichen Botschaft zu folgen. Andererseits aber erhöht möglicherweise die heutige Sensibilität für die geheimen Tiefenstrukturen und Tiefendimensionen des Lebens die Bereitschaft der Menschen, dieser christlichen Dialektik des Erliegens im Besiegen bzw. des Besiegens im Erliegen zu folgen. Sagen wir vorsichtiger, ihr etwas abzugewinnen, was sich als der Schlüssel zum individuellen wie sozialen Leben erweisen kann.

In der Tat, die neue Sensibilität für das Geheimnishafte stellt eine komplexe Herausforderung an die Religion in unserer Gesellschaft dar. Zumindest wird die Situation der Religion in dieser Gesellschaft noch nicht hinreichend erfaßt, solange man die Religion lediglich in den Begriffen der Individualisierung oder – in einer Gegenbewegung – der Entprivatisierung zu bestimmen versucht. Als ergänzende Perspektive gehört der Blick auf die neue Sensibilität für die Geheimnisstrukturen des Lebens hinzu. Erst das Ensemble dieser drei Perspektiven – der Individualisierung, der Entprivatisierung und der neuen Sensibilität – verleiht der Wiederkehr der Religion den Charakter des epochalen Umbruchs.

10. Kapitel: Signaturen des epochalen Umbruchs der Religion

Die vorangegangenen Überlegungen dieses 2. Teils unserer Studie verfolgten allesamt das Ziel, zu der lange Zeit dominanten Deutungsofferte der Gegenwartsgesellschaft als einer radikal säkularisierten Gesellschaft auf Distanz zu gehen. Es geht in der Tat darum, wahrnehmungsfähiger dafür zu werden, was bei den Menschen heute religiös der Fall ist. Wird nicht bisweilen ein geradezu pathologisches Bild hinsichtlich der Religion heute entworfen? Und sei es in Gestalt der Annahme, Religion „hospitiere" lediglich noch an den Rändern des Lebens?

Es ist ohne Frage schwer, die Situation der Religion in unserer Gesellschaft kongruent abzubilden. Dazu liefert sie ein viel zu facettenreiches Bild. Bei aller bestehenden Unsicherheit aber spricht vieles dafür, die heutige Situation der Religion in unserer Gesellschaft als epochalen Umbruch zu charakterisieren. Und dies in Absetzung von der These ihrer einfachen Wiederkehr ebenso wie von der Säkularisierungsthese. Von einer „einfachen Wiederkehr" der Religion zu sprechen verbietet sich allein schon deshalb, weil ihr oft genug prognostizierter Exitus nicht eingetreten ist. Was sollte demnach die Rede von ihrer Wiederkehr bedeuten? Zum anderen könnte man auch aus hermeneutischen Überlegungen nicht von einer einfachen Wiederkehr der Religion reden, da die gesellschaftlichen Transformationsprozesse einer solchen „Wiederkehr" immer ihre eigenen neuen kontextuellen Prägungen aufdrücken würden. Vom epochalen Umbruch der Religion also wollen wir sprechen. Und dies nicht in einem negativen, sondern in einem positiven Sinn.

1. Negative Umbruchssymptome und Anzeichen positiver Umbrüche

Zunächst freilich scheinen sich eher negative epochale Umbruchssymptome förmlich aufzudrängen. Man halte sich zum Beispiel nur die jüngste zahlenmäßige Entwicklung der katholischen Kirche in unserem Land vor Augen. 2004 lebten nach den Angaben des Referates Statistik der Deutschen Bischofkonferenz 26,16 Millionen Katholiken in unserem Land. Das machte gegenüber dem Vorjahr einen Rückgang um 300.000 aus. Gemessen an der Gesamtbevölkerung ging der Katholikenanteil im selben Zeitraum von 32,1 Prozent auf 31,7 Prozent zurück. Die Zahl der Kirchenaustritte stieg im Jahr 2004 um 10.193 auf insgesamt 129.598 an. Berücksichtigt man noch den Abwärtstrend der Priesterzahlen, scheint alles noch bedrückender zu werden. Die Zahl der Priester ging von 16.777 im Jahr 2002 auf 16.523 im Jahr 2003 zurück. Im aktiven pastoralen Dienst waren davon noch 11.728. Sinkende Zahlen weisen auch die Ordensberufe und der Beruf der Gemeindeassistenten und -assistentinnen bzw. Gemeindereferentinnen und -referenten auf (vgl. Herder Korrespondenz 59 (2005) 52).

Manche ziehen angesichts dieser Entwicklungen der Kirche(n) die Schlußfolgerung, daß das Problem der Amtskirchen darin bestehe, „daß sie seit langem schon keines mehr sind. Die Öffentlichkeit behandelt sie mit Nachsicht, gleichmütig, aber freundlich, wie den senilen Alten, dessen Gebrabbel am Tisch niemanden erschreckt, aber auch nur selten amüsiert" (H.-J. Große Kracht 2003, 228). Das nimmt sich allerdings übertrieben aus. Denn es ist zum Beispiel zu bedenken, daß die Kirchen – was allerdings nur *eine* Perspektive eines größeren Zusammenhangs ist – in den letzten Jahren keineswegs aus dem Raum der Öffentlichkeit manifest zurückgedrängt worden sind. Sie üben vielfach eine wichtige intermediäre Funktion zwischen Gesellschaft und einzelnen aus.

Anzeichen und Hinweise aber auf einen positiv konnotierten epochalen Umbruch der Religion, die also noch nicht diesen Umbruch selbst darstellen, ihn aber ankündigen, zeichnen sich im in jüngerer Zeit deutlicher hervortretenden Phänomen des innerkirchlichen Pluralismus ab. Natürlich gab es in der Kirche und zumal in der Theologie immer Ansätze eines Pluralismus, aber sie wurden nie so dominant, daß sie das Erscheinungsbild der Religion dominierten. Heute ist das anders. Man denke lediglich an einige Symptome der letzten Jahre. Da gab es den Konflikt der Deutschen Bischofskonferenz mit Rom in der Frage des Verbleibens oder des Ausstiegs aus der staatlichen Schwangerschaftskonfliktberatung. Die Bischöfe fügten sich zwar dem Druck aus Rom,[24] aber sie konnten nicht verhindern, daß es zur Gründung des Laienvereins *Donum vitae* als einem Verein nach bürgerlichem Recht kam. Da gab es Stellungnahmen der Kirche zur Homosexualität, gegen die nicht nur Betroffene, sondern auch weite Teile des sonstigen Kirchenvolkes Einspruch erhoben. Da gab es das sogenannte Kirchenvolksbegehren Mitte der 90er Jahre, das die deutschen Bischöfe damals in seiner ekklesiologischen Intention und seinem Drängen nach echter Synodalität in der Kirche nicht hinreichend zur Kenntnis nahmen. Da gab es die von weiten Teilen des Kirchenvolkes getragene Ablehnung der römischen Verlautbarung „Dominus Iesus" des Jahres 2000. Da gab es 1997 die Instruktion zu einigen Fragen über die Mitarbeit der Laien am Dienst der Priester, kurz „Laieninstruktion" genannt. Da gab es das Apostolische Schreiben des Papstes „Ordinatio sacerdotalis" von 1994 über die nur Männern vorbehaltene Priesterweihe; letzteres eine verbindliche, aber eben keine unfehlbare Erklärung.

Gewiß kann man in diesen Vorgängen auch Krisensymptome erkennen, und für manche mögen es in der Tat ausschließlich Krisensymptome sein, gegen die sie heftige Invektiven vom Zaune brechen. Aber ich denke, das würde zu kurz greifen.

An all diesen Symptomen kann man auch einen epochalen Umbruch der Religion erkennen. Einen Umbruch, der nicht das Ende und den Untergang der Religion signalisiert, sondern ihr Ringen um ihre durchzuhaltende Existenz und Identität angesichts der heutigen gesellschaftlichen Rahmenbedingungen. Epochal ist dieser Umbruch eben in dem Sinn, daß die heutigen kulturellen, sozialen, ökonomischen und anderen gesellschaftlichen Rahmenbedingungen nicht ohne Einfluß auf die Religionskultur der Menschen bleiben, so wie frühere gesellschaftliche Rahmenbedingungen ihrerseits die Religionskultur beeinflußt haben.

Welches also sind die Signaturen dieses Umbruchs der Religion? Welche Einflüsse und Kräfte wirken hier zusammen? Im Grunde geht es jetzt nur darum, in unsere Scheuer einzufahren, was wir im Vorausgehenden thematisiert haben.

2. Der epochale Umbruch der religiösen Individualisierung

Eine erste entscheidende Signatur des Umbruchs der Religion haben wir im Stichwort der religiösen Individualisierung vor uns. Wir haben davon gehandelt. Im Zuge der allgemeinen Individualisierungs– und Privatisierungsprozesse in der Gesellschaft konnte es nicht ausbleiben, daß auch der Zugang zur Religion und die religiöse Praxis einer typischen, eben epochalen, strukturell bedingten Individualisierung unterliegen.

Ich würde sogar zugestehen, ohne mich von früheren Ausführungen zu entfernen, daß diese strukturell bedingte religiöse Individualisierung Züge der Säkularisierung annimmt, wenn dabei konzediert wird, daß diese in ihrem tiefsten Wesen keine radikale Säkularisierung ist, sondern es sich um eine wahrnehmungsresistente individualisierte Form der Religiosität handelt. Sie in einer geläufigen Art als diffuse oder vagabundierende Religiosität zu charakterisieren – bzw. zu diffamieren? –, wird ihr nach allen Regeln der Kunst nicht gerecht. Natürlich gibt es Menschen, die von sich behaupten, sie seien religionslos. Und sie sind es auch tatsächlich. Sie würden selbst eine diffuse oder vagabundierende Religiosität weit von sich weisen. Aber was hieße das? Es würde nur heißen, daß für sie Religion und Religiosität keinen subjektiv besetzten und gestalteten Lebensraum darstellen. Aber es besagt nichts darüber, daß nicht Gott in ihrem Leben vorkommt. Und er kommt vor.

Im Bereich der strukturell bedingten Individualisierung der Religion gibt es ohne Frage große Abschattierungen. Das ist nicht zu bestreiten. Gleichwohl läßt sich als allgemeine Charakterisierung sagen – und darin erkennen wir das erste Hauptmerkmal des heutigen epochalen Umbruchs der Religion –, daß die Religiosität – auch noch als diffuse oder vagabundierende – eine sehr persönliche, subjektive und erfahrungsorientierte Qualität angenommen hat. Überflüssig zu sagen – nur wir sagen es doch, um ein Mißverständnis auszuschließen –, daß damit nicht gemeint ist, die Menschen heute würden ihren Glauben intensiver, mit größerem persönlichen Nachdruck und also konsequenter als in früheren Zeiten leben, die man gern als christentümlich bezeichnet hat. Wir machen hier in keiner Weise eine solche Qualitätsaussage, sondern zielen ausschließlich auf die Tatsache ab und rücken sie in das Blickfeld, daß der Zugang zur Religion heute dem Gesetz der strukturell bedingten Individualisierung unterliegt. Was in der Folge einschließt, daß diese individualisierte Gestalt der Religion geradezu als blanke A-Religiosität erscheinen kann. Wohlgemerkt „erscheinen" kann, hinter welchem Erscheinungsbild wir immer noch die Gültigkeit der These der anthropologischen Grundkonstante des Religiösen vermuten möchten.

3. Die Arena der Zivilgesellschaft

Das andere Merkmal des epochalen Umbruchs der Religion haben wir darin gesehen, daß sich diese Religion der Arena der Zivilgesellschaft zuwendet. Das hat exakt damit zu tun, daß sich die Arena der Zivilgesellschaft gewissermaßen erst in neuerer Zeit etabliert hat als eine Gesellschaftsdomäne, in der sich Menschen jenseits von Staat und politischer Gesellschaft zu Initiativen und Gruppen zusammenschließen und zu Trägern von längerfristigen oder kurzfristigen Aktionen, Einstellungen oder Verhaltensmustern werden. In diese Domäne hinein wird die Religion der Menschen vielfach aktiv, was eine gegenüber früher veränderte Ausdrucksgestalt der Religion mit sich bringt. Dabei ist es nicht so, daß diese neue Ausdrucksgestalt gewissermaßen vollkommen an die Stelle der institutionell gefaßten und gestalteten Religiosität träte; diese löst sich darüber nicht auf. Aber es ist doch eine beachtliche Verlagerung im Gange, die die Bezeichnung „epochaler Umbruch" der Religion verdient.

Allerdings ist bei uns dieses Merkmal noch nicht so landläufig geworden, daß man es überall sogleich mit Händen greifen könnte. Aber es ist vorhanden und leidet eher schon wieder daran, analytisch unbeachtet zu bleiben und unterschätzt zu werden. Friedrich Wilhelm Graf hat meiner Meinung nach recht, wenn er in einem Beitrag die kritische Frage stellt – wobei er freilich nicht ausdrücklich von der Zivilgesellschaft als Arena der Religion spricht: „Wie verträgt sich das ständige kirchliche Gerede vom egozentrischen, habgierigen und konsumversessenen Menschen in der heutigen Gesellschaft mit der großen Bereitschaft nicht nur der deutschen Bevölkerung, sondern auch der Bevölkerung vieler anderer europäischer Länder, großzügig für die Opfer der Flutkatastrophe zu spenden? Es hat sich wieder einmal gezeigt, daß es ein wesentlich höheres Maß an moralischer Sensibilität gibt, als unseren Zeitgenossen von kirchlicher Seite oft unterstellt wird" (Fr. W. Graf 2005, 70–75; hier 74).

4. Die Frage nach den tieferen Quellen des Lebens

Als drittes Merkmal des epochalen Umbruchs der Religion heute hat sich uns – zumindest in Umrissen – der Bedarf des Menschen nach den tieferen Quellen des Leben erschlossen. Hier laufen im Grunde zwei Bewegungen aufeinander zu, die den Umbruch der Religion deutlich machen. Zum einen ist da die neuerlich wieder stärkere Frage der Menschen nach dem Sinn des Lebens, nach dem Verstehen des Glücks und des Unglücks, eine Frage, die dabei freilich in den allerwenigsten Fällen als ausdrücklich religiöse Frage gestellt wird, obwohl sie dies ist und bleibt. Zum anderen ist da das Bemühen der Glaubensgemeinschaft, der Glaubenspraxis wie der reflektierenden Theologie, sich den vergewissernden Fragen der suchenden Menschen zu stellen, ohne dabei selbst über selbstsichere Antworten zu verfügen. In der Tat kann in dieser Begegnung aus zwei Richtungen der religiöse einzelne wie die religiöse Gemeinschaft die Erfahrung des Wagnisses, der Sperrigkeit, die Erfahrung der eigenen Unsicherheit und Nichtidentität im Glauben machen. Eine Erfahrung, die die vermeintliche Sicherheit der Religion umbricht in eine gewisse Unsicherheit, die gerade so starke Züge der Solidarität mit denen annimmt, die ihre Lebensfragen auf ganz unreligiöse Weise artikulieren.

Nach allem erschließt sich uns die heutige Situation der Religion als epochaler Umbruch, nicht als deren einfache Wiederkehr. Noch einmal: Von Wiederkehr zu reden entbehrte der inneren Logik, da dies voraussetzte, Religion hätte eine Auszeit genommen und sei im Ozean des individuellen wie des gesellschaftlichen Lebens untergegangen gewesen. Epochaler Umbruch aber ja. Den aber dürfen wir nicht auf sich beruhen lassen, als dürften wir darüber die Hände in den Schoß legen. Die Glaubenspraxis wie die Theologie sind gehalten, diesen Umbruch zu gestalten, ihm Raum zu geben, um so einen Beitrag zu leisten, die Religion in den Herzen der Menschen entdecken zu helfen.

C
Religion: Das verborgene Geheimnis des Menschen bergen

Wenn es darum geht, die Religion zu entdecken bzw. entdecken zu helfen, dann ist damit nicht gemeint, sie wie einen satzhaften Dogmenbestand von außen an den Menschen heranzutragen, so als habe der einzelne mit dem in Sätze gefaßten Bestand der Religion von sich aus und ursprünglich nicht das Geringste zu tun, als überkomme ihn die satzhaft gefaßte und bekenntnismäßig aussagbare Religion erst in einem strengen Sinn nur von außen. Als sei sie – und wir sprechen hier, zur Erinnerung sei es gesagt, von der (jüdisch)-christlichen Religion, also von der biblischen Offenbarungsreligion – etwas beliebig von außen Hinzukommendes, auf das der Mensch gut und gerne schadlos auch verzichten könne, wie er auf manche belanglose Dinge seines Lebens verzichten könne.

Die biblische Offenbarungsreligion hat hier ein ganz anderes Verhältnis zum Menschen. Nach ihr sind Mensch und Offenbarungsreligion nicht zwei getrennte disparate Bereiche, die sich allenfalls da und dort zufällig im Leben einzelner Menschen begegnen und verbinden. Es ist anders. Nach der Offenbarungsreligion hat es Gott von Anfang an, vom Anfang der Existenz des einzelnen Menschen an, mit diesem Menschen zu tun. Der einzelne verdankt in der Tat seine Existenz, sein Leben, dem lebenschaffenden Willen Gottes, der den einzelnen ins Dasein ruft. Vom Grund seiner Existenz, die deshalb eine unergründliche Existenz ist, hat der Mensch mit Gott zu tun. Man kann zurecht vom „Gottgeheimnis Mensch" sprechen (vgl. B. J. Hilberath 1995, 55–96).

Damit ist aber nicht gesagt, daß dem einzelnen Menschen diese seine gewissermaßen in Gott verankerte Existenz auch zu Bewußtsein kommt, daß sie gar von ihm reflex in der Lebenspraxis konkret übernommen wird. Deshalb ist hier theologisch – als Konsequenz des biblischen Menschenbildes – die Aufmerksamkeit darauf zu lenken, daß die Menschen ihre konstitutionelle Grundverankerung in Gott in Gestalt ihrer unauslöschlichen Verwiesenheit auf ihn in ihrem Leben entdecken und leben lernen. Und eben diese Anforderung ist nicht ein gewissermaßen verzichtbares Moment der christlichen Religion, auf das nicht weiter Wert gelegt werden müsse, da doch nach ihr das eigentlich Grundlegende für den Menschen in seiner Verwiesenheit auf Gott ja immer schon gegeben sei. Vielmehr geht es gerade darum, diese grundsätzliche Nähe Gottes zum Menschen – wohlgemerkt zum einzelnen Subjekt und nicht bloß in einem allgemeinen Sinn zur Gattung Mensch – im Leben zu entdekken, zu entbergen und daraus das Leben zu gestalten. Und dieser Entdeckungs- und Entbergungsprozeß ist nicht ein vom einzelnen monadenhaft aufgenommener und in sich versponnener Prozeß, bei dem der einzelne mit sich in letzter Einsamkeit zu Gange wäre. Er ist ein kommunikativer Prozeß, in welchem sich Religion als Kommunikation erweist. So kann man sagen – was einfach klingt, aber ein unauslotbarer Prozeß ist –, daß es der christlichen Religion, die institutionelle Gestalt angenommen hat, darum zu tun ist, dem einzelnen Menschen zu helfen, die eigene unvertretbare Bezogenheit auf Gott zu erschließen, ohne durch solche Erschließung Gott als Geheimnis des Menschen durchschaubar und letztlich geheimnisleer zu machen und ihn seiner Geheimnishaftigkeit zu berauben.

Davon wollen wir in diesem dritten und zugleich letzten Teil unserer Abhandlung handeln. Es wird im Kern darum gehen, uns zu vergewissern, wie das Zweite Vatikanische Konzil vom einzelnen Menschen, von seiner Würde und seinem unverlierbaren Wert gedacht hat. Danach sollen – vor allem im Anschluß an Karl Rahner – die Grundzüge der theologischen Anthropologie skizziert werden, durch die das zunächst möglicherweise zu groß, zu fromm, zu weltfremd oder wie immer sonst erscheinende Wort vom „Gottgeheimnis Mensch" Farbe und Überzeugungskraft gewinnen soll. Das aber darf dann nicht wie in einem schön eingerichteten theologischen Elfenbeinturm – den man gewissermaßen zur Besichtigung freigibt – auf sich beruhen bleiben, sondern es soll gespiegelt werden in neueren theologischen Ansätzen, die deutlich machen, in welcher Weise in der Tat auch die Menschen von heute Erfahrungen machen, in denen sie es mit Gott zu tun haben, auch wenn sie sich dessen nicht bewußt sind, auch wenn sie derartige Erfahrungen in keiner religiösen, sondern in einer „säkularen" Sprache äußern, die aber, genau betrachtet, nicht wirklich geheimnisleer und sozusagen nichts als säkular ist, sondern letztlich darauf verweist, daß der Mensch seiner konstitutiven Verwiesenheit auf Gott – um es ganz ungeschützt zu sagen – nicht entkommt.

Es mag überraschen, wenn wir nun bei dieser Zielsetzung nicht gleich gewissermaßen theologisch durchstarten, uns also, wie eben angekündigt dem Menschenbild des Zweiten Vatikanischen Konzils und der theologischen Anthropologie Karl Rahners zuwenden, sondern dem Überlegungen des Frankfurten Soziologen Ulrich Oevermann voranstellen. Das hat seinen Grund darin, daß Oevermann der Möglichkeit einer konstitutionstheoretischen Begründung der Religiosität des Menschen nachgegangen ist. Einer Begründung, die im Ergebnis die Religion bzw. die Religiosität des Menschen auf eine konstitutionsbedingte strukturelle Grundlage stellt, auf der – auf der Basis der strukturalistischen Argumentation – Religiosität als universal-strukturelle Größe des Menschen erscheint, in welcher Gestalt auch immer sie sich schließlich konkret ausformt. Wir starten hier also deshalb mit Oevermanns heuristischem Modell der Religiosität, weil es sich, bei allen grundlegenden Unterschieden zum christlichen Religionsverständnis, in einem gedanklichen Terrain bewegt, das sich – so will es uns scheinen – unter theologischer Perspektive über die methodisch bedingten Grenzen des Soziologen hinaus gut weiter erschließen läßt, das aber andererseits auch Empfehlungen impliziert, von denen sich die Theologie dezidiert distanzieren muß.

11. Kapitel: Konstitutionstheoretische Begründung der Religiosität des Menschen – und mehr

1. Ein heuristisches Modell der Religiosität

Das soziologische Forschungsinteresse Oevermanns entzündete sich an der Frage nach dem „Eigentlichen" von Religion bzw. von Religiosität (U. Oevermann 1995, 27–102; 1996, 29–40). Die Religionssoziologie, so Oevermann, dürfe sich nicht damit begnügen zu fragen, in welchen Gestaltformen sich die Religion bzw. die Religiosität äußere. Sie müsse um der Ernsthaftigkeit ihres eigenen wissenschaftstheoretischen Anspruchs willen vielmehr nach der Struktur der Religiosität fragen, die sowohl den Inhalten wie den gesellschaftlichen Institutionen der Religion vorausliege. Es gehe also um eine konstitutionstheoretische Begründung der Religiosität.

Man darf mit guten Gründen annehmen, daß sich Oevermann zu dieser Begründungsarbeit nicht nur aus soziologisch-wissenschaftstheoretischen Gründen gedrängt sah. Es mißfiel ihm offensichtlich auch, mit welcher Nonchalance Soziologen und Religionssoziologen unter den Gegebenheiten der modernen Gesellschaftsentwicklung bisweilen vom Verdampfen der Religion sprachen. Mit seinem konstitutionstheoretischen Begründungsansatz wollte er sich nicht damit zufriedengeben, Religion und Religiosität lediglich zu erklären entweder „als Verkörperung eines Grunderlebnisses oder einer Grunderfahrung" (U. Oevermann 1995, 30), als Erfahrung und Erleben des Numinosen, oder sie zu erklären aus dem Grundbedürfnis des Menschen nach Sinn, zumal in existentiellen Grenzsituationen des Lebens. Sein konstitutionstheoretischer Ansatz nimmt statt dessen die Konstitutionsbedingungen der Lebenspraxis des Menschen in den Blick und erkennt an ihnen eine „Sachgesetzlichkeit", der der Mensch als Handelnder nicht entkomme. Der Mensch erfahre sich in der konkreten Welt des Hier und Jetzt, ist aber in diese „präsente" Welt, wie Oevermann sagt, nicht so eingebunden, daß er sie nicht überschreiten könnte in die „hypothetisch konstruierte Welt von Möglichkeiten" (U. Oevermann 1995, 34). Diese Formulierung macht sehr deutlich, daß es sich um eine vom Menschen vorgestellte bzw. konstruierte Welt von über das Hier und Jetzt hinausgehenden Möglichkeiten handelt. Diese menschlich konstruierte „Unendlichkeit" anderer Möglichkeiten ziehe unumgehbar die Erfahrung der Endlichkeit der Handlungsmöglichkeiten des Menschen nach sich. So baue sich eine für die Lebenspraxis des Menschen typische, nicht hintergehbare Spannung, ein unumgehbares Problem auf. An welchen Haftungspunkten nämlich, an welchen Kriterien orientiere sich der Mensch, wenn er vor eine wirkliche Entscheidung gestellt ist, in der er in eben jene gedachte Möglichkeitswelt ausgreift, über die er antizipatorisch keine Sicherheit herstellen kann? In einer solchen Situation befinde sich der Mensch in der Situation eines Entscheidungs*zwanges*, bei dem er gleichwohl der bestehenden Verpflichtung, die Entscheidung rational zu begründen, nicht nachkommen könne. Denn keine der Handlungsalternativen sei wirklich begründbar. Gleichwohl stünde die Entscheidung an.

Aus struktureller Perspektive sei dies sogar die für die Lebenspraxis typische Paradoxie. Sie statuiere die Situation einer „Krise", auch wenn wir faktisch den Eindruck haben, unsere „Entscheidungen" würden routinemäßig gefällt. Dies treffe zwar zu, aber eben nur dann, wenn es sich nicht um Entscheidungen im eigentlichen Sinn, sondern um die bloße Wiederholung längst getaner Schritte handle, und eben nicht um Schritte in die noch nicht betretene Welt der menschlich konstruierten „Unendlichkeit" anderer Möglichkeiten.

Bei den wirklichen Entscheidungen, die also diesen Namen verdienen, wirke, so Oevermann, ein „Charisma" mit. Oevermann übernimmt hier einen von Max Weber verwendeten Begriff, dem er allerdings eine neue Bedeutungsdimension gibt. Es ist, nebenbei, wohl überflüssig, darauf hinzuweisen, daß bei Oevermann der Begriff Charisma natürlich keine theologische Füllung hat. Charisma bedeutet bei ihm – streng strukturalistisch und nicht inhaltlich gedacht – die Ablaufgestalt der Lebenspraxis oder, wie er selbst sagt, die „eigenlogische Ablaufgestalt der sozialen Wirklichkeit" (U. Oevermann 1995, 49).

Auf dieser Argumentationsbasis werde nun nach Oevermann die strukturelle Grundlage der Religion und der Religiosität sichtbar. Die Endlichkeitserfahrung, die (strukturell und nicht moralisch verstandene) Krise und die damit gegebene Bewährungsproblematik (die darin besteht, Entscheidungen zu treffen, ohne die Begründungsverpflichtung dieser Entscheidung mitliefern zu können) schafften ein strukturell bedingtes Gemisch, das nach einem *Mythos*, nach einem Bewährungsmythos, rufe, der die Paradoxie der Lebenspraxis erträglich mache, ohne dabei glatte Lösungen anzubieten. Erst Charisma, jetzt Mythos. Der strukturalistisch denkende und argumentierende Soziologe Oevermann bedient sich theologienaher Begriffe.

Die „nicht stillstellbare Bewährungsdynamik" rufe nach einem „Bewährungsmythos, der grundsätzlich über Herkunft und Zukunft sowie die aktuelle Identität der eigenen Lebenspraxis verbindlich so Auskunft geben kann, daß darin die Unverwechselbarkeit der eigenen Lebenspraxis verbürgt ist" (U. Oevermann 1995, 64). Oevermann bemüht sogar den Begriff der Dreifaltigkeit. Auf die „Dreifaltigkeit" der Lebensfragen, „wer bin ich?", „woher komme ich?", „wohin gehe ich?" gebe der Bewährungsmythos eine Antwort. Dieser Mythos werde dabei nicht vom einzelnen Menschen und seiner Lebenspraxis hervorgebracht, sondern verdanke seine Evidenz dem „kollektiven Verbürgt-Sein" durch die Gemeinschaft.

Nach allem ist für Oevermann Religion und Religiosität also eine integrale Komponente der Lebenspraxis, die strukturell mit eben dieser Lebenspraxis gegeben ist. Für den Strukturalisten Oevermann also bilden nicht die Sinnfrage und existentielle Sinn-Nöte in den bedrängenden Lebenssituationen den Ausgangspunkt der Religiosität, dieser liegt vielmehr – gewissermaßen eine Stufe tiefer bzw. grundsätzlicher – in der Struktur der Lebenspraxis selbst. Welche Ausformung die Religiosität dann erfahre, das hänge von verschiedenen kontextuellen Bedingungen ab.

Im Ergebnis heißt das, daß Oevermann alle konkreten Konfigurationen von Religion und Religiosität aus dieser Grundstruktur der menschlichen Lebenspraxis erklärt, mit ihren Komponenten der Endlichkeitserfahrung, der Krise und der Bewährungsdynamik, und nicht umgekehrt von realen religiösen Konfigurationen auf die Religiosität des Menschen zurückschließt. Er geht sogar so weit, zu behaupten, daß es – was für ihn als Strukturalisten klar sein mag – keine „anthropologischen Vorbedingungen oder Grundausstattungen" inhaltlicher Art gibt, die zur Generierung der Religiosität führten. Religiosität sei rückführbar auf die strukturell bedingte Sachgesetzlichkeit der Lebenspraxis. Mit ihr sei, wenn auch sozusagen sekundär und konsekutiv, die Religiosität des Menschen gegeben.

Von daher nimmt es nicht wunder, daß Oevermann nicht zu denen gehören kann, die der Religion und der Religiosität im Umfeld der säkularisierten Welt den Abschied geben.[1] Im Gegenteil. Angesichts der säkularisierten und der alter Sicherheit gebender Instanzen beraubten Welt nehme der Druck der Bewährungsproblematik noch zu. Die säkularisierte Welt bringe so die Bewährungsproblematik nicht zum Verschwinden, sondern verstärke sie noch, womit sie – so gesehen – sogar zum Förderer der Religiosität werde.

2. Die theologische Diskussion des Begründungsgangs Oevermanns

Man könnte sich hier noch einmal fragen, warum wir hier das strukturtheoretisch begründete Religiositätsmodell von Oevermann überhaupt in unsere Überlegungen einbeziehen. Etwa, weil es möglicherweise konvergiere mit dem christlichen Religionsverständnis? Oder, weil es in einer formal-strukturellen Ableitung zum Ergebnis einer universalen Religiosität komme? Oder weil es eine wissenschaftstheoretisch begründete Invektive gegen die Rede vom Abgang der Religion unter den modernen Gesellschaftsverhältnissen darstelle?

Wir müssen im Ensemble dieser Fragen Differenzierungen anbringen. Es ist keine Frage, daß die soziologische These von der Universalität der Religion und der Religiosität für den Theologen im ersten Moment etwas Verlockendes an sich hat. Nur darf er sich auf dieser These nicht unbesehen ausruhen. Er muß mit ihr theologisch umgehen und auf sie theologisch reflektieren. So haben wir als erstes festzuhalten, daß Oevermanns Religionsbegriff nicht mit dem inhaltlich-christlichen Religionsbegriff konvergiert, so sympathisch einem dessen Universalität auch sein mag. Oevermann argumentiert ja formal-strukturalistisch und kommt deshalb zu nichts anderem als einem strukturalistisch begründeten und damit notwendigerweise inhaltlich leeren bzw. neutralen Religionsbegriff. Dabei entgeht allerdings dem Theologen nicht, daß Oevermann in seinem Begründungsgang – vor allem im Zusammenhang seines Verständnisses der Lebenspraxis und der daraus gewonnenen Ableitungen – auf Sachverhalte stößt, die wir theologisch in gewisser Weise in ihrer Tiefe noch genauer erschließen können. Oder, weniger vollmundig gesagt, an die wir erweiternde Aspekte anlegen können, die die methodisch zwangsläufig transzendenzverengte Welt des Soziologen öffnen helfen.

Religion und Religiosität sind bei Oevermann strukturell bedingte Kategorien, die sich in beliebigen Gestalten religiöser Phänomene auszeitigen können. Diese Kategorien rühren von der „Sachgesetzlichkeit" her, nach der die Lebenspraxis des Menschen funktioniere. Bereits hier kann die theologische Horizonterweiterung bzw. -öffnung einsetzen, die gewiß nicht mehr die Sache des Soziologen sein kann. Für den Theologen stellt sich nämlich unumgänglich die Frage, woher diese „Sachgesetzlichkeit", die die Ablaufgestalt von Entscheidungen bestimme, eigentlich herrühre. Nach Oevermann sei die Religiosität, sogar ihre Universalität, nicht „der Unterstellung einer anthropologisch invarianten Grundausstattung geschuldet ... sondern eine Funktion der zwingend universalen, die Lebenspraxis konstituierenden Sachgesetzlichkeit" (U. Oevermann 1995, 31f.). Das ist im Rahmen seiner strukturalistischen Argumentation eine durchaus zulässige Feststellung. Im ersten Moment jedenfalls, aber nicht bei genauerem Hinsehen. Hätte nicht auch er die „Sachgesetzlichkeit", die nach ihm die ganze Dynamik der Religiosität auslöst, als anthropologische Grundausstattung des Menschen erkennen müssen? Als was wäre denn diese Sachgesetzlichkeit zu qualifizieren, wenn nicht als anthropologische Grundausstattung? Die sich der Mensch nicht selbst erarbeitet, sondern die ihm konstitutionell mitgegeben wurde, von seinem Schöpfer, wie wir christlich sagen?

So öffnet sich bereits an diesem Konstruktionspunkt der Argumentation Oevermanns ein Horizont, in welchem Religion und Religiosität mehr sind als strukturell erschlossene und im Grunde selbstgemachte und selbstverantwortete Kategorien, die zu beliebigen religiösen Phänomenen führen. Religiosität kommt hier vielmehr als eine inhaltliche Wirklichkeitsdimension in den Blick, die mit der anthropologischen Grundausstattung des Menschen durch Gott, den Schöpfer, gegeben ist. Von daher erscheint dann in der Konsequenz auch die bei Oevermann vom Menschen „hypothetisch konstruierte Welt von Möglichkeiten", die die Dynamik der Lebenspraxis auslöst, insofern als erweiterungsfähig, als diese hypothetisch konstruierte Welt keine, wenn man so sagen will, „objektiv-reale" Transzendenz eröffnet, sondern als menschlich konstruierte Möglichkeitswelt verbleibt. Es handelt sich also um eine transzendenzverengte Welt, die gewiß der Strukturalist und Soziologe aus methodischen Gründen nicht überschreiten kann, die aber der Theologe auf jene radikal andere Transzendenz überschreiten muß, die mit Gott gegeben ist. Eine Transzendenz, die dabei freilich nicht als weiterer, x-ter Gegenstand hinter und jenseits der weltlichen Wirklichkeit vorgestellt werden darf, sondern als deren transzendentaler Horizont.

Insofern sieht man sich als Theologe auch gedrängt, die Bewährungsdynamik der Lebenspraxis nach Oevermann aus der bloßen strukturlogischen Begründung zu entbinden und sie – ohne den zutreffenden Argumentationsgang Oevermanns in Frage zu stellen – inhaltlich zu substantiieren. Sein auf der Folie struktualer Argumentation vorgetragener Begründungsgang der Religiosität aus der Endlichkeitserfahrung, der Krise und der Bewährungsdynamik gewinnt eine ganz andere Radikalität und Plausibilität, wenn man ihn aus der strukturalen Selbstgenügsamkeit befreit und die wahre Bewährungsdynamik des Menschen in seiner Verantwortung vor Gott begründet sieht. Das Gleiche gilt hinsichtlich der Beurteilung der Entscheidung, deren Radikalität Oevermann zwar luzide aufzeigt. Und es ist eindeutig als das Verdienst Oevermanns hervorzuheben, die Radikalität der Entscheidung des Menschen – und nicht die Routine gewordenen Handlungsformen – als die eigentliche

Grundstruktur der Lebenspraxis aufgezeigt zu haben. Aber indem er diesen Entscheidungsprozeß – wiederum streng strukturalistisch – lediglich als Aktualisierung des menschlichen Strukturpotentials zur Autonomie deutet, verbleibt er wieder bei einer – wenn man so sagen darf – immanent-anthropologischen Reduktion auf den Menschen, bei dessen auf sich selbst bezogener Autonomie. So ist es für ihn durchaus folgerichtig, wenn er „das Subjekt als Subjekt endgültig konstituiert" (U. Oevermann 1995, 34) sieht in der Erfahrung der Endlichkeit, in der der Mensch sein Handeln organisiert. Aber damit wird wiederum das Subjektsein des Menschen immanent-anthropologisch vom Menschen selbst her begründet, ohne den leisesten Gedanken an seine Verwiesenheit auf Gott als letzttragendem Grund seines Subjektseins.

Oevermanns Begründungsgang seines heuristischen Modells der Religiosität verdient auf der einen Seite aufgrund seiner inneren Konsistenz Anerkennung und Respekt. Das gilt insbesondere dort, wo er von der Paradoxie der Begründungslogik und Begründungsdynamik der Lebenspraxis spricht. „Die Paradoxie der Bewährungslogik und -dynamik besteht darin, daß in dem Maße, in dem die Aufgabe der Bewährung ernsthaft gelöst werden soll, die *Unerfüllbarkeit* (kursiv S. K.) dieses Ideals anerkannt werden muß, und in dem Maße, in dem diese Unerfüllbarkeit eingesehen wird, dem Ideal um so mehr nachgestrebt werden muß" (U. Oevermann 1995, 63). Daraus spricht in der Tat das paradoxe Ethos eines Sisyphus, bei aller Unerfüllbarkeit des Zieles immer wieder von neuem anzufangen. Eine sinnlose Paradoxie geradezu, die im Horizont der strukturellen Analyse einer positiven Deutung beraubt bleibt. Aus der Sicht der theologischen Anthropologie ist das entscheidend anders. Auch für sie bleibt die Unerfüllbarkeit der menschlichen Lebensziele fraglos bestehen. Auch für sie bleibt die unüberbrückbare Fragmentarität des Lebens, aber die Lebensfülle hat für die theologische Anthropologie eine andere Qualität als die eines menschlichen Konstrukts, zu dessen Erfüllung paradoxerweise keine Wege führen. Für Theologie und Glaube ist die Lebensfülle als – eschatologische – Erfüllung angesagt, so daß von daher die menschlich erfahrene Paradoxie der Unerfüllbarkeit und Unabschließbarkeit der Bewährungsdynamik unter einem anderen Stern stehen. Ganz so, wie es im Joh-Evangelium formuliert ist: „Ich bin gekommen, damit sie das Leben haben und es in Fülle haben" (Joh 10,10).

Hierin liegt freilich eine kritische Anfrage an das christliche Leben, ob es wirklich aus dieser Perspektive der angesagten Fülle das Leben zu leben und zu gestalten wagt. Denn Oevermann spricht zurecht von Fluchtbewegungen, die sich vor der aufgezeigten Paradoxie auftun und zu denen beinahe unterschiedslos – ohne hier ungerecht werden zu wollen –, Gläubige und Nichtgläubige neigen. Oevermann identifiziert die modernen „Lebensstile" als Fluchtfelder, auf denen „pseudo-authentische, gekaufte Bewährungsmuster, die individuelle Exklusivität sichern sollen" (U. Oevermann 1995, 65). Diese Lebensstile fungieren gewissermaßen als Identitätsanleihen, die das eigene Leben sozial einordenbar machen sollen. In gewissem Sinn läßt sich hier auch an die Milieutypen von Gerhard Schulze (vgl. G. Schulze 1992) denken, die ebenso als Symptome einer verdeckten Fluchtbewegung in Frage kommen. Im Grunde formuliert also Oevermann den Verdacht, daß Lebensstile zur Abfederung der Paradoxieproblematik beitragen, ein hermeneutischer Verdacht, der weit über den Radius seiner strukturalistischen Argumentation der Begründung der Religiosität hinaus des Nachdenkens wert ist.

Noch einmal: Warum haben wir uns an dieser Stelle unserer Abhandlung mit Oevermann befaßt? Zunächst sicher deshalb, weil er in seinem strukturlogischen Begründungsgang zur Annahme der Universalität der Religion und Religiosität kommt, ein Konzept, das aus methodologischen Gründen im Immanent-Anthropologischen verbleibt, das aber wie kaum etwas anderes sonst Anlaß bietet, an ihm theologisch anzudocken und Verbindungslinien auszuziehen, die bereits weit in das Feld der theologischen Anthropologie führen.

Andererseits fordert Oevermann die Theologie auch deshalb heraus, weil er am Ende seiner Überlegungen zu Schlußfolgerungen kommt, die er gewiß nur als „Spekulationen" wertet, die aber theologisch, zumal pastoraltheologisch nicht unwidersprochen bleiben dürfen. Sein Vorbehalt gegenüber den „Lebensstilen" geht so weit, daß er die Behauptung wagt, es gebe heute keine „normativen Mu-

ster" mehr, an denen sich der einzelne in seiner Bewährungsproblematik orientieren könne. Oevermann hätte hier auch sagen können,
es gebe – nach ihm – keinen Mythos mehr. Er warnt hinsichtlich der
Religiosität geradezu aufklärerisch vor einer „Regression auf kollektive inhaltliche Identifikationsangebote" (U. Oevermann 1995, 95)
und nimmt damit sozusagen den Widerspruch zu seiner eigenen
These der Evidenz der Bewährungsdynamik in Kauf. Zu einer Evidenz, die doch nach ihm durch das kollektive Verbürgt-Sein einer
Gemeinschaft gewährleistet ist. Man solle sich auch nicht – so eine
weitere Schlußfolgerung bzw. Warnung bei ihm – nicht durch zuviel
Sinnsuche aus der Bewährungsdynamik der Lebenspraxis heraus-
stehlen. Mag sein, daß er diese Warnung vor allem an die Adresse
seiner soziologischen Zunft gerichtet hat, in der Absicht, sie so auf
das seiner Meinung nach wichtigere Feld der Ableitung der Religiosität aus den konstitutionstheoretischen Begriffen der Soziologie zu
locken. Und insofern hätte seine Aufforderung ihre Berechtigung.

Für den Theologen aber käme die Aufforderung, sich nicht auf
die Sinnsuche zu machen, ja von ihr gänzlich Abstand zu nehmen,
einer Überforderung des Menschen gleich. Noch deutlicher gesagt,
seiner Enthumanisierung. Denn der Mensch ist aufgrund seiner
konstitutionellen Bezogenheit auf Gott auf ihn als den Sinn seines
Lebens schlechthin angelegt, dem er fragend, suchend, glaubend, be-
tend und zweifelnd in der Gemeinschaft der Glaubenden nachgehen
und nachleben soll.

Besonders das Zweite Vatikanische Konzil hat die in der Tradi-
tionsgeschichte des Christentums etwas verblaßten Wissensbestände
des christlichen Menschenbildes wieder neu in den Blick genommen
und ins Zentrum der Theologie gerückt, denen wir uns nun zuwenden wollen.

12. Kapitel: Die hohe Berufung des Menschen – Zur Anthropologie des Zweiten Vatikanischen Konzils

In dem vor einigen Jahren von Hadwig Müller herausgegebenen Band „Freude an Unterschieden – Kirchen in Bewegung" lieferte Eberhard Tiefensee einen Beitrag unter dem Titel „Homo areligiosus". Darin problematisierte er die bekannte These Tertullians – ohne sich von ihr dabei prinzipiell zu distanzieren –, die Seele sei „natürlicherweise christlich" (anima naturaliter christiana). Man erliege einem Fehlschluß, so Tiefensee, wenn man aus dieser These folgere, es könne den „homo areligiosus" nicht geben. Denn den gebe es ohne Frage, zumal als Species der neuen Bundesländer. Angesichts dieser Faktenlage sei „eine unüberschreitbare Grenze erreicht, wenn vom Menschen als natürlicherweise religiösem Wesen gesprochen wird" (E. Tiefensee 2002, 27).

Begriffe wie „homo areligiosus" sind schnell in die Welt gesetzt. Ihnen ist eine verführerische Plausibilität eigen, der man gern auf den Leim geht. Diesen Fehler sollte man aber nicht begehen. Denn auf der Basis des Zweiten Vatikanischen Konzils – und das ist eine für die Theologie verläßliche und verpflichtende Basis, derer wir uns hier vergewissern wollen – erweist sich die flotte Rede vom „homo areligiosus" gewissermaßen als „Leichtmatrose", will sagen, als oberflächliche These, die, je weiter man ihr folgen würde, einen nur um so weiter auf Abwege führte. Das Urteil Tiefensees, die Bestreitung der Existenz des „homo areligiosus" beruhe auf einer unzulässigen Verallgemeinerung der These Tertullians, entbehrt letzter Überzeugungskraft. Da ist zum einen die These Tertullians selbst. Zum anderen aber muß doch redlicherweise gefragt werden, ob die Instrumente der heutigen quantitativen und qualitativen Sozialforschung ausreichen, über die Religiosität des Menschen letztlich zu befinden. Tiefensee macht es sich zu leicht, wenn er den Dreischritt, 1) der Mensch ist natürlicherweise religiös, 2) also gibt es keinen

Menschen ohne Religion, 3) also muß man beim areligiösen Menschen suchen, bis man fündig werde, für einen „seltsamen Syllogismus" hält, den er an vielen Religionswissenschaftlern und Theologen beobachte. Er hätte wohl besser getan, statt die Phänomene des Religionsersatzes und der Ersatzreligionen für nichtaussagekräftig für die Frage nach der Religionsfähigkeit des Menschen zu halten, in ihnen den positiven Bedarf an der Religion zu erkennen, bis hin zu der Möglichkeit, auch bei dem von ihm als „homo areligiosus" apostrophierten Menschen mit einem solchen Bedarf zu rechnen. Ein Bedarf, der sich gewiß in vielen Fällen nur auf einer Schwundstufe der Religiosität äußert, der aber deshalb nicht als blanke Areligiosität diffamiert werden darf.

Wir stellen hier die sehr anfechtbare These Tiefensees an den Anfang, um zu ihr auf der Basis der theologischen Anthropologie des Zweiten Vatikanischen Konzils entschieden auf Distanz zu gehen.

1. Der von Gott ins Leben gerufene Mensch

Wenn wir uns hier zunächst an den Texten des Konzils der Tatsache vergewissern, daß Gott den Menschen ins Leben gerufen hat und ruft, und zwar jeden einzelnen, dann thematisieren wir damit noch nicht unmittelbar schon seine, des Menschen, Religiosität, aber wir bereiten die Frage nach ihr vor und legen die Grundlage für sie. Die Berufung des Menschen durch Gott ins Leben ist nämlich das entscheidende Fundament der Religion.

Wie ein basso continuo zieht sich durch die Beschlußtexte des Zweiten Vatikanischen Konzils die These von der hohen Berufung und von der Würde des Menschen. Diese These bildet den Angelpunkt aller Überlegungen und Diskussionen des Konzils, und nicht eben nur in Gaudium et spes (GS) Art. 3, wo ausdrücklich vom Menschen als „cardo", als Angelpunkt, oder, wie die autorisierte deutsche Übersetzung sagt, als „Mittelpunkt" die Rede ist. Der Mensch „existiert nämlich nur," so lesen wir in GS, „weil er, von Gott aus Liebe geschaffen, immer aus Liebe erhalten wird; und er lebt nicht voll gemäß der Wahrheit, wenn er diese Liebe nicht frei anerkennt und sich seinem Schöpfer hingibt" (GS Art. 19). Gott hat alle Leben und Atem und alles gegeben, sagt Lumen gentium (LG) Art. 16 im Anschluß an Apg 17,25–28. Die hohe Berufung des Menschen bestehe darin, „daß etwas wie ein göttlicher Same in ihm eingesenkt ist" (GS Art. 3). Dem Menschen sind – und wir müssen immer mitbedenken, daß in all diesen Aussagen nicht vom abstrakten Begriff „Mensch", sondern vom je konkret einzelnen Menschen die Rede ist – „gottgegebene Anlagen" (GS Art. 11) mitgegeben. In ihm sei aufgrund seiner Berufung ins Leben durch Gott „der Keim der Ewigkeit" angelegt. Der Mensch lasse sich „nicht auf bloße Materie zurückführen" (GS Art. 18). Er ist nach dem Bild Gottes geschaffen, „fähig, seinen Schöpfer zu erkennen und zu lieben" (GS Art. 12). „Gott rief und ruft ... den Menschen, daß er ihm in der ewigen Gemeinschaft unzerstörbaren göttlichen Lebens mit seinem ganzen Wesen anhange" (GS Art. 18).

Es sind beliebig ausgewählte Texte aus einer Fülle von Belegen, die davon Zeugnis geben, daß für das Zweite Vatikanische Konzil der Mensch von Gott ins Leben gerufen ist.

Wenn wir über die Konzilstexte hinausblicken, sei nur an eine der vielen Enzykliken Johannes Paul II. erinnert, an seine Enzyklika „Evangelium vitae" vom März 1995. Dort lesen wir, daß der Mensch zu einer Lebensfülle berufen ist, „die weit über die Dimensionen seiner irdischen Existenz hinausgeht, da sie in der Teilhabe am Leben Gottes selber besteht" (Nr. 2). Der Mensch sei ein „unverfügbares Wesen" (Nr. 19), und dies nicht aus sich selbst, nicht aus eigenmächtig zugesprochener Kompetenz, sondern seine Existenz weise einen „transzendenten Charakter" (Nr. 22) auf. In dem bekannten Satz des Irenäus von Lyon, den Johannes Paul II. in seiner Enzyklika zitiert (vgl. Nr. 34), können wir die Überzeugung, daß der Mensch von Gott ins Leben gerufen wurde und wird, zusammenfassen: „Der lebendige Mensch ist die Herrlichkeit Gottes."

2. Nicht nur ins Leben, auch ins Heil gerufen

Die hohe Berufung des Menschen – es klang immer schon mit an – liegt nicht allein darin, von Gott ins Leben, sondern darüber hinaus von ihm auch ins Heil gerufen zu sein. Kaum, daß wir diesen Satz so formuliert haben, mag das Bedürfnis aufkommen, ihn nicht unkommentiert stehenzulassen. So mir nichts dir nichts vom „Heil" zu reden, ohne diesem Begriff Konturen zu geben, könnte bei manchem abprallen, könnte wie etwas Fremdes wirken, das mit dem eigenen Leben nichts zu tun habe. In den Texten des Zweiten Vatikanischen Konzils – und nicht erst dort – wird deutlich, was unter Heil zu verstehen ist. Es ist jene von Gott geschenkte Ermächtigung des Lebens des Menschen, in der ihm Lebensgelingen nicht aufgrund eigener Leistung, sondern aufgrund der unverdienten Selbstmitteilung Gottes zuteil wird. Ein Lebensgelingen, das gewissermaßen die Frucht der Freiheit ist, zu der Gott uns berufen hat. Der Begriff soll zunächst bewußt diesseitig, erd- und realitätsbezogen klingen, denn er meint nicht erst ein Gelingen gewissermaßen im Jenseits. Andererseits ist er aber gerade nicht beschränkt auf die Jahre unseres Lebens. Das Lebensgelingen drängt in einer von Gott in uns gelegten Dynamik auf eine jenseitige eschatologische Vollendung. Unser irdisches Lebensgelingen bleibt dabei immer fragmentarisch, Gott aber führt unser Lebenstorso zur Vollendung.

Verdeutlichen wir uns das an einigen Textbeispielen. „Der ewige Vater hat die ganze Welt nach dem völlig freien, verborgenen Ratschluß seiner Weisheit und Güte erschaffen," so setzt Lumen gentium in Art. 2 an, in dem gewissermaßen unser erster Gedankengang seine natürliche Zusammenfassung erfährt. Dann fährt LG Art. 2 fort: „Er (der ewige Vater) hat auch beschlossen, die Menschen zur Teilhabe an dem göttlichen Leben zu erheben." Die Menschen werden alle „Erwählte" genannt, die „der Vater vor aller Zeit vorhergekannt und vorherbestimmt (hat), gleichförmig zu werden dem Bild seines Sohnes, auf daß dieser der Erstgeborene sei unter vielen Brüdern (Röm 8,29)." Von diesen „Erwählten" werden in einem lateinischen „autem", in einem „aber", die unterschieden, die an Christus glauben. Der umfassende Plan Gottes, die Menschen zu erheben, aber gilt allen Menschen, da Gott „will, daß alle Menschen heil werden und zur Erkenntnis der Wahrheit gelangen" (Ad gentes (AG) Art. 7). Dieser Plan Gottes faßt die Menschen in der „katholischen Einheit des Gottesvolkes" zusammen. Ein Begriff aus LG Art. 13, der allerdings nicht in falscher Engführung verstanden werden darf, wie der weitere Text zeigt: „Zu dieser katholischen Einheit des Gottesvolkes, die den allumfassenden Frieden bezeichnet und fördert, sind alle Menschen berufen. *Auf verschiedene Weise* gehören ihr zu oder sind ihr zugeordnet die katholischen Gläubigen, die anderen an Christus Glaubenden und schließlich alle Menschen überhaupt, die durch die Gnade Gottes zum Heil berufen sind" (LG Art. 13).

Wir rufen diesen wichtigen Passus nicht so sehr unter der ekklesiologischen Fragestellung auf, wie weit nach seinem Verständnis das Gottesvolk ausgreift, sondern – was freilich unter einer etwas anderen Perspektive auf dasselbe hinausläuft – wir halten mit diesem Text die Heilsberufung aller Menschen durch Gott fest.[2]

Sagte LG Art. 2, daß *Gott* die Menschen zur Teilhabe am göttlichen Leben erheben wolle, so erscheint in LG Art. 3 *Christus* als der Weg zu dieser Teilhabe. Alle Menschen werden zur „Einheit mit Christus gerufen, der das Licht der Welt ist: Von ihm kommen wir, durch ihn leben wir, zu ihm streben wir hin." Er „schenkt dem Menschen Licht und Kraft durch seinen Geist, damit er (der Mensch) seiner höchsten Berufung nachkommen kann" (GS Art. 10). Dazu hat sich der Sohn Gottes „in seiner Menschwerdung gewissermaßen mit jedem Menschen vereinigt" (cum omni homine quodammodo Se univit). „Cum omni homine", das heißt in der Tat, mit jedem einzelnen Menschen. Das Heilsereignis in Christus, an das die Christen glauben, gilt also „nicht nur für die Christgläubigen, sondern für alle Menschen guten Willens" (GS Art. 22).

Die Formel „guten Willens" darf man dabei freilich nicht im Sinne eines sogenannten „genitivus subjectivus" auslegen, im Sinn der Deutung, daß Menschen außerhalb der christlichen Welt dann Anteil am Heilswerk Christi hätten, wenn sie guten Willens lebten. Es handelt sich vielmehr um einen in Gott gründenden „genitivus objectivus", der besagt, daß alle Menschen aufgrund ihrer Berufung ins Leben Gottes guten Willens sind. So daß inhaltlich nichts grundstürzend Neues hinzukommt, wenn GS Art. 22 die Menschen guten Willens näher erläutert als die, „in deren Herzen die Gnade unsichtbar wirkt". Zur Erläuterung fügt der Art. 22 an: „Da nämlich Christus für alle gestorben ist und es in Wahrheit nur eine letzte Berufung des Menschen gibt, die göttliche, müssen wir festhalten, daß der Heilige Geist allen die Möglichkeit anbietet, diesem österlichen Geheimnis in einer Gott bekannten Weise verbunden zu sein" (modo Deo cognito). Die einzig angemessene Wertung kann deshalb nur lauten: „Solcher Art und so groß ist das Geheimnis des Menschen, das durch die christliche Offenbarung den Glaubenden aufleuchtet." Mit anderen Worten, den Glaubenden leuchtet die Heilsberufung aller Menschen durch Gott auf. Sie werden zu Handlungsträgern dieses Glaubens. Ihn in den anderen Menschen zu wecken und zu fördern, ist die Aufgabe des Gottesvolkes.

3. Das Konzil als Vermittler der hohen Berufung des Menschen

In GS Art. 2 wendet sich das Konzil nicht mehr nur an die Mitglieder des Gottesvolkes, „sondern an alle Menschen schlechthin in der Absicht," wie es dort heißt, „allen darzulegen, wie es Gegenwart und Wirken der Kirche in der Welt von heute versteht". Dafür könnten wir in einer inhaltlichen Kurzform auch sagen, den Menschen ihre hohe Berufung durch Gott nahezubringen. Es geht darum, wie das Konzil im Missionsdekret Ad gentes (AG) sagt, dem Menschen die ursprüngliche Wahrheit dessen aufzuzeigen, „was es um ihn ist und worin seine volle Berufung liegt" (AG Art. 8). Dabei hat das Konzil, hat die Kirche keineswegs – gewissermaßen auf der sicheren Basis der Offenbarung – das alleinige stets sichere Wissen, wie es um den Menschen steht. Im Missionsdekret beispielsweise wird deshalb festgehalten – hier zwar bezogen auf die Missionsaufgabe des Gottesvolkes, aber das gilt prinzipiell –, daß es auf Seiten des Gottesvolkes, hier konkret der Missionare, darauf ankomme, ein „aufrichtiges, geduldiges Zwiegespräch" mit den anderen Menschen, Kulturen und Religionen zu lernen,[3] um bei ihnen die Reichtümer zu entdecken, die „der freigebige Gott unter allen Völkern verteilt hat" (AG Art. 11). Mit Reichtümern sind hier das kulturell vermittelte anthropologische Grundwissen einer Gruppe, einer Ethnie gemeint, nicht so sehr allein materielle Güter, wenngleich auch diese Teil des kulturellen Wissens der Menschen sind.

Die Dialogfähigkeit erst setzt das Gottesvolk instand, den Menschen, den Kulturen, den Religionen den Blick für ihre hohe Berufung zu öffnen. Konkret setzte sich das Konzil das Ziel, „alle Menschen an(zu)sprechen, um das Geheimnis des Menschen zu erhellen" (GS Art. 10).

Wenn das bisher Gesagte den Eindruck erweckt haben sollte, das Konzil und die Kirche hätten hier nur ein Interesse am – etwas respektlos gesagt – frommen Gottesgärtlein des einzelnen im Schilde geführt, ohne seine Gemeinschaftsbezogenheit und Gemeinschaftsabhängigkeit zu bedenken, dann läge ein arges Mißverständnis vor. Dem Konzil, insbesondere der Pastoralkonstitution, lag aus dem Wissen um die hohe Berufung des Menschen und um die damit verknüpfte gegenseitige Verpflichtung, einander in allen Lebenslagen einander gerechtzuwerden, nachdrücklich daran, die Gefährdungslagen zu benennen, die sich in den familiären, sozialen, wirtschaftlichen, kulturellen, gesellschaftlichen und weltgesellschaftlichen Bezügen auftun können. Da der Kirche anheimgegeben ist, „das Geheimnis Gottes, des letzten Zieles des Menschen, offenkundig zu machen, erschließt sie dem Menschen gleichzeitig das Verständnis seiner eigenen Existenz, das heißt die letzte Wahrheit über den Menschen" (GS Art. 41).

Solche Sätze mögen sich zu selbstgewiß, zu selbstsicher ausnehmen. So sind sie aber bei allem unveräußerlichen Anspruch, den sie anmelden, nicht gemeint. Zur rechten hermeneutischen Einordnung wäre hier an Art. 9 der Offenbarungskonstitution zu erinnern, der davon spricht, „daß die Kirche ihre Gewißheit über alles Geoffenbarte nicht aus der Heiligen Schrift allein schöpft". Den unveräußerlichen Gegenpol zur Heiligen Schrift bildet die Tradition, unter der wir uns freilich keine festgeronnene Größe vorstellen dürfen, sondern einen lebendigen Prozeß, in dem sich Offenbarung und aktueller Wahrnehmungshorizont der Menschen begegnen und gegenseitig befruchten. Daraus ergibt sich ein erneuter Hinweis darauf, daß das Volk Gottes nur im Dialog sowohl mit seinen eigenen Erfahrungen wie mit den Erfahrungen anderer Menschen, Kulturen und Religionen überhaupt in der Lage ist, auf der Basis der Offenbarung zum Vermittler der hohen Berufung des Menschen zu werden. Wenn dies gelingt, dann sollte es zu dem kommen, was Johannes Paul II. in seiner Enzyklika „Evangelium vitae" so formuliert hat: Es sollte uns auf der Basis der Offenbarung im Wissen um die hohe Berufung des Menschen möglich werden, „in jedem menschlichen Antlitz das Antlitz Christi zu erkennen" (Nr. 81).

4. Gott – den Menschen nahe

„Zu aller Zeit und in jedem Volk ruht Gottes Wohlgefallen auf jedem, der ihn fürchtet und gerecht handelt," mit diesem Satz eröffnet Lumen gentium sein großes zweites Kapitel über das Volk Gottes (LG Art. 9). Wenngleich das dort nur die Startbasis ist, von der aus das eigentlich Angezielte entwickelt wird, nämlich daß der einzelne nicht als einzelner „unabhängig von aller wechselseitigen Verbindung" gerettet wird, sondern in der Gemeinschaft des Gottesvolkes, so verweist der Eingangssatz klar darauf, daß Gott dem einzelnen Menschen nahe ist. Auch hier wieder ist von Gottes Wohlgefallen die Rede. Es ist auf der Ebene des „genitivus objectivus" zu verstehen. In den Texten des Konzils ist es ein selbstverständlicher, aus dem Prolog des Johannesevangeliums abgeleiteter fester Topos, daß Gott jeden Menschen erleuchtet. So heißt es in LG Art. 16, daß Gott jeden Menschen erleuchte, damit er das Leben habe. Das wird in gewisser Weise in GS Art. 15 entfaltet, daß Gott den Menschen in seinem (des Menschen) Herzen erwartet, der die Herzen durchforscht. So nahe komme ihm Gott, daß er „unter den Augen Gottes über sein eigenes Geschick entscheidet".

Insbesondere das Gewissen ist der Ort der Nähe Gottes. „Das Gewissen ist die verborgenste Mitte und das Heiligtum im Menschen, wo er allein ist mit Gott, dessen Stimme in diesem seinem Innersten zu hören ist" (GS Art. 16). Das ist ein kostbarer Satz, in welchem das

Konzil viel von seiner Sicht des Menschen und dessen Nähe zu Gott ausgesagt hat. Nicht nur, daß in diesem Satz die Tatsache des Geheimnisses des Menschen aufleuchtet, ohne daß hier dieser Begriff ausdrücklich Verwendung fände. Vor allem ist darauf hingewiesen, daß der Mensch im Gewissen einen Ort hat, wo er mit Gott allein ist, wo Gott sich ihm im Innersten vernehmbar macht. Das ist kein überzogener frommer Romantizismus, bar aller Kenntnis des Menschen. Schon allein von diesem Satz her fällt es in der Tat schwer, vom Menschen – wenn auch nur von einem konkreten einzelnen, wie Eberhard Tiefensee es tut, – als einem „homo areligiosus" zu sprechen.

Hinzukommt, daß nach der Überzeugung des Konzils der unsichtbare Gott aus überströmender Liebe die Menschen wie Freunde anredet und mit ihnen verkehrt (vgl. Dei verbum (DV) Art. 2). Ja, Gott teilt sich ihnen selbst mit, und nicht nur Worte oder eine Botschaft. „Durch die Offenbarung wollte Gott sich selbst und die ewigen Entscheidungen seines Willens über das Heil der Menschen kundtun und mitteilen, um Anteil zu geben am göttlichen Reichtum, der die Fassungskraft des menschlichen Geistes schlechthin übersteigt" (DV Art. 6). Weil es so um die Nähe Gottes zum Menschen steht, nimmt es nicht wunder, wenn wir im Missionsdekret lesen, daß „Gott Menschen, die das Evangelium ohne ihre Schuld nicht kennen, auf Wegen, die er weiß, zum Glauben führen kann" (viis sibi notis ad fidem adducere possit) (AG Art. 7). Darüber hinaus darf nicht vergessen werden, daß Gott – was auch unter das Stichwort seiner Nähe zum Menschen zu zählen ist – „jederzeit in den geschaffen Dingen Zeugnis von sich gibt (vgl. DV Art. 3). Ein Zeugnis, das nach ergangener Offenbarung „in der gegenwärtigen Lage des Menschengeschlechtes von allen leicht, mit sicherer Gewißheit und ohne Beimischung von Irrtum erkannt werden kann" (DV Art. 6).

Diese von Gott dem Menschen geschenkte Nähe bildet die Basis und den Ermöglichungsgrund der Gottsuche bzw. des religiösen Fragens des Menschen. „Der Mensch, der unter den Lebewesen nichts zählt, der Staub, Gras, Vergänglichkeit ist, wird, sobald vom Gott des Universums an Kindes Statt angenommen, zum Vertrauten dieses Gottes, dessen Vollkommenheit und Größe niemand sehen, hören und begreifen kann. Mit welchem Wort, Gedanken oder Aufschwung des Geistes wird man je vermögen, den Überfluß dieser Gnade zu preisen? Der Mensch übersteigt seine Natur: vom Sterblichen wird er zum Unsterblichen, vom Vergänglichen zum Unvergänglichen, vom Vorübergehenden zum Ewigen, er wird vom Menschen zu Gott" (Gregor von Nyssa; zitiert nach „Evangelium vitae" Nr. 80).

5. Des Menschen Suche nach Gott

Das Missionsdekret Ad gentes spricht in Art. 13 vom „geistlichen Sehnen" der Menschen – in der lateinischen Fassung sogar im Plural von den „expectationes spirituales" –, das in Christus als dem Weg, der Wahrheit und dem Leben seine Erfüllung finde. Ähnlich läßt die Erklärung über die Religionsfreiheit „Dignitatis humanae (DH) keinen Zweifel daran, daß die Menschen „alle – ihrer Würde gemäß – von ihrem eigenen Wesen gedrängt und zugleich durch eine moralische Pflicht gehalten (werden), die Wahrheit zu suchen, vor allem jene Wahrheit, welche die Religion betrifft" (DH Art. 2). Dabei wird vorausgesetzt, daß diese Wahrheit – und damit im letzten Gott als Gegenüber, als Ursprung und Ziel des Menschen – in einer Weise gesucht werden muß, „die der Würde der menschlichen Person und ihrer Sozialnatur eigen ist, d. h. auf dem Wege der freien Forschung, mit Hilfe des Lehramtes oder der Unterweisung, des Gedankenaustausches und des Dialogs, wodurch die Menschen einander die Wahrheit, die sie gefunden haben oder gefunden zu haben glauben, mitteilen, damit sie sich bei der Erforschung der Wahrheit gegenseitig zu Hilfe kommen" (DH Art. 3). Das Leben der Menschen ist durchtränkt „mit einem tiefen religiösen Sinn"(vgl. Erklärung über das Verhältnis der Kirche zu den nichtchristlichen Religionen „Nostra aetate" (NA) Art. 2). Gott unterstütze seinerseits das Suchen des Menschen, vor allem im Vollzug des Glaubens selbst. „Dieser Glaube kann nicht vollzogen werden ohne die zuvorkommende und helfende Gnade Gottes und ohne den inneren Beistand des Heiligen Geistes, der das Herz bewegen und Gott zuwenden, die Augen des Verstandes öffnen und es jedem leicht machen muß, der Wahrheit zuzustimmen und zu glauben" (DV Art. 5).

Das Konzil weiß sich in diesen Aussagen gestützt und bestärkt durch die Beobachtung, daß in der Weltgesellschaft das Bewußtsein der Würde des Menschen wachse (vgl. GS Art. 26; DH Art. 1) und seine Fragen nach dem Sinn seiner Existenz als im Grunde religiöse Fragen nicht verstummen. Es wachse angesichts der heutigen Weltentwicklung – und wir können aktuell auf die Problematik der Globalisierung verweisen – „die Zahl derer, die die Grundfragen stellen oder mit neuer Schärfe spüren: Was ist der Mensch? Was ist der Sinn des Schmerzes, des Bösen, des Todes ... Was kommt nach diesem irdischen Leben?" (GS Art. 10). Die verschiedenen und auch gegensätzlichen Auffassungen und Antworten auf diese Fragen verunsichern die Menschen (vgl. GS Art. 12). Die Frage nach dem Sinn des „individuellen und kollektiven Schaffens, schließlich nach dem letzten Ziel der Dinge und Menschen" (GS Art. 3) lasse sich nicht mehr ruhigstellen. Die Menschen erwarten „Antwort auf die ungelösten Rätsel des menschlichen Daseins, die heute wie je die Herzen der Menschen im tiefsten bewegen: Was ist der Mensch? Was ist Sinn und Ziel unseres Lebens? Was ist das Gute, was die Sünde? Woher kommt das Leid und welchen Sinn hat es? Was ist der Weg zum wahren Glück? Was ist der Tod, das Gericht und die Vergeltung nach dem Tod? Und schließlich: Was ist jenes letzte und unsagbare Geheimnis unserer Existenz, aus dem wir kommen und wohin wir gehen?", so häuft die Erklärung über das Verhältnis der Kirche zu den nichtchristlichen Religionen NA Art. 1 die Fragen auf. Sie gipfeln auf in der Frage des Menschen nach seinem Woher und Wohin. Die Menschen entkommen dieser Frage nicht.

Gewiß scheute es dabei das Konzil nicht, auch das schillernde und komplexe Phänomen des Atheismus in den Blick zu nehmen, in einer Textpassage des Art. 19 von GS, die man mit zu den bedeutendsten Äußerungen des Konzils zählt. Sie sei hier in ganzer Länge zitiert: „Mit dem Wort Atheismus werden voneinander sehr verschiedene Phänomene bezeichnet. Manche leugnen Gott ausdrücklich; andere meinen, der Mensch könne überhaupt nichts über ihn aussagen; wieder andere stellen die Frage nach Gott unter solchen methodischen Voraussetzungen, daß sie von vornherein sinnlos zu sein scheint. Viele überschreiten den Zuständigkeitsbereich der Erfahrungswissenschaften und erklären, alles sei nur Gegenstand solcher naturwissenschaftlicher Forschung, oder sie verwerfen umgekehrt jede Möglichkeit einer absoluten Wahrheit. Manche sind, wie es scheint, mehr interessiert an der Bejahung des Menschen als an der Leugnung Gottes, rühmen aber den Menschen so, daß ihr Glaube an Gott keine Lebensmacht mehr bleibt. Andere machen sich ein solches Bild von Gott, daß jenes Gebilde, das sie ablehnen, keineswegs der Gott des Evangeliums ist. Andere nehmen die Frage nach Gott nicht einmal in Angriff, da sie keine Erfahrung der religiösen Unruhe zu machen scheinen und keinen Anlaß sehen, warum sie sich um Religion kümmern sollten."

Acht unterschiedliche Erscheinungsformen des Atheismus werden hier genannt, die jeweils ganz unterschiedlichen Begründungszusammenhängen entspringen. Es geht hier nicht darum, sie alle im einzelnen näher zu erläutern. Nur soviel im einzelnen: Es ist exakt noch sehr wenig über die Qualität des Atheismus gesagt, wenn einer ausdrücklich Gott leugnet. Wovon distanziert er sich damit tatsächlich, mit einer solchen dezidierten Position? Und wovon möglicherweise gerade nicht? Ähnliches gilt mit Blick auf den Agnostiker. Beide haben jedenfalls die Frage nach Gott nicht wirklich hinter sich. Erst recht gilt das im Fall unangemessener methodischer Fragestellungen, von denen aus die Tiefendimension der Frage nach Gott von vornherein eher verfehlt als getroffen wird. Besonders fatal erscheint es aus christlicher Perspektive, zu meinen, Gott ablehnen zu müssen, weil man nur so der Freiheit und Selbständigkeit des Menschen gerechtwerden könne. Noch einmal anders liegt der Fall bei denen, für die die Frage nach Gott – anders als beim ausdrücklichen Gottesleugner oder beim Agnostiker – gar keine Frage ist. Genauer mit Art. 19 formuliert: „die keine Erfahrung der religiösen Unruhe zu machen *scheinen*; qui inquietudinem religiosam non experiri *videantur*"; so heißt es im lateinischen Text. Ihnen *scheint* die religiöse Unruhe fremd zu sein. Im Falle dieser Menschen gewissermaßen wie selbstverständlich auf den Tatbestand des „homo areligiosus" zu schließen, darin liegt unserer Meinung der Fehlschluß. Es überzeugt eher, auf das „geistliche Sehnen" dieser Menschen zu setzen – ohne es ihnen von außen aufzuoktroyieren –, in welcher noch so rudimentären und latenten Form es auch immer begegnen mag. Dieses geistliche Sehnen ist ins Gespräch zu bringen mit der christlichen Botschaft des Geheimnisses des Menschen.

Dazu paßt, wenn das Missionsdekret die Bischöfe und ihre Mitarbeiter auffordert, sich nach Kräften darin kundig zu machen, welche Vorstellungen sich die Menschen „zuinnerst von Gott gebildet haben" (AG Art. 20). Es bleibt an der Stelle des Missionsdekrets zwar nur bei diesem einfachen und in der Tat in der Praxis schwer umzusetzenden Hinweis, aber er macht wiederum deutlich, daß das Konzil durchgehend damit rechnet, daß der Mensch auf der Suche nach Gott ist, einer Suche, die sich letztlich nicht dem eigenen Antrieb, sondern der immer schon vorgängigen Tatsache verdankt, daß Gott sich in freier und unverdienter Selbstmitteilung dem Menschen, und zwar jedem einzelnen, zugesagt hat.

Diese für das Zweite Vatikanische Konzil zentrale hohe Berufung des Menschen durch Gott hat die wissenschaftliche Theologie, insbesondere die theologische Anthropologie, sowohl vor wie nach dem Konzil deutlicher herauszuarbeiten versucht. In ihrem Licht gewinnt unsere These erst ihre volle Strahlkraft, daß die Religion jenen Wirklichkeitsraum erschließt, in dem der Mensch im Austausch mit anderen der Tiefe seiner Existenz als einem gottgeschenkten Geheimnis auf die Spur kommen kann.

13. Kapitel: Der Mensch als „Wesen des Geheimnisses" – Zur theologischen Anthropologie Karl Rahners

Auf unserem vielfach verzweigten Weg, auf unserem Weg, der Umwege macht und auch Nebenwege eingeschlagen hat – ohne dabei, so hoffen wir, auf Abwege gekommen zu sein –, auf diesem Weg mit dem Ziel, für und mit den Menschen unserer Gegenwartsgesellschaft die Religion zu entdecken bzw. wiederzuentdecken, kommen wir nun an eine entscheidende Wegmarke, von der aus es zum Ziel nicht mehr weit ist.

Das mag etwas zu selbstsicher klingen. Jedenfalls sollen jetzt die entscheidenden theologischen Gedanken zusammengetragen werden, die die Rede von der Entdeckung der Religion als ein realistisches, zeitgemäßes und aussichtsreiches Projekt erscheinen lassen. Und das Ganze nicht deshalb, weil sich das die Kirche so wünschen würde, so daß man ihr als Theologe mit Nachdruck zuarbeiten müßte, wobei man sich damit in einem durchaus anfechtbaren Sinn zum Mitspieler ihrer möglicherweise relativ oberflächlichen Rekrutierungsinteressen machen würde. Als aussichtsreich im Hinblick auf die (Wieder-)Entdeckung der Religion sollen sich die theologischen Gedanken deshalb herausstellen, weil sie Zusammenhänge benennen und aufzuzeigen versuchen, die – weil sie dem Menschen angemessen sind – den Menschen anzuregen und sein Interesse zu finden in der Lage sein müßten, so daß sein religiöses Nachdenken und schließlich gar sein religiöses Leben sich neu angesprochen und herausgefordert fühlen sollten.

Inhaltlich können wir das Projekt auf die Formel, der Mensch sei ein „Wesen des Geheimnisses" bringen, eine dichte Formel, die wir nicht zufällig von Karl Rahner übernehmen. Im ersten Augenblick freilich mag sich diese Formel alles andere als dicht und überzeugend oder gar anregend, eher sogar als befremdend ausnehmen. Aber es lohnt sich in der Tat, ihr nachzugehen und ihrer Intention zu folgen. Wir tun dies, indem wir uns im folgenden der Theologie Karl Rahners anvertrauen, nicht freilich in all ihre Verästelungen hinein, sondern ihrem Kernanliegen, deren schönste Frucht wir gewissermaßen seiner theologischen Anthropologie vor uns liegen haben. Dabei ist unser Motiv, Rahner zu folgen, mehrfach begründet und nicht Ausdruck einer Beliebigkeit, die sich ebensogut einen anderen Theologen als Kronzeugen hätte wählen können. Unser Interesse an ausgerechnet ihm ist wirklich „begründet".

1. Warum Karl Rahner

Wenn ich mir hier über die Gründe Rechenschaft gebe, warum ich im folgenden Karl Rahner folge, und er mein verläßlicher Gewährsmann sein soll, so haftet meinem ersten Grund noch am ehesten der Charakter der Zufälligkeit und Beliebigkeit an. Ich habe ihn im Laufe meines Theologietreibens kennen und schätzen gelernt und mich von ihm anregen lassen, insbesondere von seiner theologischen Anthropologie (vgl. S. Knobloch 1993; 1996; S. Knobloch, H. Haslinger 1991). Hinzukommt, daß in letzter Zeit und infolge jüngerer Rahnergedenken – im Jahre 2004 beging man seinen 100. Geburtstag und seinen 20. Todestag – eine Reihe wertvoller und hilfreicher Publikationen erschienen ist, die einem das beeindruckende Rahnerwerk weiter aufschließen und nahebringen.[4]

Es ist in der Tat so, wie Karl Lehmann vor mehr als zehn Jahren aus Anlaß des zehnten Todestages von Karl Rahner äußerte, daß Rahners Theologie in der Zeit der heutigen Unübersichtlichkeit eine wertvolle Orientierung leisten könne. „Wer bei Karl Rahner in die Schule geht, bleibt nicht bei Wehleidigkeit, Selbstbespiegelung und Resignation stehen, sondern läßt sich immer wieder von ‚Sendung und Gnade' erfassen … Karl Rahner ist ein Mann für übermorgen" (K. Lehmann 1994, 149; 150). Andererseits ist es mittlerweile doch auch schon wieder so, daß die Erinnerung an ihn not tut. „Denn das große Werk ist in Gefahr, unserem Bewußtsein fast schon wieder zu entgleiten" (K. Lehmann 1997, 22).

Rahner war ein auf die Gegenwart bezogener Theologe, der

von seiner eigenen theologischen Ausbildung von der Neuscholastik herkommend ihre Gedanken aufnahm und sie entscheidend weiterentwickelte und veränderte, so daß er gerade so zum großen Anreger der Theologie der Gegenwart wurde. Insbesondere sah er es – was hier nur nebenbei erwähnt sei – als die unerläßliche und nur der Praktischen Theologie aufgegebene Aufgabe an, eine theologische Analyse der Gegenwart zu leisten, und dies nicht gewissermaßen aus dem hohlen Bauch heraus, sondern wissenschaftsmethodisch reflektiert. Freilich war ihm bewußt, daß er damit diese Aufgabe der Praktischen Theologie lediglich als solche angemeldet und ins Bewußtsein gehoben, sie aber damit noch längst nicht hinreichend gelöst hatte (vgl. SW 19, 225–261). Ein ganz entscheidender Punkt – und somit ein entscheidendes Motiv für uns, ihn zum theologischen Gewährsmann zu nehmen – war bei ihm die Tatsache, daß für ihn die reflektierende Theologie eine gelebte Theologie war.[5] Seine Theologie basierte auf seinem Leben, sie war zutiefst mit seinem Leben verbunden. Und das hieß für ihn gleichzeitig, daß seine Theologie dem Leben der Menschen zu dienen habe. Nicht freilich in einem sich liebedienerisch andienenden instrumentell-strategischen Sinn. Weder so, daß sie die Menschen gewissermaßen lediglich zu devoten Dienern der Kirche machen wollte, unabhängig davon und ohne sich darum zu bemühen, worum es der Kirche eigentlich gehe, wofür sie letztlich da sei. Noch so, daß sie den Menschen zu einem Lebensgelingen im Sinne einer selbstbezogenen Lebensermächtigung und Selbstvergewisserung führen wollte.

Der Dienst der Theologie am Leben der Menschen sollte nach Rahner vielmehr darin bestehen, daß sie die Menschen an das Geheimnis ihres Lebens heranführe, welches Gott ist. Es ging ihm um den Glauben, die Hoffnung und Liebe der Menschen zu Gott. Hier konnte er – um der angezielten und oft auch im kirchlichen Leben bisweilen partiell verfehlten Sache willen – sehr deutlich werden. „Alles Kirchliche, also alles Institutionelle, Rechtliche, Sakramentale, alles Wort, aller Betrieb in der Kirche und also auch alle Reform von all diesem Kirchlichen ist im letzten Verstand und in der letzten Absicht, so es sich nur selber richtig begreift und sich nicht selber vergötzt, reiner Dienst, bloße Hilfestellung, für etwas ganz anders, etwas ganz Einfaches und so gerade unbegreiflich Schweres und Seliges zumal: für Glaube, Hoffnung und Liebe in den Herzen aller Menschen" (K. Rahner 1966, 23). Rahner vergleicht diese mühevolle Aufgabe des Theologietreibens (und der kirchlichen Verkündigung) mit dem beschwerlichen Vorgang, eine Tonne Pechblende schürfen zu müssen, um 0,14 Gramm Radium zu gewinnen. Dieser Aufwand des Theologietreibens und der kirchlichen Arbeit aber lohne sich, „damit in unserem Herzen – und da letztlich allein – ein klein wenig Radium von Glaube, Hoffnung und Liebe gewonnen werde" (K. Rahner 1966, 24).

Am Ende seines Lebens resümiert er sein Lebenswerk als Theologe noch einmal in einer Weise, die überaus deutlich macht, daß ihm daran lag, die Tiefe des Geheimnisses Gottes im Leben der Menschen selbst heben zu helfen. „Ich versuche über meinen Glauben nachzudenken und ihn mit den Fragen, Bedürfnissen, Nöten, die mir als Mensch und Christ dieser Zeit vorgegeben sind, in Verbindung zu bringen." Er habe „eine Theologie zu treiben gesucht, die auf die konkrete Verkündigung in der Kirche, auf das Gespräch mit den Menschen von heute ausgerichtet ist" (P. Imhof, H. Biallowons 1983, 266f.). Eine Theologie also, die ausgerichtet ist auf das Gespräch mit den Menschen, auf ihren Lebens- und Wahrnehmungshorizont und versucht, diesen auf seine eigenen tieferen Wahrnehmungsmöglichkeiten zu weiten.

Dabei läßt Rahner nicht davon ab, von Gott immer als dem Größeren, Unbegreiflichen, Nicht-mehr-Versteh- und Aussagbaren zu reden, damit uns so überhaupt erst aufgehe, was mit Gott gemeint ist. Auch deshalb sollte uns so an Rahner liegen, weil er uns die Augen für den wahren Radikalismus der Gotteslehre öffnen wollte. „Der wahre Radikalismus der Gotteslehre kann immer nur die stets neu unternommene Destruktion eines Götzen sein: eines Götzen statt Gott, des Götzen einer Theorie über ihn" (K. Rahner 1967 b, 165). Damit schlug Rahner einen sehr kritischen Ton an. Im Klartext konnte das nur heißen: Auch in der Kirche kann sich faktisch, bei aller grundsätzlichen Infallibilität des Gottesvolkes, eine Theorie Gottes festsetzen, unter der Gott gewissermaßen zum Götzen werde. Und infolge dessen kann es eine Gottlosigkeit der

Menschen geben, die wir zwar als „Gottlosigkeit" lesen, die sich aber nicht von Gott, sondern von dem auch innerkirchlich in Teilen als Götze transportierten Gottesbild abwendet bzw. abwenden will. Rahner hält diese „Gottlosigkeit" bis in die Kirche hinein als kritisches Korrektiv für notwendig (vgl. S. Hübner 2004, 307). Er zeigt sich deshalb besorgt über die Oberflächlichkeit der Glaubensweitergabe, die die Herzen der Menschen in der Tiefe kaum noch anspreche. Das liege nicht an der christlichen Botschaft, sondern an der Oberflächlichkeit ihrer Übermittlung. Im Grunde ist Gott – mit den Rahner nachempfundenen Worten Siegfried Hübners – das Geheimnis, „das unser Leben als Mensch von allen Seiten umfaßt, uns in allen unseren Lebensvollzügen als Mensch trägt, auf das wir auf Schritt und Tritt stoßen, wenn uns die unbeantwortete Frage aufgeht, die wir nicht stellen, sondern die wir als Mensch *sind*" (S. Hübner 2004, 307).

Von daher ist die heute so vielfach „indizierte" Gottlosigkeit und Areligiosität vieler Menschen, die heute unter empirischen, aber dabei doch manchmal relativ oberflächlichen Kategorien erhoben wird – unter Kategorien, die eben nicht ausreichen, wenn es um Gott als Geheimnis des Menschen und um den Menschen als Wesen des Geheimnisses und um seine Beziehung zu Gott geht – in der Tat frag-würdig, der Theologie eine Frage würdig. Und exakt dabei kann uns Rahner ein sicherer Gewährsmann sein.

Allenfalls ist mit der Gefahr zu rechnen, daß wir sein Werk im folgenden als Steinbruch, als Zitatenfundstelle mißbrauchen, ohne es in seinen Hauptmotiven und Zielen wirklich zu kennen. Diese Gefahr ist nicht ganz auszuschließen, weil wir nicht umhin können, Rahner selbst – und das dann eben möglicherweise in einem falschen Zugriff „beliebig" – zu Wort kommen zu lassen. Andererseits geben uns gerade die jüngsten und sehr kundigen Rahnerinterpretationen der „Generation danach", der Generation von Theologinnen und Theologen, die ihn selbst nicht gehört und erlebt haben, ein sicheres Geleit, nicht einfach im Trüben zu fischen.

2. Gegenwartsgefährdungen des Menschen und ihr Bestehen

Schon die wenigen Andeutungen, warum wir uns im folgenden der theologischen Anthropologie Karl Rahners anvertrauen, dürften deutlich gemacht haben, daß Rahner kein abgehobener, in abstrakten Gedankengängen verlorener Theologe war, sosehr auf die prima vista – die aber dann eine sehr unzutreffende wäre – eben dieser Eindruck entstehen kann, der sicher schon manchen davon abgehalten hast, sich näher mit seinem Werk zu befassen. Rahner war ein den Fragen und dem Leben der Menschen hingegebener Theologe, der die Theologie nicht „l'art pour l'art" betrieb.[6] Von da aus war es für ihn theologisch zwingend und kein Ausflug in einen theologiefremden Bereich, sich mit den Gegenwartsfragen der Menschen und der Gesellschaft zu befassen, wobei er selbstverständlich zwischen der empirisch-profanen Erfassung der Grundzüge der Gegenwart und ihrer theologischen Deutung unterschied. Bei dieser Gegenwartsanalyse – die er, wie schon angedeutet, insbesondere für die Praktische Theologie für unverzichtbar hielt – stieß er auf zeitspezifische Gefährdungslagen, vor denen er nicht pessimistisch den Mut verlor, sondern die er sowohl in ihrem Entstehen wie in ihrem Bestehen – Bestehen hier im Sinne des Damit-Zurechtkommens verstanden – von der christlichen Botschaft und vom christlichen Menschenbild her deutete. Wenn wir hier vom „christlichen Menschenbild" sprechen, mag das zunächst leer und hohl klingen. Denn wir nehmen diesen Begriff nicht selten in den Mund, ohne uns Rechenschaft darüber zu geben, was wir damit inhaltlich eigentlich meinen. Um dies hier andeutend vorauszunehmen, was nachher mit Rahner deutlicher zur Sprache kommen soll: Mit christlichem Menschenbild ist ein Verständnis des Menschen gemeint, das ihn aus der Beziehung Gottes zu ihm als ein „Wesen des Geheimnisses" sieht. Rahner gründet lebensmäßig und als Theologie so fest in diesem Menschenverständnis, bei aller Unauslotbarkeit, die es an sich hat, daß es ihm auch angesichts der modernen Gefährdungslagen des Lebens nicht abhanden kommt und er Wege und Zusammenhänge aufzeigen kann, wie der Mensch in den Gefährdungslagen „bestehen" kann.

Vergegenwärtigen wir uns die wichtigsten Grundzüge, die er an der Gegenwartsgesellschaft wahrgenommen hat, wobei wir uns vor Augen halten müssen, daß er diese Grundzüge in den 60er und 70er Jahren des letzten Jahrhunderts erhoben hat (vgl. vor allem SW 19, 255–316; SW 15, 138–153; 375–390; SW 4, 346–403; passim; K. Rahner 1989, 29–56).

Einen ersten Grundzug bildete nach ihm die „Einheit der Weltgeschichte", ein Grundzug, der mittlerweile in den Begriffen der Globalisierung, des „global village"[7], der einen Welt noch schärfere Konturen angenommen hat. Diese eine Welt werde beherrscht von den Errungenschaften der „Welt der Technik", was zu einem zeitspezifisch veränderten Verständnis der Zukunft und zur Gefahr der Selbstmanipulation des Menschen führe. Zukunft werde nicht mehr als geschenkte – sei es von der Natur oder von Gott geschenkte – Zukunft gedeutet, sondern als vom Menschen selbst zu gestaltende und so zu erobernde Zukunft gedacht. Sie werde als innerweltlich auszugestaltende Utopie verstanden, die in Realität überzuführen ist. Rahner nennt ein solches auf die Zukunft ausgerichtetes Leben ein „Leben in der zweiten Potenz", die bestimmt sei von der neuzeitlich-abendländischen Rationalität und vom planenden Kalkül, und das den numinosen Charakter des menschlichen Lebens aufhebe.

Das wirke auf das Selbstverständnis des Menschen zurück. Das Subjekt – hier verstanden als Handlungsträger der Zukunftsgestaltung – „wird sich selbst zum eigentlichsten Objekt, der Mensch wird der Schöpfer seiner selbst" (SW 15, 140).[8]

Die „weltliche Welt" ist ein weiteres Stichwort der Rahnerschen Analyse. Dabei macht er sehr deutlich, daß der Ursprungsimpuls zur „weltlichen Welt", den der moderne Mensch in seiner Zukunftsgestaltung übernommen habe, von der christlichen Botschaft herrühre, für die das Geschaffene und Geschöpfliche nicht mehr das Numinose und Göttliche sei, sondern das von Gott Unterschiedene.

Nur dürfen daraus nicht die falschen Schlüsse gezogen werden. Es treffe zu, daß die weltlich empfundene Welt als „gottloser" erfahren werde. Das mache den typischen Unterschied des Menschen heute zum Menschen der Entstehungszeit des Neuen Testamentes aus. Für die Menschen damals existierte Gott selbstverständlich.

„Eine Qual, erst nach Gott fragen zu müssen, sich erst langsam und besinnend überhaupt den Boden schaffen zu müssen, von dem aus so etwas wie ein Ahnen, Erfühlen oder Erkennen Gottes erst möglich wird" (SW 4, 359), das alles kannten die Menschen damals nicht. Und doch ist auch der Mensch von heute nicht einfach der gewissermaßen gottlosen Selbstmanipulation ausgeliefert. Und dies nicht, weil man ihm von außen nur mit entsprechenden moralischen Appellen kommen müsse, sondern weil er in sich – wenn er nur aufmerksam in sich hineinhört, mit sich selbst umgeht – Indikatoren hat, die ihm anzeigen, daß er tatsächlich auf mehr und auf anderes angelegt ist als auf Selbstmanipulation und Zukunftsgestaltung als letzte Ziele seiner Existenz. Diese Erfahrung bzw. diese Ahnung komme ihm aus seiner zukunftsgetaltenden Arbeit selbst entgegen. Bei allem planerischen und gestalterischen Bemühen werde dem Menschen bewußt, daß die Zukunft, sosehr er ihr auch seinen Stempel aufdrückt, ihm nicht total gehört. Er verfügt nicht total über sie. Sie behält etwas Unvorhergesehenes, Schicksalhaftes und Unverfügbares. Wenn sie aber unverfügbar ist, dann muß sie letztlich verfügt sein. Verfügt aber von wem? „Wem aber soll der Mensch," so fragt Rahner, „diese Verfügtheit anvertrauen, von wem soll er sie entgegennehmen, worin soll er seine wagende, ins Dunkel fallende Freiheit geborgen wissen?" (SW 15, 384). Dem Menschen kann also bewußt werden, sofern er nur in sich hineinhört, daß nicht nur die Zukunft an die harte Grenze der Verfügtheit, sondern auch er selbst in seinem Freiheitshandeln dieser Grenze des Verfügtseins unterliegt, an die er sich zu übergeben hat.

Hier tut sich eine Paradoxie auf. „Je mehr wir werden, was wir sind, die *Freien* und *Machtvollen*, die *Herren der Welt*, um so mehr suchen wir den, dem diese *verfügte … Herrschaft anvertraut* werden kann, Gott" (SW 15, 384). Dieses Anvertrauen geschieht natürlich nicht in jedem Fall in der Ausdrücklichkeit, daß dem Menschen bewußt wäre, daß es Gott gelte. Aber unthematisch und anonym gilt es ihm.

Ist das schon ein Hinweis darauf, daß der Mensch in den Gegenwartsgefährdungen nicht einfach der völligen Selbstmanipulation und dem Rausch der eigenen Zukunftsgestaltung erliegen muß, so wird am Umgang mit der „weltlichen Welt" noch ein weiterer Aspekt deutlich, mit dem man zunächst gar nicht rechen mag: die Verantwortung gegenüber der Welt. Sie mag sich zunächst als nichts anderes artikulieren denn als Verantwortung gegenüber der Welt. Doch reicht sie weiter bis in eine finale Tiefe, die Rahner so charakterisiert: „*Wo* solche Verantwortung wirklich angenommen wird, wo diese angenommene Verantwortung als eine absolute erfahren wird (und dann ist sie erst, was sie sein will), als unentrinnbar und ewig gültig, *da* ist, wenn auch vielleicht ganz anonym und verhalten, ein echtes Gottesverhältnis realisiert. Denn der letzte Grund aller Verantwortlichkeit … wird Gott genannt, und wenn wir von Gott sprechen, meinen wir eben diesen, dem wir, selbst wenn wir ihm keinen Namen geben und scheu von ihm wegblicken, begegnen, wenn wir die Macht und Weite unserer realen Freiheit wie eine ungeheure Last auf uns stürzend erkennen und dieser Wahrheit unseres Daseins nicht feig ausweichen" (SW 15, 385).

Das mag alles wie ein sehr gesuchter, konstruierter Weg zu Gott aussehen, den Rahner hier behauptet. Aber er ist nicht konstruiert, wenn wir nur genau darauf achten, was Rahner hiermit behauptet und was nicht. Nicht behauptet er, daß der Mensch immer reflex und ausdrücklich den Bezug zu Gott realisiere. Aber wohl behauptet er, daß, auch wenn viele heute einen Bezug ihres Lebens zu Gott bestreiten, das kein Gegenbeweis sei, „daß der Mensch im konkreten sittlichen Vollzug seines Daseins mehr weiß und mehr glaubt als in seiner reflexen Weltanschauung". Es sei ein Beweis dafür, „wie unausrottbar die ewige Würde des personalen Geistes" sei, der auch da nach seinem Gesetz und Wesen handle, „wo er theoretisch geleugnet wird" (SW 15, 146). Das entspreche etwa der paradoxen Situation eines Menschen, der „mit scharfsinniger Logik des absoluten Anspruchs die absolute Gültigkeit der Logik bestreitet" (SW 15, 146).

Die von Rahner genannten Grundzüge der Gegenwartssituation lassen einerseits erkennen, daß sie für die frühere Plausibilität und Ausdrücklichkeit des Gottesbezugs des Menschen keine hinreichenden Gründe mehr liefern. Andererseits macht Rahners theologisch-anthropologischer Tiefenblick auf den Menschen deutlich, daß es gleichwohl auch der Mensch von heute in seinem Daseinsvollzug unthematisch und unreflex immer schon mit Gott zu tun hat.

Wir müssen uns dabei vielleicht erst daran gewöhnen, daß uns nichts berechtigt, davon auszugehen, daß die bisherigen Voraussetzungen des Glaubens und des Christentums – um sie mit einem Schlagwort zu benennen –, die christentümlichen Voraussetzungen einer geschlossenen Gesellschaft, immer und für alle Zeit die Voraussetzungen des Glaubens und des Christentums bleiben müßten (vgl. K. Rahner 1989, 36). Sie können sich wandeln und sie haben sich gewandelt. Darum gilt es, diesen Wandlungen theologisch-analytisch gerechtzuwerden und nicht über ihnen die Hände über dem Kopf zusammenzuschlagen. Leider spricht manches dafür, daß unter den bisherigen Voraussetzungen des Glaubens, die am Wegbrechen sind bzw. weggebrochen sind, die kirchliche Rede über Gott diesen Voraussetzungen zu angepaßt, und Gott eine verrechenbare und in die Erwartungen der Menschen eingepaßte Größe war. Entsprechend war – was hier beschreibend, nicht wertend gemeint ist – ihr Glaube inhaltlich geprägt. Mit dem Wegbrechen dieser Voraussetzungen aber bricht auch das eingepaßte Gottesbild weg, ein Prozeß, bei dem dann in fataler Weise die geheimnisvolle Anwesenheit Gottes im Leben der Menschen als seine Abwesenheit mißdeutet und fehlinterpretiert wird, woran auch noch die sogenannte Gott-ist-tot-Theologie der 60er und 70er Jahre des letzten Jahrhunderts kräftig mitgewirkt hat.

Wir müssen uns immer dessen bewußt bleiben, daß wir eigentlich gar nicht wissen, „was eigentlich mit dem Wort ‚Gott' gemeint ist. Wenn wir von Gott sprechen, als ob er der Nothelfer in unseren Lebenssituationen auf *die* Weise sein müsse, wie wir es gerne haben möchten, dann können wir natürlich nur noch feststellen, daß ein solcher Gott in der Welt nicht vorkommt und vermutlicherweise gestorben ist. Aber dieser Gott, der es uns erspart, vor seiner Unbegreiflichkeit zu kapitulieren, um selig zu werden, war noch nie der Gott des Christentums dort, wo es sich selber recht verstand. Wo aber der Mensch in einer letzten Hoffnung sich bedingungslos dem wahren Gott über alle kalkulierbaren Einzelwirklichkeiten hinaus übergibt, da kommt er wirklich in seine letzte Freiheit hinein, die von Gott selbst erfüllt ist und auch dann schon eine geheime Seligkeit in sich trägt, wenn wir verzweifelt mit uns und dieser Welt nicht mehr fertig werden" (K. Rahner 1989, 106).

In diesen Sätzen, so will mir scheinen, skizziert Rahner ein Verständnis von Religion, die Gott in das Wesen des Menschen selbst gelegt hat. Hören wir ihn noch einmal: „Die Religion, das echte Verhältnis zu Gott, dem absoluten, alles tragenden und alles bergenden Geheimnis des Daseins ist nicht ein partikuläres regionales Stück des menschlichen Daseins, sondern eine ursprüngliche und wiederum alles einende Einheit und lebt somit auch immer aus dem Ganzen dieses einen und zu einenden Daseins" (SW 15, 376). Wenn demnach der Mensch heute die typischen Gefährdungslagen des Gegenwart „besteht", im aufgezeigten Sinn, unthematisch und unreflex zwar, aber im tatsächlichen Vollzug seines Verfügtseins und seiner Verantwortung vor Gott, dann ist er schon nicht mehr schlechthin in toto ein homo a-religiosus, auch wenn er sich selbst – aus welchen biographischen und gesellschaftskulturellen Gründen auch immer – als solcher einschätzt.

3. Der Mensch als „Wesen des Geheimnisses" – Das (übernatürliche) Existential

Bereits bisher klang immer wieder schon an, was nun ausdrücklich zur Sprache zu bringen ist. Nach Rahners fundamentaltheologischer Anthropologie ist der Mensch aus seiner unentrinnbaren Beziehung zu Gott ein „Wesen des Geheimnisses".

Die Fundamente dieser Rahnerschen theologischen Anthropologie wurden bisweilen[9] in seiner von der Existentialphilosophie, vor allem angeblich von Martin Heidegger, abhängigen Philosophie vermutet, mit welcher These man gewissermaßen auch gleich seine ganze auf dieser Philosophie aufgebaute Theologie in ihrer Legitimität und Plausibilität erschüttern und desavouieren wollte. Heute wissen wir genauer, nicht zuletzt dank der intensiven Rahnerstudien der „Generation danach", daß seine theologischen Fundamente vor allem woanders lagen. Sie lagen zum einen in der ignatianischen Tradition, vor allem in der Tradition der ignatianischen Exerzitien, die mit der Bewegung Gottes auf den Menschen hin rechnen. Dazu kam seine frühe Begegnung mit dem bedeutenden Werk Bonaventuras,

„Itinerarium mentis in Deum", das ihn, Rahner, in der Überzeugung bestärkte, daß Gott an den sogenannten „apex affectus", die sogenannte Seelenspitze des Menschen, eine Information ergehen läßt, die den Menschen befähigt, Gott vom Grund seiner Seele, Wille und Verstand übergreifend, zu lieben (vgl. R. A. Siebenrock 2004, 29; R. Miggelbrink 2001, 109f.). Als weitere Komponente ist Rahners Unbehagen an der neuscholastischen Theologie zu nennen, die die Gnade Gottes in erster Linie als geschaffene Gnade, als „gratia creata" ansah, und nicht als eine – wie Rahner später sagte – gnadenhafte Selbstmitteilung Gottes an den Menschen, als „gratia increata" also.

Diese anders gewendete Gnadentheologie – Gnade verstanden als die unverdiente persönliche Zuwendung Gottes zum Menschen – war es vor allem, die Rahners Theologie beflügelte. Damit verband sich bei ihm sein pastorales Interesse, den Menschen von heute aus den Erfahrungen ihres Lebens den Blick für die Wirklichkeit Gottes als die ihre Existenz begründende und tragende Wirklichkeit zu erschließen. Angestoßen also von der ignatianischen Tradition, die er kreativ mit der Vätertheologie und der Theologie des Hochmittelalters verband, galt sein theologisches Fragen in den überkommenen Begriffen der „Kenosis" bzw. der „Katabasis" der von Gott ausgehenden Bewegung auf den Menschen hin. Er charakterisierte diese Bewegung als „transzendental", da sie die Bedingung der Möglichkeit der Erfahrung der Transzendenz durch den Menschen darstellt.

Wenn wir hier von der „Erfahrung der Transzendenz" sprechen, ist an mehr und an etwas anderes gedacht als an eine Erfahrung im rein erkenntnistheoretisch-intellektuellen Sinn. Die „Erfahrung der Transzendenz" stößt in eine radikalere Wesenstiefe als nur in den Bereich der Erkenntnis vor.[10] Im Hintergrund leuchtet hier sogar – wir können das hier gerade nur nennen – die personale Begegnung Gottes mit dem Menschen und des Menschen mit Gott auf, die ihre einmalige Erfüllung in der Menschwerdung des Gottessohnes fand. Seine Menschwerdung „strahlt" nicht nur in einem bildhaften Sinn auf die Menschen „ab", sondern sie zeigt die wahre gnadenhafte Berufung des Menschen auf, mit und von Gott zu leben. Dies allerdings nicht in der Weise, daß Gott darin zum geheimnisleeren Erfüllungsgehilfen menschlicher Sehnsüchte würde, sondern dies in einer für den Menschen unauslotbaren, zugleich nahen und auch befremdenden Tiefe.

Die Fähigkeit, die dafür auf Seiten des Menschen vorausgesetzt ist, eine Fähigkeit, die er nicht von sich aus auf die Beine stellen kann, sondern die ihm von Gott selbst gegeben sein muß, faßt Rahner ab der mittleren Phase seines Theologietreibens in den Begriff des „übernatürlichen Existentials". Es ist interessant, an diesem Punkt die Entwicklung der Rahnerschen Theologie zu verfolgen (vgl. P. Rulands 2004, 161–196; ders. 2001, 225–246). Wie P. Rulands nachgewiesen hat, taucht der Terminus zum ersten Mal in einer gewissen vorfühlenden und vorbereitenden Wendung als „innerst übernatürlich existentialer Bereich" bei Rahner in einem Beitrag aus dem Jahr 1939 auf, der sich dort streng auf die Qualifikation der Getauften bezieht, also in dieser Phase noch nicht im Sinn eines allgemeinen „übernatürlichen Existentials" gedeutet werden darf. Diese erweiterte Bedeutung nimmt der Begriff des „übernatürlichen Existentials" bei Rahner erst ab den Jahren 1949/50 an. Ab da ist er für ihn gewissermaßen der Komplementärbegriff zum universalen Heilswillen Gottes für alle Menschen.

Kaum haben wir diese Entwicklung bei Rahner realisiert, müssen wir zur Kenntnis nehmen, daß der ihm so wichtig gewordene Begriff etwa ab dem Jahr 1970 zurücktritt hinter dem einfachen Gebrauch des „Existentials" – ohne das Adjektiv „übernatürlich". Wurde sich Rahner damit selbst untreu? Wurde er damit gar dem Grundverständnis der Offenbarung als einem übernatürlichen gnadenhaften Prozeß untreu? Weit gefehlt. Der Grund für den Begriffswechsel liegt einzig und allein in Rahners Überzeugung der für den Menschen grundlegenden, wenn auch von ihm in keiner Weise aus eigener Ermächtigung in Verfügung zu nehmenden Ausgerichtetheit des Menschen auf Gott. Mit den Worten P. Rulands: „Die Natur des Menschen wird nun von Rahner nicht noch einmal begrifflich „aufgespalten" in eine reine Natur mit einem immanenten ‚Endziel' und einer dieser irgendwie als hinzugefügt gedachten ‚übernatürlichen' Bestimmung, sondern als wesensmäßig auf Gott selbst verwiesene Einheit konzipiert" (P. Rulands 2004, 191f.). Das bedeutet, das nur *begrifflich* „als *reine Natur* ... konzipierte Wesen des Menschen besteht *von vornherein* in seiner Verwiesenheit auf Gott selbst und wird nicht noch einmal ... von einer hypothetischen und irrealen ,*rein natürlichen Finalität'* abgehoben und unterschieden" (P. Rulands 2004, 192).

An diesem interessanten terminologischen Wechsel von „übernatürlichem Existential" – einem Begriff, zu dem sich Rahner ja erst mit den Jahren durchrang – zu bloßem „Existential" wird deutlich, wie gnadenhaft nah Gott dem Menschen im System der theologischen Anthropologie Karl Rahners ist. Gott ist danach durch seine gnadenhafte Selbstmitteilung an den Menschen in der Tat der Grund, warum vom Menschen als „Wesen des Geheimnisses" zu sprechen ist. Wir berührten es eben schon: Im Umfeld der Deutung des Menschen als „Wesen des Geheimnisses" sah Rahner in der Menschwerdung des Gottessohnes, also im Christusereignis, die „höchste Aufgipfelung des Gott-Mensch- und Schöpfer-Geschöpf-Verhältnisses" (P. Rulands 2004, 184). Wobei man das auch so wenden könnte, daß sich aus der Tatsache der Menschwerdung des Gottessohnes die Geheimnishaftigkeit des Menschen als seine Verwiesenheit auf Gott erst ganz erschließt.

Im Zusammenhang des lange vorherrschenden Verständnisses der Gnade als „gratia creata" – und eben weniger als „gratia increata" im Sinn der gnadenhaften Selbstmitteilung Gottes – lag es nahe, das gnadenhafte Zugehen Gottes auf den Menschen punktuell als immer wieder unterbrochenes und immer wieder neu ansetzendes Zugehen bzw. Zukommen zu verstehen. So aber, so sagt Rahner in einem Text, „so ,aktuell' muß aber diese Gnade nicht gedacht werden. Unbeschadet ihrer Übernatürlichkeit und Ungeschuldetheit kann sie durchaus als dauerndes, immer und überall gegebenes Existential des Menschen,[11] der Menschheit und ihrer Geschichte gedacht werden, als bleibend gegebene Möglichkeit eines heilshaften Verhältnisses der Freiheit zu Gott, als innerste Entelechie der Geschichte des Einzelnen und der Menschheit im ganzen, in der die gnadenhafte Selbstmitteilung Gottes an die Welt ungeschuldet doch die letzte Finalität und Dynamik der Welt und der Weltgeschichte ist, gleichgültig, ob die menschliche Freiheit des je Einzelnen diese innerste Entelechie annimmt oder sich gegen sie versperrt" (K. Rahner 1978, 345). Von der bleibend gegebenen *Möglichkeit* eines heilshaften Verhältnisses der Freiheit bzw. des Menschen zu Gott spricht Rahner hier. An dieser Formulierung sind beide Elemente gleich bedeutsam, die Tatsache des *bleibend Gegebenen* und *von Gott Vorgehaltenen* wie die Tatsache, daß dies als *Möglichkeit* von Gott angeboten ist, also im „Modus des Angebots," wie Rahner an vielen Stellen immer wieder betont.

Daraus ergibt sich zwingend die Frage, wie es menschlicherseits vom Modus des Angebots zur Annahme dieses Angebots kommt, wobei schon der Terminus des „Existentials" bzw. des „übernatürlichen Existentials" darauf verweist, daß nicht nur die bleibend gegebene Möglichkeit, sondern auch noch einmal die Annahme dieser Möglichkeit im Rahmen der unbeschränkten Freiheitsentscheidung des Menschen von Gott gestützt und getragen ist. Wie also kommt es zur Annahme der gottgegebenen Möglichkeit, von der ja Rahner am Ende selbst sagt, daß sich der Mensch gegen sie versperren könne?

Hier müssen wir zwei Weisen, zwei Modi voneinander unterscheiden, wobei uns der Blick auf den ersten Modus der Annahme den Vollzug des zweiten, gewissermaßen ausdrücklicheren Modus der Annahme wesentlich erleichtern hilft. Um es an der Stelle bereits vorausnehmend zu sagen: Den zweiten Modus der Annahme vollziehen wir faktisch im ausdrücklich religiösen Akt, als religiöses Leben, wenngleich sofort hinzugesagt werden muß, daß längst nicht jeder sich als religiöser Akt gebende Vollzug in unserem Leben, also das, was wir als Christen in Erfüllung unserer Christenpflicht so für gewöhnlich tun oder meinen tun zu sollen – man denke besonders an unseren eingeengten Gebrauch des Begriffs des „praktizierenden" Christen –, daß das längst nicht einfach mit dem zweiten Modus der Annahme der von Gott bleibend gegebenen Möglichkeit gleichzusetzen ist.

Den ersten Modus der Annahme vergegenwärtigen wir uns am besten im Begriff der Selbst- und Gotteserfahrung bzw. im inneren Zusammenhang beider Begriffe (vgl. K. Rahner 1972, 133–144). Bei der Selbsterfahrung, von der hier zu reden ist, handelt es sich nach Rahner um eine unseren konkreten Einzelerfahrungen vorausliegende Grundgegebenheit, die unreflex und uns unbewußt bleibt.

Wir erfahren von uns im Vollzug unseres Lebens unthematisch und unreflex immer mehr, als wir im Bereich der Einzelerfahrungen über uns wissen. Rahner charakterisiert diese Erfahrung als „unthematische Gotteserfahrung". Hier werde die transzendentale Verwiesenheit des Menschen auf Gott sichtbar. „Die transzendentale Verwiesenheit des Menschen auf das unumfaßbare, unsagbare Geheimnis, welche Bedingung der Möglichkeit von Erkenntnis und Freiheit und somit von subjekthaftem Leben überhaupt ist, bedeutet schon eine wirkliche, wenn auch unthematische Gotteserfahrung." Sie könne so unthematisch sein, „daß sie einerseits gegeben ist, anderseits jedoch unter Umständen nicht einmal das Wort Gott kennt. Eine solche Gotteserfahrung ist somit im Alltag schon immer gegeben, auch wenn der Mensch mit allem, nur nicht mit Gott beschäftigt ist" (K. Rahner 1972, 134).

Um diesen ersten Modus der Annahme der bleibend gegebenen Möglichkeit noch deutlicher zu entfalten: Rahner betont klar, daß alle Gotteserfahrung, als transzendentale und unthematische, sich im Bereich unserer konkreten Einzelerfahrungen, im Stoff unseres realen Lebens abspielt. Transzendentale Gotteserfahrung meint also nichts Diesseitsflüchtiges, nichts die Gegebenheiten der irdischen Welt Überspringendes, nichts die Welt als weltliche Welt Vernachlässigendes und Verachtendes. Sie hat nichts zu tun mit der Haltung des „terrena despicere". Sie meint eine Grundgegebenheit, der kein Mensch entkommt, auch wenn in ihr das Wort Gott nicht einmal vorkommt.

Dieser hier knapp skizzierte erste grundlegende Modus der transzendentalen Gotteserfahrung, der, jedenfalls wenn man der Intention des Begriffswechsels Rahners vom „übernatürlichen Existential" zum „Existential" folgt, identisch ist mit der bleibend gegebenen Möglichkeit eines heilshaften Verhältnisses des Menschen zu Gott, dringt nun gewissermaßen aus sich selbst heraus zur Annahme dieser Möglichkeit durch den Menschen – der sich dieser allerdings versperren kann –, in einem Vollzug, den man den religiös-gläubigen Vollzug nennen kann. Hier liegt gewissermaßen die gemeinsame Schnittlinie vor, an der – wenn man das völlig unzureichend fürs erste einmal so sagen darf – Gottes Angebot und die reflexe Annahme dieses Angebots im religiösen Vollzug des Menschen aufeinandertreffen. Man könnte vom „attingere" sprechen,[12] einem zentralen Begriff der frühen Rahnerschen Theologie, vom Berühren durch Gott, das die Erfahrung des Berührtwerdens beim Menschen auslöst, die zum ausdrücklich religiösen Vollzug anhält. Über die vielfältigen Arten des „attingere", über die Gott heute mit dem Menschen in Berührung kommt – Gott, der heute nicht mehr selbstverständlich ist – nachzudenken, ihnen hellhörig im ehrfürchtigen Umgang mit dem Menschen von heute auf die Spur zu kommen, das wird uns im nächsten und abschließenden Kapitel beschäftigen.

Daß wir mit solchem Bemühen keinem pastoralen Hirngespinst nachlaufen, daß das nicht Ausdruck unserer unverbesserlichen religiösen Uneinsichtigkeit ist, die nicht begreifen will, was die gesellschaftskulturelle Stunde tatsächlich geschlagen hat, exakt das sollte von der theologischen Anthropologie her deutlich geworden sein. Sie ist eben kein entartetes Kind der Theologie, das man eher zur Räson bringen müßte, als sich an seine Fersen zu heften. Es handelt sich bei ihr um eine grundständige ebenso traditionsverpflichtete wie auf das moderne Subjektstreben reflektierende Theologie, die an den Lebensfragen der Menschen von heute interessiert ist, ja die sich an den Fragestellungen des heutigen Lebens gewissermaßen erst entzündet hat.

Das heißt aber nicht – um auf unseren angedeuteten zweiten Modus zurückzukommen –, daß diese Theologie in einer falschen, die übernatürliche Offenbarung verratenden Weise die schale und billige Anpassung an den Wahrnehmungshorizont und/oder an ein immer irgendwie zugestandenes rituell-kultisches Bedürfnis des heutigen Menschen sucht. Daß dies nicht der Fall ist, soll am Ende – stellvertretend für andere – an einem Text Rahners deutlich werden, der von der Erfahrung der Gnade handelt, wie wir sie wohl noch selten gemacht haben dürften. Der Text führt in eine Tiefe, die sowohl Lebensgeborgenheit wie abgrundtiefe Lebensungeborgenheit umschließt, in deren paradoxer Gleichzeitigkeit wir unser religiöses Leben leben sollen.

Wir können hier nur Ausschnitte zitieren. Rahner ermuntert uns, in uns aufmerksam hineinzuhören: „Haben wir schon einmal

geschwiegen, obwohl wir uns verteidigen wollten, obwohl wir ungerecht behandelt wurden? Haben wir schon einmal verziehen, obwohl
wir keinen Lohn dafür erhielten und man das schweigende Verzei-
hen als selbstverständlich annahm ... Waren wir schon einmal restlos einsam? Haben wir uns schon einmal zu etwas entschieden, rein
aus dem innersten Spruch unseres Gewissens heraus, dort, wo man
es niemand mehr sagen, niemand mehr klarmachen kann, wo man
ganz einsam ist ... Haben wir schon einmal versucht, Gott zu lieben,
dort, wo keine Welle einer gefühlvollen Begeisterung einen mehr
trägt, wo man sich und seinen Lebensdrang nicht mehr mit Gott
verwechseln kann, dort, wo man meint zu sterben an solcher Liebe,
wo sie erscheint wie der Tod und die absolute Verneinung, dort, wo
man scheinbar ins Leere und gänzlich Unerhörte zu rufen scheint?"
Wenn wir solche Erfahrungen machen, bei ihnen bleiben, sie in den
Vollzug unseres Lebens integrieren, dann leben wir als religiöse
Menschen, die nicht mehr über Gott verfügen wollen oder ihn als
Erfüllungsgehilfen ihrer Lebenswünsche nötig haben. Dann ist –
um es noch einmal mit Rahner zu sagen – „die scheinbar unheim-
liche Bodenlosigkeit unserer Existenz, die wir erfahren, die Bodenlosigkeit Gottes, der sich uns mitteilt ... Dann fangen wir an, in der
Welt Gottes selbst, des Gottes der Gnade und des ewigen Lebens zu
leben" (K. Rahner 1967 a, 106–108).

14. Kapitel: Das Geheimnis des Menschen bergen – Praktisch-theologische Operationalisierungen

Wenn es für den gläubigen Menschen so um den Menschen steht, wie wir es uns am Zweiten Vatikanischen Konzil und an der Theologie Karl Rahners vergegenwärtigt haben – wohlgemerkt um den *Menschen* und eben nicht bloß um die Gläubigen –, dann stellt sich die drängende Frage, wie diese unbewußte und unreflexe Weise des In-Beziehung-zu-Gott-Seins in eine halbwegs bewußte und reflex übernommene Realisierung dieser Beziehung überführt werden kann. Und das nicht im Stil einer Fremdbestimmung des Menschen, im Stil einer Verführung zu Zielen, die dem Menschen gänzlich unangemessen wären, ja in denen er womöglich sein Menschsein, seine Berufung zu Autonomie und Freiheit, verfehlte. Sondern im Sinn seiner durch Gottes Gnade möglichen intensiveren Verwirklichung seines Menschseins. Es steht also die Frage nach der Operationalisierbarkeit an, wie der Mensch das Geheimnis seines Lebens, welches Gott ist, für sich bergen kann. Diese Operationalisierung hängt ab von der Wahrnehmung der Situation der Menschen von heute, hängt ab von einer Wahrnehmung, die komplexe Zusammenhänge, die nur scheinbar durchschaut und bekannt sind, in ihrer Komplexität wahrnimmt und sich so in die Lage versetzt, zu neuen, von bisherigen Fixierungen sich ablösenden Sichtweisen zu gelangen. Im Maße dieser neuen Sichtweisen zeichnen sich dann auch Möglichkeiten der Operationalisierung ab, das – wie wir vereinfacht sagen – Geheimnis des Menschen zu bergen.

1. „Wird der Menschensohn, wenn er kommt, auf der Erde (noch) Glauben vorfinden?" (Lk 18,8 b)

Mit dieser Frage des Lk-Evangeliums nähern wir uns einem ersten komplexen Zusammenhang. Dieser Satz des Evangeliums scheint von einer glaubenspessimistischen Haltung geprägt, oder zumindest heute müsse er – so sollten wir hermeneutisch korrekter sagen – angesichts der Glaubensentwicklung der Menschen glaubenspessimistisch gelesen werden. Die Tatsache einer weitgreifenden Glaubenskrise scheint offenkundig zu sein. Man meint sie überall konstatieren zu dürfen.

Worin aber besteht diese Glaubenskrise, wenn man sie inhaltlich genauer benennen wollte? Sie besteht offenbar in einer Gotteskrise, die man sozusagen Gott selbst anlastet. Gott habe sich von der Welt zurückgezogen, er habe seine Position zur Welt und zur Menschheit verändert. Er habe diese Veränderung mutwillig oder aus Enttäuschung oder aus welchen Gründen auch immer vollzogen. „Gotteskrise" demnach gedeutet als eine in Gott selbst hineinverlagerte Krisensymptomatik, die dann sekundär von den Menschen als solche erfahren werde.

Es ist nicht leicht zu sagen, was sich da eigentlich abspielt und welche Kräfte zusammenwirken, daß sich dieses Meinungsbild der Gotteskrise als Gottes selbstgesetzter Rückzug aus der Nähe zur Welt und zur Menschheit – und damit auch zum einzelnen Menschen und zu seinen Lebensereignissen – ausbilden konnte. Man müßte es exakter überprüfen, aber einiges spricht für die These, daß die über die Glaubenskrise der Menschen enttäuschte Kirche – ob es eine wirkliche Glaubenskrise ist, bzw. als was sie zu identifizieren ist, ist dabei die Frage –, daß die Kirche also die Glaubenskrise der Menschen als sekundär ausgelöste Gotteskrise deutet, um ihnen so ein schlechtes Gewissen zu machen bzw. sie wieder zur religiösen Räson zu bringen. Auf diese Weise wird freilich die Kirche zum Handlanger der Gotteskrise und zu ihrer Mitverursacherin, wobei sie darin längst nicht mehr das Gottesbild vermittelt, das Jesus von Gott vermittelt hat.

Diese letzte Bemerkung müssen wir freilich sofort nach der anderen Seite absichern, um nicht ein Mißverständnis hervorzurufen. Das Gottesbild Jesu war nicht einfach ein friedlich-harmonisches, in dem nichts Dunkles, nichts an Zumutungen und Unverständlichem Platz gehabt hätte. All dies war in seinem Gottesbild gegeben, und insofern war es kein menschlich durchschaubares und verrechenbares Gottesbild. Was aber in keinem Fall zu ihm gehörte, war – wenn man so sagen darf – die Vorstellung einer bewußten Abkehr Gottes vom Menschen. So darf in der Tat auf der Basis der christlichen Botschaft nicht von einer „Gotteskrise" gesprochen werden, auch wenn dies faktisch in der kirchlichen Rede – geradezu als Indiz des *kirchlichen* Unglaubens, der sich dabei für gottes- und glaubensbesorgt hält – immer wieder vorkommt.

Sprechen wir lieber statt von einer Gotteskrise von einer Gottesfinsternis, in die Gott aus der Perspektive der Menschen geraten ist. Eine Finsternis, die sich vor das menschliche Auge gelegt hat. Von welchen Faktoren mag sie ausgelöst worden sein, so daß sich hinter ihr Gott allmählich so verfinstert, daß er tatsächlich dem Vergessen anheimfallen könnte – und das trotz seiner von der theologischen Anthropologie behaupteten Nähe zu uns?

Hier spielen Faktoren eine Rolle, die sich wie Barrieren vor der wahren Gotteswahrnehmung aufbauen (vgl. E. Biser 2000, 16–29; 319–333). Im Sog der modernen Gesellschaftsentwicklung mit ihren Individualisierungs- und Freisetzungseffekten haben sich die Individuen zwar von kirchlichen Vorgaben befreit, denen sie also nicht mehr weiter folgen, die sich aber gleichwohl immer noch wie Barrieren vor ihre Gotteswahrnehmung legen. So nimmt zum Beispiel ein Normalchrist – ob er nun „praktizierender" Christ ist oder nicht – die christliche Glaubenslehre in erster Linie als moralisch verpflichtende Lehre wahr. Der springende Punkt hierbei ist das „in erster Linie". Natürlich ist die christliche Glaubenslehre eine moralisch verpflichtende Lehre, aber eben in der richtigen Reihenfolge. Für den christlichen Glauben kommt zuerst der „Indikativ", also das, wie sich Gott in Jesus für uns gezeigt hat. Zuerst kommt der Heilswille Gottes für alle Menschen. Dann erst kommt der „Imperativ", sich von diesem Angebot, letztlich vom unvorstellbaren Angebot der Liebe Gottes, gewissermaßen mitreißen zu lassen und in dieser Deutung konsequent das Leben zu leben. Ganz so, wie das Augustinus auf die klassisch-knappe Formel gebracht hat: „Ama, et fac quod vis. Liebe, und tu, was du willst." Die moralische Übersäuerung der christlichen Botschaft ist eine der Barrieren, die sich vor das wahre Gottesbild gelegt hat.

Hinzukommt, daß die Kirche in ihrer Verkündigung die Daseinsangst des Menschen eher verstärkt als vermindert hat – was doch in der Intention der christlichen Botschaft als „froher Botschaft" liegen müßte. Natürlich kann man sagen, daß die Kirche heute bei uns kaum noch über das Potential verfügt, weiter Glaubensängste bei den Menschen zu schüren. Ängste also, die aus überzeichneten Bildern des Gerichts, des Fegfeuers und der Hölle stammen. Aber die Wirkung dieser Bilder hat noch nicht nachgelassen, so daß das in ihnen transportierte Gottesbild auf Ablehnung und auf taube Ohren stößt.

Damit verbindet sich eine weitere Beobachtung, die man mit dem Begriff aus Nietzsches „Also sprach Zarathustra" als den „Geist der Schwere" benennen kann. Nietzsche selbst hatte dabei nicht ausdrücklich die Kirche und ihre Verkündigung im Visier, sondern allgemein die durch Erziehung und Pädagogik beförderte Lebenshaltung, die das Leben schwermache. Dieser „Geist der Schwere" werde uns gewissermaßen in die Wiege gelegt: „Fast in die Wiege gibt man uns schon schwere Worte und Werte mit: ‚gut' und ‚böse' – so heißt sich diese Mitgift. Um derentwillen vergibt man uns, daß wir leben." Das Leben müsse schwer sein, so sage man dem Menschen. „Schwer heißt ihm Erde und Leben; und so will es der Geist der Schwere" (F. Nietzsche, 1980, 456; 455). Was damit auch als Kritik der kirchlichen Verkündigung anklingt, haben wir eben schon in den Begriffen der moralischen Übersäuerung und des nachwirkenden Angstpotentials namhaft gemacht. Im Gegensatz dazu sprach Jesus von seinem leichten Joch. Gemessen an der Last, die die Schriftgelehrten und Pharisäer den Menschen damals aufbürdeten, war seine Botschaft eine leichte Last, ja alles andere als eine Last. Wenn sich aber das Gefühl hält, die christliche Botschaft belaste das Leben mehr als daß sie es befreie, dann legt sich das als weitere Barriere der Gotteswahrnehmung in den Weg.

Dieses komplexe Bündel zu bearbeiten, das das Gottesbild vieler Menschen prägt, der kirchlich Gebundenen ebenso wie der Kirchenfernen und der „Ungläubigen", es anhand der Lebenstexte der Menschen aufzuschnüren, das wäre und ist die anstehende Aufgabe. Unser Stichwort der Operationalisierung, wie es also möglich sei, daß der Mensch Gott als dem Geheimnis seines Lebens auf die Spur komme, führt uns somit auf die Fährte der religiösen Kommunikation. Diese darf sich freilich nicht in den engen Bahnen vorgestanzter Module bewegen und gleichsam als Einbahnkommunikation agieren wollen. Eine Einbahnkommunikation wäre keine wirkliche Kommunikation. Sie muß vielmehr davon ausgehen und sich das zur Devise machen, daß jeder das Subjekt seiner Lebens- und Glaubens- wie auch seiner Unglaubenserfahrungen ist, so daß er seinen unvertretbaren Beitrag zur religiösen Kommunikation leisten kann und leisten soll.

Man erinnere sich in dem Zusammenhang an Johann Michael Sailer, einen der großen Förderer der jungen Praktischen Theologie als Universitätsdisziplin im 18./19. Jahrhundert. Er sprach davon, daß jeder Mensch – und er meinte damit nicht bloß die kirchlich Gebundenen – sein „Selbst-Seelensorger" sei und als solcher auch „der Seelsorger des anderen" sein müsse. Das legt die richtige Basis für das Verständnis der religiösen Kommunikation. In beiden von Sailer angesprochenen Dimensionen deutet sich ein Wissen um den Menschen als Subjekt an, ohne das eine religiöse Kommunikation gar nicht funktionieren kann. Würde solche Kommunikation im pastoralen Alltag eine größere Rolle spielen, würde sie mutiger angegangen werden, dann würden sich möglicherweise erstaunliche Lernerfolge einstellen, ohne daß wir hier übertreiben wollen. Der Vergleich sei aber gleichwohl gewagt: So wie alle Welt erstaunt war über die weltweiten Hilfeleistungen der Menschen angesichts der Tsunamikatastrophe, geleistet von Menschen, die man gemeinhin für egozentrisch, habgierig und wenig einfühlsam hielt, so könnten wir möglicherweise ähnliche Überraschungen erleben, wenn unsere kirchlichen Gemeinden mehr Mut aufbrächten, sich in Gruppen und Kreisen über das eigene Leben und das eigene Suchen nach Gott auszutauschen.

Nach einer vom Bonifatiuswerk Anfang des Jahres 2005 unter 1150 Katholiken erfolgten Umfrage, wie sie es mit der Glaubenskommunikation hielten, gaben 56,1 Prozent an, es sei ihnen überhaupt nicht unangenehm, über den Glauben zu sprechen. Andererseits räumten 32,9 Prozent ein, daß sie dabei das Gefühl hätten, sie würden nicht die rechten Worte finden (vgl. HK 59 (2005) 167). Letzteres macht deutlich, wie wenig die Menschen ihren eigenen Erfahrungen trauen und wie wenig Bedeutung sie ihnen beimessen. Dabei verstärken sich ausgetauschte Erfahrungen gegenseitig. Sie geben Sicherheit und Ermutigung, vorausgesetzt freilich, daß sie in einem geschützten Raum des Vertrauens ausgetauscht werden. Doch der bildet sich, je mehr man sich auf diese religiöse Kommunikation einläßt.

Dabei versteht sich solche Kommunikation nicht allein als synchrone Kommunikation, das heißt, als eine, die sich ausschließlich auf die miteinander kommunizierende Gruppe beschränkt. Sie ist zugleich auch eine diachrone Kommunikation, insofern sie sich an der orientierenden Vorgabe der Botschaft des Evangeliums auszurichten versucht. Der Botschaft des Evangeliums aber ist es eigen, daß sie nicht als erratischer Block verstanden werden darf,[13] wie ein Meteor, der irgendwann vom Himmel gefallen ist, sondern daß sie in der Begegnung mit den Erfahrungen der Menschen zu einem neuen Horizont verschmilzt, in dem sie für das Leben der Menschen erst wirklich aktuell wird.

Je mehr solche religiöse Kommunikation auch getragen und mitgestaltet wäre von Menschen, die nicht kirchlich gebunden sind, die sich nicht für sonderlich oder überhaupt nicht für religiös halten, die aber einen Bedarf verspüren, mit anderen sich über ihre Lebenserfahrungen auszutauschen, um so mehr könnte sich – ohne wiederum übertriebene Erwartungen wecken zu wollen – das Nietzschewort des „alten Papstes" an den gottlosen Zarathustra als wahr herausstellen: „O Zarathustra, du bist frömmer, als du glaubst, mit einem solchen Unglauben" (Nietzsche 1980, 517).

2. Eine Brücke zur Operationalisierung: Der Ansatz bei den Erfahrungen der Selbsttranszendenz

Als eine weitere Brücke zur Operationalisierung, die Menschen das Verborgene ihres Lebens bergen zu lassen, bieten sich Gedanken des Soziologen Hans Joas an, die er zum Stichwort der Selbsttranszendenz, genauer zu den „Erfahrungen der Selbsttranszendenz" vorgelegt hat (vgl. H. Joas 2004; ders. 1997). „Braucht der Mensch Religion?", so überschreibt er einen Beitrag,[14] in dem es ihm nicht um die Frage geht, ob die Religion zu etwas nütze sei, sondern um die grundsätzlich andere Überlegung, ob „wir ohne die Erfahrung leben (können), die im Glauben, in der Religion artikuliert wird" (H. Joas 2004, 17). Nach ihm biete sich Religion, hier im Anschluß an William James als persönliche und noch nicht als institutionelle Religion verstanden, gewissermaßen als Projektions- bzw. als Operationsfläche an, auf der sogenannte „Erfahrungen der Selbsttranszendenz" verarbeitet werden können. „Erfahrungen der Selbsttranszendenz" gehören nach Joas zu jedem menschlichen Leben. Nicht gemeint ist damit die abstrakt-theoretische Einsicht, daß ein Mensch über sich hinausdenken, daß er über ein Vor-seiner-Zeit und über ein Nach-seiner-Zeit nachdenken kann, was ihn aber nicht sonderlich berühren müsse. Gemeint sind Erfahrungen, in denen wir uns selbst übersteigen und gewissermaßen über die Grenzen unseres Selbst hinausgerissen werden.

Solche Erfahrungen machen wir immer wieder, im individuellen wie im kollektiv-gesellschaftlichen Bereich. Denken wir an die eben schon erwähnte Tsunamikatastrophe. Es mag zwar als wenig pietätvoll erscheinen, diese Katastrophe unvorstellbaren Ausmaßes als Beispiel der Erfahrung der Selbsttranszendenz anzuführen, aber sie kann ohne viele Worte deutlich machen, was real erfahrene Selbsttranszendenz meint. In ihr wird gewissermaßen ein Schleudersitz betätigt, der uns aus der geregelten Bahn des Lebens herauskatapultiert. Ähnliches läßt sich von der neuerlichen Erfahrung der kollektiven Verwundbarkeit sagen, die die Gegenwart angesichts der potentiellen Gefährdung durch den internationalen Terrorismus macht. Der 11. September 2001 mit dem apokalyptischen Ende der Twin Towers des World Trade Centers, der 11. März 2004 mit dem

Anschlag in Madrid, die Attentate der tschetschenisch-islamistischen Terrorbrigaden im Kaukasus – Beslan steht dafür seit dem 3. September 2004 als Menetekel – und das Londoner Attentat vom 7. Juli 2005 haben sich tief in das Bewußtsein der Gegenwart eingegraben. Diese willentlich herbeigeführten Katastrophen stellen die vermeintliche Sicherheit, in der sich die westliche Welt nach dem Ende des Ost-West-Konflikts vorübergehend wiegte, restlos in Frage.[15] Andererseits löste die Tsunamikatastrophe nicht nur bei den schicksalhaft Betroffenen die Erfahrung der Selbsttranszendenz aus, sondern in einer die Welt in Erstaunen setzenden Weise auch bei den zu spontaner und nachhaltiger Hilfe und Solidarität bereiten weltweiten Zeugen der Katastrophe. Daran läßt sich erkennen, daß die Erfahrung der Selbsttranszendenz nicht nur dunkle, sondern auch helle Farben annehmen kann. Zum Beispiel die Erfahrung der Annahme durch einen anderen, sei es im Gestus des Verzeihens, der Versöhnung, der Liebe, des Verstehens, die uns sozusagen aus unserer eigenen Begrenztheit herausreißt.

Nur, was soll das mit Religion zu tun haben? Inwiefern sollen solche Erfahrungen eine Brücke zu unserer Operationalisierung darstellen, Menschen das Verborgene ihres Lebens bergen zu helfen? Die Antwort liegt nahe: Solche Erfahrungen – seien es positive oder das Leben bedrohende – rufen immer nach einer Deutung. Darin liegt ja gerade der Effekt dieser Erfahrungen, daß sie uns unsere herkömmlichen Deutungsmuster, seien es alltagspragmatische oder wissenschaftstheoretische, aus der Hand schlagen. Woher also nun eine Deutung beziehen? Worauf sie strategisch aufbauen?

Der Gläubige wird versuchen, Deutungen aus dem Fundus der Religion herzuleiten, wobei das auch nicht einfach sagt, daß seine Deutungen in jedem Fall tragen und zweifelsfrei bleiben. Sie bedürfen der behutsamen Hege und Pflege, der kommunikativen – und in diesem Fall der ausdrücklich religiösen – Bearbeitung. Wie aber verhält es sich bei dem, der sich als „religionslos" gibt, wobei zwischen Schein und Sein noch einmal zu unterscheiden ist? Wie immer es im Einzelfall sein mag, auch er wird letztlich in seiner Deutung auf etwas zurückgreifen, was außerhalb seiner selbst liegt. Und es wird etwas sein, mit dem er keinen Scherz treibt und über das er sich nicht lustig macht. Darin schwingt bereits in einem sehr allgemeinen Sinn ein undeutliches Moment persönlicher Religion mit. Ein Moment, das wir ihm nicht von außen aufoktroyieren, sondern das seiner Deutung selbst anhaftet. Könnte das nicht die Andockstelle sein – wenn das nur nicht schon wieder zu technisch-strategisch, zu absichtsvoll klingen würde –, könnte das also nicht der Punkt sein, an dem sich der Gläubige wie der „Nichtgläubige" über die Gleichwertigkeit ihrer Deutungen der Erfahrung der Selbsttranszendenz verständigen? So daß, in der Folge, die Deutung des Gläubigen dem „Nichtgläubigen" nicht mehr gänzlich unangemessen und indiskutabel erscheinen müßte, sondern vielleicht etwas Einladendes hat, über das für ihn nachzudenken sich lohnt? Gar, wenn er diesen Gläubigen als einzelnen oder in einer Gruppe beten sieht und ihn im Gebet eine Wirklichkeit in Anspruch nehmen sieht, von der er sich getragen fühlt, bei aller Dunkelheit und Unberechenbarkeit, die das Leben darüber weiterhin behält?

Die „Erfahrung der Selbsttranszendenz" kann in der Tat – sofern mit ihr behutsam und nicht ausbeuterisch und in einem falschen Sinn „missionarisch" umgegangen wird – eine Brücke sein, über die die Bergung des im Menschen Verborgenen anheben kann.

3. Eine Operationalisierung über die Ernstnahme empirischer Forschungsergebnisse

Es sei hier noch einmal daran erinnert, damit es nicht als vergessen erscheint: Wir fragen in diesem letzten Teil unserer Studie auf der Basis der theologischen Anthropologie Karl Rahners nach den Operationalisierungsmöglichkeiten, die Menschen das Verborgene ihrer Existenz bergen zu lassen. Diese Anthropologie geht davon aus, daß der Mensch immer schon unthematisch und unreflex in seinem Alltag mit Gott zu tun hat, was wir zum Ausgangspunkt nehmen, danach zu fragen, wie diese unthematische, aber reale Gegenwart Gottes im Leben des Menschen in eine von ihm bewußt übernommene Gegenwart überführt werden kann.

Bei diesem Bemühen kommen uns Überlegungen des niederländischen Pastoraltheologen Hans Van der Ven zu paß, die er auf der Basis langjähriger eigener empirischer Untersuchungen zur Frage des Verhältnisses des Menschen zu Gott vorgelegt hat.[16] Van der Ven beobachtete in seinen sich über zehn bis zwanzig Jahre erstreckenden religionssoziologischen Studien bei den Menschen eine charakteristische Veränderung des Gottesbildes, die er in vier Punkten festmachte. Dabei machte er die Erfahrung, daß nach Meinung seiner Probanden religiöse Phänomene um so eindeutiger und im strengen Sinn als religiöse Phänomene anzusprechen seien, je ausdrücklicher ihnen der Glaube an die Transzendenz zugrundeliege, wie unterschiedlich und vielfältig dieser Transzendenzglaube auch immer sein mochte.

Ein erster Befund bei ihm war – es handelte sich um eine unter allen Bevölkerungsschichten und Kirchenzugehörigkeiten durchgeführte Untersuchung –, daß die Probanden die Vorstellung eines „absolut-transzendenten Gottes" ablehnten. Entscheidend ist, was sie, welche Gottesvorstellung sie damit ablehnten. Diese Nachfrage ist in der Tat entscheidend, um nicht gleich an diesem ersten Ergebnis die totale Säkularität des Lebens heute bestätigt zu finden, in der Gott gewissermaßen keine Chance mehr habe. Die Probanden lehnten mit dem „absolut-transzendenten Gottesbild" die Vorstellung ab, Gott sei in dem Sinn omnipotent, allgegenwärtig und allwissend, daß er jederzeit *direkt* in den Lauf der Dinge eingreife. Die Menschen assoziierten das mit den traditionellen Begriffen der „göttlichen Vorsehung" und des „göttlichen Eingreifens". An seine Stelle sei ein „immanent-transzendentes Gottesbild" getreten. Ein dialektisch spannungsreicher Begriff, der optional die Vorstellung des absolut-transzendenten Gottes ersetzen will durch ein „immanent-transzendentes Gottesbild", das Gott im Kontakt mit der kosmischen, sozialen und psychischen Welt sieht, aber dabei auf die traditionelle Metapher der „Vorsehung" verzichtet. Mit anderen Worten, die Rede von Gottes Eingreifen, von seiner Vorsehung und seiner Aktivität empfinden viele Probanden als ein Hindernis, an Gott zu glauben. Wie ist das zu deuten? Was zeigt sich daran? Verweist das – wie eben schon angedeutet – auf die zunehmende Säkularität, gar auf das Ende des Glaubens an Gott? Oder erweist es sich nicht eher als hermeneutisches Problem, also als Hinweis darauf, daß die überkommenen Metaphern, mit denen Gottes Wesen und Zuwendung beschrieben wird, heute nicht mehr ausreichend sind? Und durch neue dem heutigen Empfinden angemessene Metaphern zu ersetzen sind?

Bei dieser Frage geht es nicht darum, gewissermaßen alle verbindlichen Aussagen bezüglich Gott aufzulösen und alles einer schwammigen Unverbindlichkeit zu überlassen. Wohl aber geht es darum, worauf zuletzt Hildegund Keul in einer lesenswerten Publikation aufmerksam gemacht hat,[17] der grundsätzlichen Tatsache der Metaphorik der Sprache innezuwerden, die besonders dort Platz greift, wo die Sprache ihren Aussagegegenstand nicht anders als in Metaphern und Bildern sprachlich bewältigen kann, wie das in der Sprache des Glaubens der Fall ist. Von der Theologie sei eine „grenzüberschreitende Sprachfähigkeit" (H. Keul 2004, 89) gefordert. Der Entstehungsort neuer zugkräftiger Metaphern sei das Verstummen alter, nicht mehr verstandener Metaphern. Exakt das, so will es scheinen, haben die empirischen Untersuchungen Van der Vens zur Transzendenzfähigkeit des Menschen heute zu Tage gefördert. Nicht die Ablehnung der Transzendenz Gottes als solcher haben seine Untersuchungen ergeben, sondern die Tatsache ihrer Neuinterpretation in Gestalt der immanenten Transzendenz Gottes. Wenn das nicht nur – wovon wir einmal ausgehen – für die Niederlande gültig ist, dann haben wir mit diesem Phänomen der Neuinterpretation der absoluten Transzendenz Gottes in Gestalt seiner immanenten, dem Leben damit nicht ferngerückten, Transzendenz auch bei uns zu rechnen. Und dies muß sich gerade im Zusammenhang unserer Frage nach der Operationalisierung, Gott als das Geheimnis des Menschen zu erschließen, als bedeutsam erweisen. Denn die Neuinterpretation betont Gottes Immanenz, ohne sie ihrer Transzendenz zu entkleiden.

Als zweites Ergebnis seiner Forschungsarbeiten konstatiert Van der Ven, daß die Menschen heute an „geistige Mächte" („spiritual powers") glauben. Das könne allein schon daraus abgelesen werden, daß Geistliche, daß Pastoren, bei Beerdigungsansprachen, bevor sie den Tod aus christlicher Perspektive deuten, gewöhnlich vom Schicksal sprechen, das die Hinterbliebenen mit dem Tod ihres Angehörigen getroffen habe. Es sieht ganz danach aus, als stelle sich ein

Großteil der Menschen heute Gottes Macht nicht mehr monozentrisch, sondern gewissermaßen polyzentrisch vor. Und Van der Ven stellt die Frage, ob eine solche polyzentrische Gottesvorstellung mit dem christlichen Glauben vereinbar sei oder nicht. Eine schwierige Frage gewiß, die nicht leicht beantwortbar ist, auf die auf jeden Fall auch nicht zu rasch und zu entschieden einen verneinende Antwort gegeben werden darf.

Man denke nur an jene bedeutsame Passage das Artikels 16 von Lumen gentium, in der behauptet ist, „… auch den anderen, die in Schatten und Bildern den unbekannten Gott suchen, auch solchen ist Gott nicht fern, da er allen Leben und Atem und alles gibt (vgl. Apg 17,25–28) und als Erlöser will, daß alle Menschen gerettet werden." Das heißt doch zumindest, daß auch in einem ungenauen transzendenten Glauben an geistliche Mächte – gewissermaßen in einer Polyzentrik – etwas gesucht und getroffen wird, was mit dem Gott des christlichen Glaubens zu tun hat. Das aber bedeutet wiederum – im Sinn unserer Frage nach der Operationlisierung der Möglichkeit, das Verborgene im Menschen zu bergen –, dort anzusetzen, auch die polyzentrisch ausgerichtete Suche nach den geistigen Mächten bei den Menschen als Suchbewegung zum wahren Gott zuzulassen und zu Wort kommen zu lassen. Vielleicht bilden diese geistigen Mächte in vorläufigen Metaphern die Erfahrung der göttlichen Transzendenz und göttlichen Macht ab, die einer Verdeutlichung und Klärung hin zu einer wahren Gotteswahrnehmung fähig sind.

Als drittes charakteristisches Merkmal des in seinen Untersuchungen erhobenen Gottesbildes stellt Van der Ven die „nicht-personale Natur" (the non-personal nature) Gottes heraus. Dabei vermeidet er bewußt, vom „unpersönlichen" (impersonal) Gottesbild zu sprechen, sondern er spricht vom „nicht-personalen" Gottesbild. Worauf will das hinaus? Es zeige sich, so Van der Ven, daß der ausschließliche theologische Fokus auf Gottes personaler Natur – oder, mit Tillich gesprochen, auf seiner transpersonalen Natur – nicht genug Raum lasse für die nicht-personale Dynamik, Kraft und Energie, die auch zu Gott gehöre. Schon Schleiermacher habe von Gottes personaler und Gottes nicht-personaler Natur als den zwei gleichwertigen Aspekten Gottes gesprochen, die als zwei Pole einer Dialektik fungierten. Wir können uns dieser Unterscheidung auch so nähern: Wenn wir beten, haben wir es gewissermaßen mit Gottes personaler Natur zu tun. Wenn wir auf ihn theologisch reflektieren, haben wir es mit seiner nicht-personalen Natur zu tun. Van der Ven interpretiert seine Forschungsergebnisse so, daß viele Menschen heute Gott sowohl als personale Natur wie als nicht-personale Natur erfahren, und daß dies für sie unproblematisch sei, ja eine gewisse Selbstevidenz besitze, so daß sie Gott gewissermaßen jenseits dieser Antinomie ausmachen.

Von daher scheint Van der Ven zurecht zu fragen, ob es nicht längst Zeit sei, Gottes nicht-personale Natur aus dem Bereich der Fußnoten und des Kleingedruckten herauszuholen und auf sie mehr als bisher das Augenmerk zu lenken, in selbstverständlicher Verbindung mit Gottes personaler Natur. Wiederum soll dadurch nicht Gottes Verbindlichkeit in Frage gestellt werden, bzw. Gott in Kategorien gepreßt werden, die wie ein seiner göttlichen Wirklichkeit unangepaßtes Prokrustesbett erscheinen. Vielmehr nimmt dieses Pendeln zwischen Gottes personaler und nicht-personaler Natur Gott nichts von seiner Geheimnishaftigkeit weg, sondern es behauptet sie und behält sie ihm gerade. Und so könnte das erneut eine Möglichkeit aufzeigen, Gott den Menschen jenseits ihrer heutigen Empfindungshindernisse als den Geheimnisgrund ihres Lebens nahezubringen, so daß ihnen zuguterletzt möglich werden könnte, ihm im religiösen Glauben glaubend zustimmen zu können.

In einer vierten und letzten Charakteristik des Gottesglaubens laufen Van der Vens Erhebungen zusammen. Er faßt diese Charakteristik in den Begriff „iconicity versus an-iconicity," ikonenhaftes versus nicht-ikonenhaftes Gottesbild. Ikonenhafte Gottesbilder sind uns vertraut. Aber sind sie es uns wirklich? Um welche Vertrautheit handelt es sich dabei? Um eine Vertrautheit aus Gewöhnung, die den Härtetest einer ernstgemeinten Überprüfung möglicherweise nicht bestünde? Nach einer von Van der Ven 1998 unter 974 Schülern katholischer Sekundarschulen in Holland durchgeführten Untersuchung vertraten die Probanden großteils ein nicht-ikonenhaftes Gottesbild – auf einer Fünf-Punkte-Skala ergab das den Durchschnittswert von 3.1 –, während jene Probandenuntergrupe, die sich selbst als religiös definierte, sogar einen Skalenwert von 3.7 erreichte, also noch eindeutiger ein nicht-ikonenhaftes Gottesbild vertrat. Dies ist in der Tat ein interessanter Befund. Man wird ihm nicht gerecht, wenn man ihn als typisch religiöse Ignoranz heutiger Schüler veranschlagt.

Hier muß man genauer zusehen, und Van der Ven tat das auf sehr anregende Weise. Nach ihm enthält der oft gehörte Satz, „Ja, ich glaube an Gott, *aber* …" einen gewissen Widerspruch, zumindest eine gewisse Spannung. Es ist, als müßten sich die Probanden, die so antworten, rechtfertigen für die Tatsache, daß sie zwar glauben, aber ihnen gleichzeitig die Worte, die Bilder fehlen, ihren Glauben auszudrücken. Ihnen erscheinen die aus der Tradition überkommenen Bilder und Konzepte Gottes mehr und mehr als ungeeignet, um Gott zu beschreiben. Und das, obwohl sie in vielen Fällen eine religiöse Erziehung hinter sich haben? Wie paßt das zusammen? Es liegt wohl daran, so spricht Van der Ven eine Vermutung aus, daß wir uns gesellschaftskulturell in einer Phase befinden, in der es notwendig ist, die nicht-ikonenhafte neben und in Verbindung mit der ikonenhaften Gottesvorstellung gelten und beide Vorstellungen in bipolarer Spannung dasein zu lassen.

Die Kernfrage, die sich aus diesen vier Beobachtungen am Gottesbild ergibt, ist die: Handelt es sich in ihnen um Phänomene des Abrückens des Menschen von Gott, letztlich also um Gottes Tod und sein Begräbnis? Oder handelt es sich um eine „Rückkehr Gottes" unter den veränderten hermeneutischen Bedingungen der heutigen Gesellschaft? Ich folge entschieden der zweiten Alternative, wobei mich allerdings der Begriff „Rückkehr" stört. Schon der Gesamttitel von Van der Vens Beitrag, auf den wir uns hier beziehen, „Is God returning?", scheint mir ungeschickt gewählt, weil er unbeabsichtigt den Eindruck erwecken kann, als sei es Gott selbst, der sich von den Menschen entfernt habe und sich nun wieder auf merkliche Weise ihnen zuwende und sich finden lasse. Davon aber kann vernünftigerweise keine Rede sein, auch angesichts der Tatsache, daß Gott für uns immer letztlich ein unergründliches, eben göttliches Geheimnis bleibt, das nichtsdestoweniger in uns als Geheimnis anwest, wie die

Apostelgeschichte sagt: „Denn in ihm leben wir, bewegen wir uns und sind wir, wie auch einige von euren Dichtern gesagt haben: Wir sind von seiner Art" (Apg 17,28). Paulus sprach vor den Athenern und bezog sich auf einige ihrer Dichter und Denker.

Mit letzterem werden wir – gewissermaßen in einer Anschärfung der von Van der Ven angestellten Beobachtungen – darauf aufmerksam, daß unsere Gottesbilder und unsere religiöse Sprache sich nicht nur dauernd der Metaphern bedienen müssen – worauf Hildegund Keul neuerdings nachdrücklich hingewiesen hat –, sondern daß diese Metaphern unumgehbar immer gesellschaftskulturell vermittelt sind. Darauf hat vor allem die Feministische Theologie aufmerksam gemacht. Elisabeth Schüssler-Fiorenza bringt deshalb die Tatsache des immer sprachlich-kulturell vermittelten Gottesbildes in der Schreibweise „G*tt" zum Ausdruck, um so deutlich zu machen, daß es sich nicht um die adäquate Wirklichkeitserfassung Gottes, sondern um eine menschlich gebrochene handelt.[18] Gebrochen ist diese Gottesvorstellung nach Schüssler-Fiorenzas Meinung vor allem deshalb, weil sie „G*tt" in männlich-patriarchalischen Bildern und Metaphern denkt. Es reiche also nicht aus zu erkennen, daß es im Fall Gottes nicht um eine streng onto-logische und meta-physische Sprache, sondern um Metaphernsprache gehe. Wichtiger sei, wahrzunehmen, daß unser Gottesbild männlich konstruiert und dominiert sei. Da reiche es nicht aus, gewissermaßen additiv und ergänzend im Alten und Neuen Testament nach weiblichen Gotteszügen zu suchen, wenn darüber das grundsätzliche hermeneutische Problem der Bedingungen der Gottesrede und der Gottesbilder, also Gott als „G*tt", nicht wahrgenommen werde.

Es mag spekulativ erscheinen, ist es aber weniger, als es scheinen mag: Es scheint viel dafür zu sprechen, daß die christliche Theologie über die Jahrhunderte deshalb eine gewissermaßen wasserdichte onto-logische und meta-physische theologische Sprachform entwickelt hat, weil sie als männlich dominierte Theologie betrieben wurde. Sie machte sich zuwenig bewußt, daß unsere „G*ttessprache" immer „symbolisch, metaphorisch und analog (ist), weil menschliche Sprache die Wirklichkeit G*ttes nie angemessen verstehen und ausdrücken kann" (E. Schüssler-Fiorenza 2004, 103).

All diese Überlegungen lassen sich in der Schlußfolgerung bündeln, daß es – auf der Basis des Menschenbildes der theologischen Anthropologie[19] nicht so schlecht um die Möglichkeit steht, auch den heutigen Menschen über seine Bilder und Metaphern der Transzendenz Gottes Gottes Nähe in seinem Leben finden zu lassen, wenn man nur diese Bilder und Metaphern nicht sofort auf Schritt und Tritt als abwegig und insuffizient zurückweist. Es wird notwendigerweise immer zuerst die Nähe „G*ttes" sein, die erspürt wird, aber je mehr diese Erfahrung sich vermittelt mit der biblischen Erfahrung Gottes – die gewiß auch ihren Charakter als „G*tteserfahrung" nicht prinzipiell ablegen kann –, um so mehr dürfte sie sich in die Gotteserfahrung transformieren, der das Gottesvolk insgesamt zustrebt (vgl. DV Art. 8).

4. Operationalisierung konkret

Medard Kehl hat in einem neuen Beitrag (vgl. M. Kehl 2004, 121–129) bezüglich der kirchlichen Pastoral zwei Strategien unterschieden, die nach seiner Meinung in der pastoralen Praxis bislang einen ungleichen Stellenwert einnehmen. Sehr viel Zeit und Mühe werde für eine „Pastoral mit Breitenwirkung" aufgewendet, gegenüber der die „Pastoral der Dichte bzw. der Intensität" in der Hinterhand bleibe. Unter der „Pastoral mit Breitenwirkung" versteht er alle gewohnten Formen der pastoralen Breitenversorgung, wie man sie (noch) landauf landab kennt. Aus theologischer bzw. praktisch-theologischer Warte sind an ihr keine Abstriche zu machen, denn sie garantiert in gewisser Weise mit nicht wenig Aussicht auf Erfolg den weiteren Bestand der Volkskirche. Man erinnere sich in dem Zusammenhang allerdings an die Diskussion unter den Praktischen Theologen der 70er Jahre des vergangenen Jahrhunderts über die Bedeutung der Volkskirche, der manche damals zugunsten der Gemeindekirche keine Zukunft einräumten. Und die Volkskirche lebt noch immer. Gefahr droht nun eher von Seiten der Kirchenleitungen und der von ihnen initiierten Strukturreformprozesse, die großräumige Strukturen entwerfen, die – was zu befürchten ist, wenn es auch so nicht gewollt ist – den bisherigen Gemeindestrukturen und dem bodenständigen volkskirchlichen Gemeindebewußtsein das Leben schwermachen.

Als dringende Ergänzung der „Pastoral mit Breitenwirkung" empfiehlt Medard Kehl eine „Pastoral der Dichte bzw. der Intensität", worunter er eine Pastoral versteht, die Begegnungsräume von Mensch zu Mensch eröffnet, in denen das Leben der Menschen – auch und gerade bezüglich ihrer Transzendenzsuche – zu Wort kommen und sich austauschen kann. Freilich müsse sich im Blick darauf noch das Bewußtsein verändern. Hier wäre all das noch einmal anzusprechen, was Johann Baptist Metz vor Jahren schon als die Wende zum Subjekt umschrieben hat. Das, was – zumal in der Theologie von Karl Rahner – als Aufsprengung der Theologie auf das Subjekt hin in die Wege geleitet wurde, sollte in der Praxis der Pastoral mehr und mehr aufgegriffen und umgesetzt werden, eben in einer ergänzenden „Pastoral der Dichte". Um ihr reelle Chancen einzuräumen, müßte sich freilich auch der kirchenrechtliche Rahmen verändern, der endlich, deutlicher als bisher, die Theologie des Volkes Gottes einholen müßte, von der die Kirchenkonstitution Lumen gentium zeugt. Dabei darf freilich diese angedachte „Pastoral der Dichte" nicht dadurch wieder auf die alten Pfoten fallen, daß sie gewissermaßen weniger auf sich selbst hin, als mehr auf die wieder größere Effizienz der „Pastoral mit Breitenwirkung" entworfen würde.

Ein anregendes Element kann diese „Pastoral der Dichte" – ohne daß das nun im Sinne einer Patentlösung verstanden werden darf – von der sogenannten Theorie des „hearing to speech" der amerikanischen Theologin Nelle Morton (vgl. N. Morton 1985) erfahren. Sie machte in einer Vielzahl von Kursen mit Frauen die Erfahrung, daß es in einer Gruppe zu so einer dichten Hörbereitschaft kommen kann, daß exakt diese Bereitschaft gewissermaßen die Zunge eines Teilnehmers, einer Teilnehmerin löst, so daß diese Person erst in dieser bergenden Situation der Hörbereitschaft zum Sprechen kommt. Ein intensives, dem Sprechen sozusagen vorausgehendes Hören, das das Sprechen auslöst. Das ist gewiß nicht einfach herstellbar. „Her-stellbar" sowieso nicht, aber eine solche Haltung ist einübbar, in der dann Menschen sich selbst – über die Hörbereitschaft anderer – ihrer ungeborgenen und verdeckten Verwiesenheit auf Gott (auf G*tt) näherkommen können.

Natürlich wäre hier unter dem Stichwort der „Operationalisierung konkret" auch noch an den weiten Bereich der mystagogisch-hermeneutischen Hinführung zu den Sakramenten zu denken, was hier aber nicht erneut entwickelt und dargestellt zu werden braucht, da ich dies schon in früheren Veröffentlichungen darzustellen versucht habe (vgl. S. Knobloch 1993; 1996; ders. und H. Haslinger 1991).

Schließlich sei noch auf einen ergänzenden Aspekt verwiesen, der immer wieder schon anklang, auf einen Aspekt, der sich im Gespräch und in der Begegnung zwischen kirchlich Gebundenen und Nichtgläubigen bzw. Nichtreligiösen ergeben kann. Die von den kirchlich Gebundenen den Nichtgläubigen gern unterstellte „Gottvergessenheit", die wir allerdings auf der Basis der vorausgegangenen Überlegungen relativieren und in Frage stellen müssen, kann auch als nur „unterstellte" Gottvergessenheit die Gläubigen an ihre eigene, stille und vielleicht hinter religiös-rituellen Formen versteckte „Gottvergessenheit" gemahnen. Man denke an das kritische Wort der Bibel: „Dieses Volk ehrt mich mit bloßen Lippen …" Wenn daran etwas ist – und daß daran etwas ist, werden kirchlich Gebundene ehrlicherweise unumwunden zugeben –, dann kann man sich mit dem Gedanken anfreunden, daß die Nichtgläubigen in ihrer Gottvergessenheit eine Art Stellvertretung darin ausüben, die Gottvergessenheit der kirchlich Gebundenen gewissermaßen zu „symbolisieren". Umgekehrt läßt sich mit gleicher Berechtigung wohl auch davon sprechen, daß die kirchlich Gebundenen und kirchlich Praktizierenden in ihrer Teilnahme am (sakramentalen) Leben der Kirche auch eine gewisse Affinität der Nichtgläubigen zu diesem (sakramentalen) Leben „symbolisieren". Wenn es so wäre, so wäre das ein eindeutiges Indiz dafür, daß sich – vereinfacht gesagt – „beide Gruppen" gegenseitig brauchen und nötig haben.

Haben wir nun über all dem den eigentlichen Fokus unseres Interesses aus dem Auge verloren, der doch darauf liegen sollte, dem Menschen das Verborgene seines Lebens bergen zu helfen? Wir möchten hoffen, daß dieser Eindruck nicht entstanden ist. Denn in eben dem Maß, in dem der Mensch, auf seinen zeit- und kontextbedingten Wegen und Weisen, nach der Transzendenz, nach G*tt und nach Gott, fragt, wird er in eben diesem Maß Gott als dem Geheimnis seines Lebens auf die Spur kommen. Auch wenn er ihn lange „in Schatten und Bildern" (Lumen gentium Art. 16) sucht.

Verdienen unsere vorgetragenen Operationalisierungen den Namen „Operationalisierung"? Darauf sei am Ende mit einem berühmten Fall aus der Kunstgeschichte geantwortet. Der surrealistische Maler René Magritte hatte auf einem Gemälde eine Pfeife abgebildet. Darunter hatte er geschrieben: „Ceci n'est pas une pipe" – dies ist keine Pfeife. Was wollte diese paradoxe Information ausdrücken? Sie wollte besagen, daß die abgebildete Pfeife keine reale Pfeife, sondern eben nur das Bild eine Pfeife war. So verhält es sich auch mit unseren Operationalisierungen. Sie sind noch nicht die Sache selbst. Vielleicht aber laden sie dazu ein, „zur Pfeife zu greifen".

Literaturverzeichnis

Barz, Heiner (1992 a): Religion ohne Institution? Jugend und Religion 1. Opladen.

Barz, Heiner (1992 b): Postmoderne Religion. Die junge Generation in den Alten Bundesländern. Jugend und Religion 2. Opladen.

Batlogg, Andreas R., Rulands, Paul, Schmolly, Walter, Siebenrock, Roman A., Wassilowsky, Günther, Zahlauer, Arno (2004): Der Denkweg Karl Rahners. Quellen Entwicklungen Perspektiven. Mainz.

Berger, Peter L. (1970): Auf den Spuren der Engel. Die moderne Gesellschaft und die Wiederentdeckung der Transzendenz. Frankfurt am Main.

Berger, Peter L. (1999): Sehnsucht nach Sinn. Glauben in einer Zeit der Leichtgläubigkeit. Gütersloh.

Berger, Peter L., Luckmann, Thomas (1987): Die gesellschaftliche Konstruktion der Wirklichkeit. Eine Theorie der Wissenssoziologie. Frankfurt am Main.

Bernhardt, Reinhold (1998): Die Herausforderung. Motive für die Ausbildung der „pluralistischen Religionstheologie". In: Hans-Gerd Schwandt (Hg.): Pluralistische Theologie der Religionen. Eine kritische Sichtung. Frankfurt am Main, 19–38.

Biser, Eugen (2000): Die Entdeckung des Christentums. Der alte Glaube und das neue Jahrtausend. Freiburg – Basel – Wien.

Böckenförde, Ernst-Wolfgang (2004): Nein zum Beitritt der Türkei. Eine Begründung. In: FAZ, 10. Dezember 2004, 35–37.

Borgman, Erik (2003): Die der Selbstentäußerung verdankte Nähe des befreienden Gottes. Konturen einer christlichen Theologie anderer Glaubensweisen. In: Concilium 39 (2003) 507–519.

Burrows, William R. (1998): Globale Verantwortung und Religionspluralismus. Das Problem von Partikularität und universaler Vision in Paul Knitters Theologie der Religionen. In: Hans-Gerd Schwandt (Hg.): Pluralistische Theologie der Religionen. Eine kritische Sichtung. Frankfurt am Main, 59–73.

Campiche, Roland J. (2004): Die zwei Gesichter der Religion. Faszination und Entzauberung. Zürich.

Casanova, José (1994): Public Religions in the Modern World. Chicago – London.

Casanova, José (1996): Chancen und Gefahren öffentlicher Religion. Ost- und Westeuropa im Vergleich. In: Otto Kallscheuer (Hg.): Das Europa der Religionen. Ein Kontinent zwischen Säkularisierung und Fundamentalismus. Frankfurt am Main, 181–210.

Clooney, Francis X. (2002): Implications for the Practice of Inter-Religious Learning. In: Stephen J. Pope, Charles Hefling (Ed.): Sic et Non. Encountering DOMINUS IESUS. Maryknoll.

Colpe, Carsten (2000): Theologie, Ideologie, Religionswissenschaft. Demonstrationen ihrer Unterscheidung. Theologische Bücherei. Band 68. München.

D'Costa, Gavin (1998): Viele Welten – viele Religionen. Warum eine pluralistische Theologie der Religionen in der gegenwärtigen Krise nicht hilfreich ist. In: Hans-Gerd Schwandt (Hg.): Pluralistische Theologie der Religionen. Eine kritische Sichtung. Frankfurt am Main, 135–152.

Demel, Sabine (2004): Dringender Handlungsbedarf. Der Glaubenssinn des Gottesvolkes und seine rechtliche Umsetzung. In: Herder Korrespondenz 58 (2004) 618–623.

Derrida, Jacques, Vattimo, Gianni (2001): Die Religion. Frankfurt am Main.

Eder, Klaus (2002): Europäische Säkularisierung – ein Sonderweg in die postsäkulare Gesellschaft? In: Berliner Journal für Soziologie 3 (2002) 331–343.

Feil, Ernst (Hg.) (2000): Streitfall „Religion". Diskussionen zur Bestimmung und Abgrenzung des Religionsbegriffs. Münster – Hamburg – London.

Fritzsche, Helmut (2000): Religionsloses Christentum – ein ungeeignetes Konzept. In: Ernst Feil (Hg.): Streitfall „Religion". Diskussionen zur Bestimmung und Abgrenzung des Religionsbegriffs. Münster – Hamburg – London, 45–53.

Gabriel, Karl (1995): Differenzierung oder Säkularisierung? Zu Stellenwert und Funktion des Christlichen in der Gegenwartsgesellschaft. In: Joachim G. Piepke (Hg.): Evangelium und Kultur. Christliche Verkündigung und Gesellschaft im heutigen Mitteleuropa. Nettetal, 69–79.

Gabriel, Karl (Hg.) (1996 a): Religiöse Individualisierung oder Säkularisierung. Biographie und Gruppe als Bezugspunkte moderner Religiosität. Gütersloh.

Gabriel, Karl (1996 b): Religion und Gesellschaft revidiert. Anmerkungen zu einer Religionssoziologie jenseits des Säkularisierungsparadigmas. In: Kristian Fechtner, Lutz Friedrichs, Heinrich Grosse, Ingrid Lukatis, Susanne Natrup (Hg.): Religion wahrnehmen. Festschrift für Karl-Fritz Daiber zum 65. Geburtstag. Marburg, 139–145.

Gabriel, Karl (1999): Formen heutiger Religiosität im Umbruch der Moderne. In: Heinrich Schmidinger (Hg.): Religiosität am Ende der Moderne. Krise oder Aufbruch? Innsbruck – Wien, 193–227.

Gabriel, Karl (2000 a): Zwischen Säkularisierung, Individualisierung und Entprivatisierung. Zur Widersprüchlichkeit der religiösen Lage heute. In: Knut Walf (Hg.): Erosion. Zur Veränderung des religiösen Bewußtseins. Luzern, 9–28.

Gabriel, Karl (2000 b): Konzepte von Öffentlichkeit und ihre theologischen Konsequenzen. In: Edmund Arens, Helmut Hoping (Hg.): Wieviel Theologie verträgt die Öffentlichkeit? Freiburg – Basel – Wien, 16–37.

Gabriel, Karl (2003 a): Säkularisierung und öffentliche Religion. Religionssoziologische Anmerkungen mit Blick auf den europäischen Kontext. In: Jahrbuch für christliche Sozialwissenschaften. Religionen im öffentlichen Raum: Perspektiven in Europa. Münster, 13–36.

Gabriel, Karl (2003 b): (Post-)Moderne Religiosität zwischen Säkularisierung, Individualisierung und Deprivatisierung. In: Hans Waldenfels (Hg.): Religion – Entstehung – Funktion – Wesen. Freiburg – München, 109–132.

Gäde, Gerhard (2003): Christus in den Religionen. Der christliche Glaube und die Wahrheit der Religionen. Paderborn.

Griffith-Dickson, Gwen (2003): Religion – eine westliche Erfindung? In: Concilium 39 (2003) 398–407.

Griffiths, Paul J. (2003): Zu DOMINUS IESUS: Komplementarität ist vertretbar. In: Concilium 39 (2003) 407–410.

Große Kracht, Hermann-Josef (2003): Selbstbewußte öffentliche Koexistenz. Überlegungen zum Verhältnis von Religionen und Republik im Kontext moderner Gesellschaften. In: Jahrbuch für christliche Sozialwissenschaften. Religionen im öffentlichen Raum: Perspektiven in Europa. Münster, 225–272.

Habermas, Jürgen (2001): Glauben und Wissen. Friedenspreis des Deutschen Buchhandels 2001. Frankfurt am Main.

Habermas, Jürgen (2004): Um uns als Selbsttäuscher zu entlarven, bedarf es mehr. Das Ich ist zwar sozial konstruiert, aber deshalb noch keine Illusion: Warum die Hirnforschung einen Kategorienfehler macht, wenn sie uns die Freiheit abspricht. In: FAZ, 15. November 2004, 35–36.

Heller, Christian (2001): John Hicks Projekt einer religiösen Interpretation der Religionen. Darstellung und Analyse – Diskussion – Rezeption. Münster – Hamburg – Berlin – London.

Herder Korrespondenz 59 (2005): Tabuthema? Eine Umfrage zur persönlichen Glaubenskommunikation von Katholiken, 167–168.

Hick, John (1985): Problems of Religious Pluralism. London.

Hick, John (1991): Religiöser Pluralismus und Erlösung. In: Jahrbuch für interreligiöse Begegnung 1. Hamburg, 25–40.

Hick, John (1994): Eine Philosophie des religiösen Pluralismus. In: Münchener Theologische Zeitschrift 45 (1994) 304–318.

Hick, John (1996): Religion. Die menschlichen Antworten auf die Frage nach Leben und Tod. München.

Hilberath, Bernd Jochen (1995): Karl Rahner. Gottgeheimnis Mensch. Mainz.

Honer, Anne, Kurt, Ronald, Reichertz, Jo (Hg.) (1999): Diesseitsreligion. Zur Deutung der Bedeutung moderner Kultur. Konstanz.

Huber, Helmuth P. (1999): Religiosität als Thema der Psychologie und Psychotherapie. In: Heinrich Schmidinger (Hg.): Religiosität am Ende der Moderne. Krise oder Aufbruch? Innsbruck – Wien, 93–123.

Hübner, Siegfried (2004): Impulse und Impressionen. Karl Rahner – Helfer zum Glauben und Christwerden. In: Theologie der Gegenwart 47 (2004) 304–314.

Huntington, Samuel P. (1997): Der Kampf der Kulturen. The Clash of Civilizations. München – Wien.

Imhof, Paul, Biallowons, Hubert (Hg.) (1983): Karl Rahner im Gespräch. Band 2. 1978–1982. München.

Joas, Hans (1997): Die Entstehung der Werte. Frankfurt am Main.

Joas, Hans (2004): Braucht der Mensch Religion? Über Erfahrungen der Selbsttranszendenz. Freiburg – Basel – Wien.

Karl-Rahner-Stiftung (Hg.) (1995): Karl Rahner. Sämtliche Werke. Band 19. Selbstvollzug der Kirche. Ekklesiologische Grundlegung praktischer Theologie. Solothurn – Düsseldorf – Freiburg.

Karl-Rahner-Stiftung (Hg.) (1997): Karl Rahner. Sämtliche Werke. Band 4. Hörer des Wortes. Schriften zur Religionsphilosophie und zur Grundlegung der Theologie. Solothurn – Düsseldorf – Freiburg.

Karl-Rahner-Stiftung (Hg.) (2001): Karl Rahner. Sämtliche Werke. Band 15. Verantwortung der Theologie. Im Dialog mit Naturwissenschaften und Gesellschaftstheorie. Freiburg.

Kaufmann, Franz-Xaver (1989): Religion und Modernität. Sozialwissenschaftliche Perspektiven. Tübingen.

Kaufmann, Franz-Xaver (2000): Wie überlebt das Christentum? Freiburg – Basel – Wien.

Kehl, Medard (2004): Welche „pastorale Strategie" braucht die deutsche Kirche heute? In: Hans-Georg Ziebertz (Hg.): Erosion des christlichen Glaubens? Münster, 121–129.

Keul, Hildegund (2004): Wo die Sprache zerbricht. Die schöpferische Macht der Gottesrede. Mainz.

Klein, Stephanie (2000): Gottesbilder von Mädchen. Bilder und Gespräche als Zugänge zur kindlichen religiösen Vorstellungswelt. Stuttgart – Berlin – Köln.

Klinger, Elmar (1994): Das absolute Geheimnis im Alltag entdecken. Zur spirituellen Theologie Karl Rahners. Würzburg.

Knitter, Paul F. (1985): No Other Name?. Maryknoll.

Knitter, Paul F. (1996): Horizonte der Befreiung. Auf dem Wege zu einer pluralistischen Theologie der Religionen. Frankfurt am Main.

Knoblauch, Hubert (1991): Die Verflüchtigung der Religion ins Religiöse. Thomas Luckmanns Unsichtbare Religion. In: Thomas Luckmann: Die unsichtbare Religion, 7–41.

Knoblauch, Hubert (1998): Transzendenzerfahrung und symbolische Kommunikation. Die phänomenologisch orientierte Soziologie und die kommunikative

Konstruktion der Religion. In: Hartmann Tyrell, Volkhard Krech, Hubert Knoblauch (Hg.): Religion als Kommunikation, 147–186.

Knoblauch, Hubert (1999 a): Populäre Religion. Markt, Medien und die Popularisierung der Religion. In: Anne Honer, Ronald Kurt, Jo Reichertz (Hg.): Diesseitsreligion. Zur Deutung der Bedeutung moderner Kultur. Konstanz, 201–222.

Knoblauch, Hubert (1999 b): Religionssoziologie. Berlin – New York.

Knoblauch, Hubert (2000): Für einen weiten Religionsbegriff. In. Ernst Feil (Hg.): Streitfall „Religion". Diskussionen zur Bestimmung und Abgrenzung des Religionsbegriffs. Münster – Hamburg – London, 73–77.

Knoblauch, Hubert (2002): Ganzheitliche Bewegungen, Transzendenzerfahrung und die Entdifferenzierung von Kultur und Religion in Europa. In: Berliner Journal für Soziologie 3 (2002) 296–307.

Knoblauch, Hubert, Schnettler, Bernt (2004): Die Trägheit der Säkularisierung und die Trägheit des Glaubens. Der „Trendmonitor Religiöse Kommunikation 2003" und die Kommunikation über Religion heute. In: Hans-Georg Ziebertz (Hg.): Erosion des christlichen Glaubens? Münster, 5–14.

Knobloch, Stefan (1986): Missionarische Gemeindebildung. Zu Geschichte und Zukunft der Volksmission.

Knobloch, Stefan (1991): Verschleudern wir die Sakramente? Die Feier der Sakramente als lebensgeschichtliche Mystagogie. In: Stefan Knobloch, Herbert Haslinger (Hg.): Mystagogische Seelsorge. Eine lebensgeschichtlich orientierte Pastoral. Mainz, 106–125.

Knobloch, Stefan (1993): Wieviel ist ein Mensch wert? Einzelseelsorge – Grundlagen und Skizzen. Regensburg.

Knobloch, Stefan (1996): Praktische Theologie. Ein Lehrbuch für Studium und Pastoral. Freiburg – Basel – Wien.

Knobloch, Stefan (1997): Das Sozialwort der Kirchen als Herausforderung an die Kirchengemeinden. In: Bernhard Nacke (Hg.): Sozialwort der Kirchen in der Diskussion. Argumente aus Parteien, Verbänden und Wissenschaft. Würzburg, 431–442.

Knobloch, Stefan (2005): Nahe beim Menschen. Zur Grundperspektive der Praktischen Theologie und ihren Implikationen. In: Doris Nauer, Rainer Bucher, Franz Weber (Hg.): Praktische Theologie. Bestandsaufnahme und Zukunftsperspektiven. Ottmar Fuchs zum 60. Geburtstag. Stuttgart, 136–141.

Köcher, Renate (2004): Die Mehrheit erwartet immer wieder Konflikte. Die Herausforderung durch den Islam als Chance. In: FAZ, 15. Dezember 2004, 5.

Krüggeler, Michael (1999): Individualisierung und Freiheit. Eine praktisch-theologische Studie zur Religion in der Schweiz. Freiburg/Schweiz.

Krüggeler, Michael (2004): Noch immer (k)ein Sonderfall? Religion in der Schweiz. In: Hans-Georg Ziebertz (Hg.): Erosion des christlichen Glaubens. Münster, 101–110.

Krüggeler, Michael, Voll Peter (1993): Strukturelle Individualisierung – ein Leitfaden durchs Labyrinth der Empirie. In: Alfred Dubach, Roland J. Campiche (Hg.): Jeder ein Sonderfall? Religion in der Schweiz. Zürich – Basel, 17–49.

Lehmann, Karl (1994): Karl Rahner zum Gedächtnis. Neunzigster Geburtstag – Zehnter Todestag. In: Stimmen der Zeit 212 (1994) 147–150.

Lehmann, Karl (1997): Karl Rahner. Exemplarische Kraft des theologischen Denkens. In: Stephan Pauly (Hg.): Theologen unserer Zeit. Stuttgart – Berlin – Köln, 9–22.

Lienkamp, Christoph (2003): Wiederkehr der Religion als Zeichen eines epochalen Umbruchs – Leistung und Grenzen religionssoziologischer Deutungen in philosophischer und systematisch-theologischer Sicht. In: Jahrbuch für christliche Sozialwissenschaften. Religionen im öffentlichen Raum: Perspektiven in Europa. Münster, 273–301.

Luckmann, Thomas (1991): Die unsichtbare Religion. Frankfurt am Main.

Luhmann, Niklas (1977): Funktion der Religion. Frankfurt am Main.

Luhmann, Niklas (1989): Gesellschaftsstruktur und Semantik. Studien zur Wissenssoziologie der modernen Gesellschaft. Band 3. Frankfurt am Main.

Luhmann, Niklas (2000): Die Religion der Gesellschaft. Frankfurt am Main.

Lutz-Bachmann, Matthias (2003): Religion nach der Religionskritik. In: Hans Waldenfels (Hg.): Religion. Entstehung – Funktion – Wesen. Freiburg – München, 149–173.

Matthes, Joachim (1993): Was ist anders an anderen Religionen? Anmerkungen zur zentristischen Organisation des religionssoziologischen Denkens. In: Kölner Zeitschrift für Soziologie und Sozialpsychologie. Sonderheft 33. Religion und Kultur. Opladen, 16–30.

Meschede, Dieter (2003): Wieso haben sich Religion und Naturwissenschaft so wenig zu sagen? In: Hans Waldenfels (Hg.): Religion. Entstehung – Funktion – Wesen. Freiburg – München, 93–108.

Mette, Norbert (2000): Religionspädagogisches Interesse am Religionsbegriff. In: Ernst Feil (Hg.): Streitfall „Religion". Diskussionen zur Bestimmung und Abgrenzung des Religionsbegriffs. Münster – Hamburg – London, 85–87.

Metz, Johann Baptist (1984): Glaube in Geschichte und Gesellschaft. Studien zu einer praktischen Fundamentaltheologie. Mainz.

Metz, Johann Baptist (1989): Fehlt uns Karl Rahner? oder: Wer retten will, muß wagen. Einführung von Johann Baptist Metz. In: Karl Rahner. Strukturwandel der Kirche als Chance und Aufgabe. Neuausgabe. Freiburg – Basel – Wien, 9–24.

Meyer-Wilmes, Hedwig (2003): Unsichtbar religiös? Zur Situation christlicher Religion in den Niederlanden. In: Jahrbuch für christliche Sozialwissenschaften. Religionen im öffentlichen Raum: Perspektiven in Europa. Münster, 115–130.

Miggelbrink, Ralf (2001): Latens Deitas. Das Gottesdenken in der Theologie Karl

Rahners. In: Roman A. Siebenrock (Hg.): Karl Rahner in der Diskussion. Innsbruck – Wien, 99–129.

Morton, Nelle (1985): The Journey is Home. Boston.

Motte, Jean-Francois, Dourmap, M. (1957): Mission générale – œuvre d' Eglise. Paris.

Neue Zahlen zum kirchlichen Leben in der katholischen Kirche (2005): In: Herder Korrespondenz 59 (2005) 52.

Neues Problem des religiösen Pluralismus (2005). Ein Gespräch mit dem evangelischen Theologen Friedrich Wilhelm Graf. In: Herder Korrespondenz 59 (2005) 70–75.

Neuner, Peter (2003): Toleranz und Wahrheit in pluralistischer Zeit. In: Hans Waldenfels (Hg.): Religion. Entstehung – Funktion – Wesen. Freiburg – München, 175–214.

Nietzsche, Friedrich (1980): Werke in vier Bänden. Band 1. Also sprach Zarathustra. Wien, 279–576.

Oevermann, Ulrich (1995): Ein Modell der Struktur von Religiosität. Zugleich ein Strukturmodell von Lebenspraxis und von sozialer Zeit. In: Monika Wohlrab-Sahr (Hg.): Biographie und Religion. Zwischen Ritual und Selbstsuche. Frankfurt – New York, 27–102.

Oevermann, Ulrich (1996): Strukturmodell von Religiosität. In: Karl Gabriel (Hg.): Religiöse Individualisierung oder Säkularisierung. Biographie und Gruppe als Bezugspunkte moderner Religiosität. Gütersloh, 29–40.

Ohlig, Karl-Heinz (2000): Individualisierung und kritische Wende. Ihre Popularisierung und Gefährdung in der Postmoderne. In: Knut Walf (Hg.): Erosion. Zur Veränderung des religiösen Bewußtseins. Luzern, 43–61.

Panneerselvam, Sivanandam (2003): Eine Hindu-Antwort auf die päpstliche Enzyklika Fides et Ratio. In: Concilium 39 (2003) 462–473.

Pastoraltheologische Informationen 24 (2004) Heft 2: Theologie aus pastoraler Leidenschaft. Karl Rahner und die Grundfragen der Praktischen Theologie.

Pickel, Gert, Müller, Olaf (2004): Ostdeutschland – entkirchlicht, entchristlicht oder säkularisiert? In: Hans-Georg Ziebertz (Hg.): Erosion des christlichen Glaubens? Umfragen, Hintergründe und Stellungnahmen zum „Kulturverlust des Religiösen". Münster, 57–69.

Pollack, Detlef (1995): Was ist Religion? Probleme der Definition. In: Zeitschrift für Religionswissenschaft 3, 163–190.

Pollack, Detlef (2003): Säkularisierung – ein moderner Mythos? Studien zum religiösen Wandel in Deutschland. Tübingen.

Pollack, Detlef, Pickel, Gert (2003): Deinstitutionalisierung des Religiösen und religiöse Individualisierung in Ost- und Westdeutschland. In: Kölner Zeitschrift für Soziologie und Sozialpsychologie 55 (2003) 447–474.

Rahner, Karl (1962): Zur Frage der Dogmenentwicklung. In: Schriften zur Theologie. Band 1. Einsiedeln – Zürich – Köln, 49–90.

Rahner, Karl (1966): Das Konzil – ein neuer Beginn. Freiburg – Basel – Wien.

Rahner, Karl (1967 a): Über die Erfahrung der Gnade. In: Schriften zur Theologie. Band 3. Einsiedeln – Zürich – Köln, 105–109; Der Christ und seine ungläubigen Verwandten, 419–439.

Rahner, Karl (1967 b): Bemerkungen zur Gotteslehre in der katholischen Dogmatik: In: Schriften zur Theologie. Band 8. Einsiedeln – Zürich – Köln, 165–186; Atheismus und implizites Christentum, 187–212.

Rahner, Karl (1968 a): Das Christentum und die nichtchristlichen Religionen. In: Schriften zur Theologie. Band 5. Zürich – Einsiedeln – Köln, 136–158.

Rahner, Karl (1968 b): Über die Einheit von Nächsten- und Gottesliebe. In: Schriften zur Theologie. Band 6. Zürich – Einsiedeln – Köln, 277–298.

Rahner, Karl (1972): Selbsterfahrung und Gotteserfahrung. In: Schriften zur Theologie. Band 10. Zürich – Einsiedeln – Köln, 133–144.

Rahner, Karl (1975): Anonymer und expliziter Glaube. In: Schriften zur Theologie. Band 12. Zürich – Einsiedeln – Köln, 76–84; Kirchliche und außerkirchliche Religiosität, 582–598.

Rahner, Karl (1976): Grundkurs des Glaubens. Einführung in den Begriff des Christentums. Freiburg – Basel – Wien.

Rahner, Karl (1978): Über die Heilsbedeutung der nichtchristlichen Religionen. In: Schriften zur Theologie. Band 13. Zürich – Einsiedeln – Köln, 341–350.

Rahner, Karl (1989): Strukturwandel der Kirche als Aufgabe und Chance. Mit einer Einführung von Johann Baptist Metz. Freiburg.

Ratzinger, Joseph (2003): Glaube – Wahrheit – Toleranz. Das Christentum und die Weltreligionen. Freiburg – Basel – Wien.

Rulands, Paul (2001): Zur Genese des Theologumenons vom „übernatürlichen Existential". Ein Versuch zur exemplarischen Erhellung der Bedeutung der Neuscholastik für die Theologie Karl Rahners. In: Roman A. Siebenrock (Hg.): Karl Rahner in der Diskussion. Innsbruck – Wien, 225–246.

Rulands, Paul (2004): Selbstmitteilung Gottes in Jesus Christus: Gnadentheologie. In: Andreas R. Batlogg u. a. (Hg.): Der Denkweg Karl Rahners. Quellen Entwicklungen Perspektiven. Mainz, 161–196.

Schaeffler, Richard (1985): Auf dem Weg zu einem philosophischen Begriff der Religion. In: Walter Kern, Hermann J. Pottmeyer, Max Seckler (Hg.): Handbuch der Fundamentaltheologie. Band 1. Traktat Religion. Freiburg – Basel – Wien, 57–72.

Schiffers, Norbert (1969): Religion. In: Sacramentum Mundi. Theologisches Lexikon für die Praxis. Vierter Band. Freiburg – Basel – Wien, 164–175.

Schmidt-Leukel, Perry (1997): Theologie der Religionen. Probleme, Optionen, Argumente. Neuried.

Schmidt-Leukel, Perry (1998): Das Problem divergierender Wahrheitsansprüche im Rahmen einer pluralistischen Religionstheologie. Voraussetzungen zu einer

Lösung. In: Hans-Gerd Schwandt (Hg.): Pluralistische Theologie der Religionen. Eine kritische Sichtung. Frankfurt am Main, 39–58.

Schöndorf, Harald (Hg.) (2005): Die philosophischen Quellen der Theologie Karl Rahners. Freiburg – Basel – Wien.

Schreiter, Robert J. (2004): Faith Anno 1998. In: Herman Häring (Hg.): Gottesglaube in einer multikulturellen und säkularisierten Gesellschaft. Faith in God in a multicultural and secularized society. Münster, 15–27.

Schulze, Gerhard (1992): Die Erlebnisgesellschaft. Kultursoziologie der Gegenwart. Frankfurt – New York.

Schüssler-Fiorenza, Elisabeth (2004): G*tt: Mit vielen Namen – ohne Ort und geeigneten Namen. In: Hermann Häring (Hg.): Gottesglaube in einer multikulturellen und säkularisierten Gesellschaft. Faith in God in a multicultural und secularized society. Münster, 93–112.

Schütz, Alfred (1971): Gesammelte Aufsätze. Band 1. Das Problem der sozialen Wirklichkeit. Mit einer Einführung von Aaron Gurwitsch und einem Vorwort von H. L. van Breda. Den Haag.

Seckler, Max (1985): Der theologische Begriff der Religion. In: Walter Kern, Hermann J. Pottmeyer, Max Seckler (Hg.): Handbuch der Fundamentaltheologie. Band 1. Traktat Religion. Freiburg – Basel – Wien, 173–194.

Sekretariat der Deutschen Bischofskonferenz (Hg.) (1979): Enzyklika REDEMPTOR HOMINIS von Johannes Paul II. Verlautbarungen des Apostolischen Stuhls 6. Bonn.

Sekretariat der Deutschen Bischofskonferenz (Hg.) (1996): Das Christentum und die Religionen. Arbeitshilfen 136. Bonn.

Sekretariat der Deutschen Bischofskonferenz (Hg.) (1998): Kann Kirche Politik möglich machen? Wissenschaftliche Studientagung in Bad Honnef. Die deutschen Bischöfe. Kommission für gesellschaftliche und soziale Fragen 21. Bonn.

Sekretariat der Deutschen Bischofskonferenz (Hg.) (2000): Kongregation für die Glaubenslehre. Erklärung DOMINUS IESUS. Über die Einzigkeit und die Heilsuniversalität Jesu Christi und der Kirche. Verlautbarungen des Apostolischen Stuhls 148. Bonn.

Sekretariat der Deutschen Bischofskonferenz (Hg.) (2000): „Zeit zur Aussaat". Missionarisch Kirche sein. Die deutschen Bischöfe 68. Bonn.

Sekretariat der Deutschen Bischofskonferenz (Hg.) (2002): Das Christentum – eine Religion unter anderen? Zum interreligiösen Dialog aus katholischer Perspektive. Eröffnungsreferat von Karl Kardinal Lehmann bei der Herbst-Vollversammlung der Deutschen Bischofskonferenz in Fulda. Der Vorsitzende der Deutschen Bischofskonferenz 23. Bonn.

Sekretariat der Deutschen Bischofskonferenz (Hg.) (2003): Missionarisch Kirche sein. Offene Kirchen – Brennende Kerzen – Deutende Worte. Die deutschen Bischöfe 72. Bonn.

Sekretariat der Deutschen Bischofskonferenz (Hg.) (2004): Alen Völkern Sein Heil. Die Mission der Weltkirche. Die deutschen Bischöfe 76. Bonn.

Siebenrock, Roman A. (2004 a): Theologie um der Seelsorge willen. Karl Rahners Theologie als Einheit von dogmatischer und praktischer Theologie. In: Diakonie 35 (2004) 369–375.

Siebenrock, Roman A. (2004 b): „Wer sich Gott naht, dem naht sich Gott." Intuitionen, Themen, Dynamik und „Habitus" des Werkes P. Karl Rahners SJ. In: Pastoraltheologische Informationen 24 (2004) 20–43.

Siebenrock, Roman A. (Hg.) (2001): Karl Rahner in der Diskussion. Erstes und zweites Innsbrucker Karl-Rahner-Symposion: Themen – Referate – Ergebnisse. Innsbruck – Wien.

Sinkinson, Christopher (2001): The Universe of Faiths, a critical study of John Hick's religious pluralism. Carilsle – Waynesboro.

Stietencron, Heinrich von (1993): Der Begriff der Religion in der Religionswissenschaft. In: Walter Kerber (Hg.): Der Begriff der Religion. Gert Hummel, Günter Dux, Heinrich von Stientencron, Falk Wagner. Ein Symposion. München, 111–158.

Stietencron, Heinrich von (2000): Religion: Vom Begriff zum Phänomen oder vom Phänomen zum Begriff? In: Ernst Feil (Hg.): Streitfall „Religion". Diskussionen zur Bestimmung und Abgrenzung des Religionsbegriffs. Münster – Hamburg – London, 131–136.

Sundermeier, Theo (1999): Was ist Religion? Religionswissenschaft im theologischen Kontext. Ein Studienbuch. Gütersloh.

Tenbruck, Friedrich H. (1993): Die Religion im Maelstrom der Reflexion. In: Kölner Zeitschrift für Soziologie und Sozialpsychologie. Sonderheft 33. Religion und Kultur, Opladen, 31–67.

Tiefensee, Eberhard (2002): Homo areligiosus. In: Hadwig Müller (Hg.): Freude an Unterschieden – Kirchen in Bewegung. Proposer la foi dans la société actuelle. Den Glauben vorschlagen in der heutigen Gesellschaft. Ostfildern, 20–51.

Tyrell, Hartmann, Krech, Volkhard, Knoblauch, Hubert (Hg.) (1998): Religion als Kommunikation. Würzburg.

Tzscheetzsch, Werner (2004): Haben die Kirchen ausgedient? Ein Blick in die 13. Shell-Jugendstudie. In: Hans-Georg Ziebertz (Hg.): Erosion des christlichen Glaubens? Münster, 39–43.

Van der Ven, Johannes A. (2004): Is God returning? In: Hermann Häring (Hg.): Gottesglaube in einer multikulturellen und säkularisierten Gesellschaft. Faith in God in a multicultural and secularized society. Münster, 29–53.

Waardenburg, Jacques (1999 a): Religionsphänomenologie. In: Lexikon für Theologie und Kirche. Band 8. Dritte, völlig neu bearbeitete Auflage. Freiburg – Basel – Rom – Wien, 1064–1066.

Waardenburg, Jacques (1999): Classical Approaches to the Study of Religion.

Aims, Methods and Theories of Research. Introduction and Anthology. New York – Berlin.

Wagner, Falk (1988): Religion. In: Wörterbuch des Christentums. Gütersloh – Zürich, 1050–1055.

Waldenfels, Hans (1991): Religionsverständnis. In: Peter Eicher (Hg.): Neues Handbuch theologischer Grundbegriffe. Band 4. Erweiterte Neuausgabe. München, 412–421.

Waldenfels, Hans (Hg.) (2003): Religion. Entstehung – Funktion – Wesen. Freiburg – München.

Walf, Knut (Hg.) (2000): Erosion. Zur Veränderung des religiösen Bewußtseins. Luzern.

Werbick, Jürgen (2004): Von Gott sprechen an der Grenze zum Verstummen. Münster.

Wohlrab-Sahr, Monika (2002): Religion und Religionslosigkeit. Was sieht man durch die soziologische Brille? In: Marianne Heimbach-Steins (Hg.): Religion als gesellschaftliches Phänomen. Soziologische, theologische und literaturwissenschaftliche Annäherungen. Münster – Hamburg – London, 11–25.

Zaborowski, Holger (2003): Enthüllung und Verbergung. Phänomenologische Zugänge zur Eucharistie. In: Herder Korrespondenz 57 (2003) 580–584.

Zenger, Erich (1971): Die Verlassenheit Jesu am Kreuz. In: Rudolf Schnackenburg, Joachim Lange, Gerhard Lohfink, Erich Zenger: Jesus. Anfrage an uns. Würzburg, 83–100.

Ziebertz, Hans-Georg (Hg.) (2004): Erosion des christlichen Glaubens? Umfragen, Hintergründe und Stellungnahmen zum „Kulturverlust des Religiösen". Münster.

Ziebertz, Hans-Georg, Kalbheim, Boris, Riegel, Ulrich (2003): Religiöse Signaturen heute. Ein religionspädagogischer Beitrag zur empirischen Jugendforschung. Gütersloh – Freiburg.

Ziebertz, Hans-Georg, Riegel, Ulrich, Kalbheim, Boris (2004): Typologie religiöser Orientierungen westdeutscher Jugendlicher. In: Hans-Georg Ziebertz (Hg.): Erosion des christlichen Glaubens? Umfragen, Hintergründe und Stellungnahmen zum „Kulturverlust des Religiösen". Münster, 71–86.

Zirker, Hans (1999): Religion. I. Begriff. In: Lexikon für Theologie und Kirche. Band 8. Dritte, völlig neu bearbeitete Auflage. Freiburg – Basel – Rom – Wien, 1034–1036.

Anmerkungen

zu A. Vorklärungen zur Komplexität der Frage nach der Religion

1 Vgl. hierzu K. Gabriel 1995, 1996, 1999 u. ö.

2 Von ihr hat wiederholt der Ratsvorsitzende der EKD, Bischof Wolfgang Huber, gesprochen.

3 Vgl. dazu das Buch von Jean-Luc Marion, Dieu sans l'être. Hors-texte, Paris 1982.

4 Vgl. Husserliana. Edmund Husserl. Gesammelte Werke. Band XXIX. Die Krisis der europäischen Wissenschaften und die transzendentale Phänomenologie. Texte aus dem Nachlaß 1934–1937, Dordrecht – Boston – London 1993; Band XXXIV. Zur phänomenologischen Reduktion. Texte aus dem Nachlaß (1926–1935), Dordrecht – Boston – London 2002; Band XXXV. Einleitung in die Philosophie. Vorlesungen 1922/23, Dordrecht – Boston – London 2002.

5 Man denke insbesondere an die Pastoralkonstitution Gaudium et spes.

6 Für letzteres bot Heinrich Böll in seinem Roman „Frauen vor Flußlandschaft" ein anschauliches Beispiel, wo von einem feierlichen Pontifikalrequiem eines Kardinals unter Assistenz von drei weiteren Bischöfen anläßlich des Todes eines bedeutenden Politikers die Rede ist, ein Pontifikalrequiem, über dessen religiösen Sinn eine ältere Frau und ein Graf ins Grübeln kommen.

7 Epoché bzw. die Methode der Reduktion meint bei Husserl eine Umstellung des Bewußtseins, das nicht mehr nach dem Sein der Objekte der Wahrnehmung, sondern nach den Beziehungsweisen fragt, in denen wir uns als Subjekte die Welt zum Gegenstand machen.

8 Wobei hier sofort deutlich wird, daß diese Frage nach dem Phänomen der Religion und des Verhältnisses der Religionen zueinander – als Frage des dritten Jahrtausends – nicht allein von *einer* religiösen Tradition und *einem* geographischen Raum angegangen werden darf, nach welcher Tradition dann sozusagen alle anderen Religionen zu bemessen und zu beurteilen wären. Denn Religion ist heute „ein globales Phänomen geworden" (S. Panneerselvam 2003, 462).

9 Hierzu grundlegend E. Feil 2000 und F. H. Tenbruck 1993.

10 Vgl. auch H. Waldenfels 1991, 415; R. Schaeffler 1985, 59; N. Schiffers 1969, 167; F. Wagner 1988, 1050; H. Zirker 1999, 1034.

11 „nomen religionis a vinculo pietatis esse deductum, quod hominem sibi *deus* religaverit" (zitiert nach M. Lutz-Bachmann 2003, 150).

12 Gewissermaßen analog einer Religionsbestimmung von Freeman Dyson: It is

not what you believe that counts, Religion is a way of life; zitiert nach Dieter Meschede 2003, 107.

13 Ich stimme F. H. Tenbruck zu, wenn er diesen Einfluß der Religionswissenschaften auf das Religionsverständnis des modernen Menschen so charakterisiert: „Heute kann niemand mehr über die eigene Religion sprechen, ohne sich auf die Befunde der Religionswissenschaften einzulassen" (F. H. Tenbruck 1993, 32).

14 Er sah darin insbesondere die Tendenz zu einem „objektiven" Religionsbegriff (F. H. Tenbruck 1993, 35).

15 Daß in diesem gesellschaftlichen Ausdifferenzierungsprozeß die Religion exakt einen Funktionsverlust erlitt, indem sie bestimmte bis dahin von ihr abgedeckte Funktionen an andere Funktionsträger in der Gesellschaft abtrat, worauf besonders F.-X. Kaufmann hinwies, soll hier nicht bestritten werden. Hervorgekehrt soll lediglich werden – was wie ein paradoxer Widerspruch erscheint –, daß der religiöse Bereich in der Phase der Funktionsverluste um so mehr selbst funktionalen Charakter annahm.

16 Dieses hier angesprochene wissenschaftstheoretisch-methodologische Problem wird neuerdings häufiger und ausdrücklich zur Sprache gebracht und in entsprechend reflektierte Forschungsansätze mit aufgenommen; vgl. zum Beispiel den Forschungsansatz der Studie von Stephanie Klein „Gottesbilder von Mädchen. Bilder und Gespräche als Zugänge zur kindlichen religiösen Vorstellungswelt", Stuttgart – Berlin – Köln 2000.

17 Gewiß, diese so einfach erscheinende Alternative zwischen Erklären und Verstehen ist so einfach nicht; vgl. neuerdings zur Problematik des Verstehens – wenn auch auf interkulturelle und interreligiöse Fragestellungen bezogen – die von Michael Bongardt, Rainer Kampling und Markus Wörner herausgegebene Studie „Verstehen an der Grenze. Beiträge zur Hermeneutik interkultureller und interreligiöser Kommunikation", Münster 2003.

18 Wollten wir diesem Forschungsansatz Namen zuordnen, dann könnte man – neben anderen – vor allem an Gerard van der Leeuw (1890–1950) und an Gaston Berger (1896–1960) denken; vgl. J. Waardenburg 1999, 57–58; 73. Van der Leeuw kam von der Psychologie her und nannte seinen Ansatz „phänomenologisch" im weitesten Sinn. Er setzte an bei der „Erfahrung des Verstehens" und erkannte dem Verstehen letztlich generell religiöse Qualität zu. Gaston Berger plädierte, angeregt von der Phänomenologie Edmund Husserls, für eine „intentionale Beschreibung" des religiösen Feldes, das hieß, für einen klar bezogenen Standpunkt, für eine klare Perspektive, unter der das religiöse Feld untersucht werden sollte. Dabei nahm er im innerreligiösen Spannungsgefüge aus spirituellen und historischen Elementen besonders die spirituellen Elemente in den Blick, die er in den Begriffen bzw. Bildern „Kraft", „Weg" und „Begegnung" charakterisierte.

19 Siehe das unmittelbar folgende Kapitel.

20 H. v. Stietencron spricht übrigens dezidiert immer von der Religionswissenschaft im Singular.

21 Vgl. D. Pollack 1995, 179.

22 Er hielt sie selbst für ungenügend, weshalb er die Religion genauer durch die Angabe ihrer Funktionen bestimmen zu müssen meinte.

23 Vgl. H. Knoblauch 1999, 58. Religion sie „ein solidarisches System von Überzeugungen und Praktiken, die sich auf heilige, d. h. abgesonderte und verbotene Dinge ... beziehen, die in einer und derselben moralischen Gemeinschaft ... alle vereinen, die ihr angehören" (zitiert nach F.-X. Kaufmann 1989, 74).

24 Vgl. F.-X. Kaufmann 1989, 84f; K. Gabriel 2003, 111; an dieser Aufzählung wird allerdings deutlich, daß sich hier funktionale und substantielle Aspekte vermengen. Besonders deutlich wird das an der sog. prophetischen Funktion, die sich nur aus dem Rückhalt an einem substantiell gefüllten Religionsbegriff erklären läßt. Ebenso gilt das in Teilen von der Funktion der Identitätsstiftung.

25 Was das Verhältnis von Individuum und Religion betrifft, läßt N. Luhmann nicht an Deutlichkeit zu wünschen übrig. Die Konzentration der Religion auf das Individuum erweise sich als Irrweg. „Die Individuen zeigen sich als undankbar; sie treten massenweise aus. Während kein Individuum auf Teilnahme an Ökonomie, an Erziehung, an Rechtsschutz verzichten kann und Inklusion in diese Funktionssysteme praktisch erzwungen wird, gilt für Religion (wie zum Beispiel auch für die Kunst) das Gegenteil. Man kann geboren werden, leben und sterben, ohne an Religion teilzunehmen; und auch wenn die Religion sagen wird, daß dies alles in Gottes Welt geschieht, kann der Einzelne dies schadlos ignorieren. Die Möglichkeit religionsfreier Lebensführung ist als empirisches Faktum nicht zu bestreiten, und das Religionssystem findet sich mit dieser Tatsache konfrontiert. Alle anthropologischen Begründungen der Funktion der Religion brechen an diesem Tatbestand zusammen; weder Sinnbedürfnisse noch Trostbedürfnisse halten die Religion am Leben" (N. Luhmann 1989, 349; vgl. auch ders. 1977).

26 Jedes System arbeitet nach N. Luhmann nach seinem eigenen Code.

27 Religion sei eben nicht nur von ihrer Leistung, von ihren Funktionen her zu verstehen.

28 Vgl. P. L. Berger 1970, 1999; Th. Luckmann 1991; P. L. Berger, Th. Luckmann 1987.

29 An der Stelle ist ein Vergleich mit P. L. Berger aufschlußreich. Während D. Pollack diese Ein- und Abbrüche als Kontingenzerfahrung deutet, haben dieselben Unterbrechungen bei P. L. Berger den Charakter einer positiven Transzendenzerfahrung. P. L. Berger scheint also diese Erfahrungen von vornherein perspektivisch in einem anderen Licht zu sehen.

30 Daß die Verläßlichkeit dieser in Anspruch genommenen Antwort dabei immer wieder Schwankungen ausgesetzt ist, macht die Spannung des religiösen Vertrauens aus; eine Erfahrung, die – ohne daß wir uns hier schon in ausdrücklich theologischen Kategorien bewegen – an vielen Gestalten der Bibel, nicht zuletzt an Jesus selbst, aufscheint.

31 Bei „Dei verbum", abgekürzt DV, handelt es sich um die Offenbarungskonstitution des Zweiten Vatikanischen Konzils. Da wir im Verlauf der weiteren Aus-

führungen immer wieder auf Konstitutionen, Dekrete und Erklärungen des Konzils Bezug nehmen werden, seien hier im Überblick die offiziellen Bezeichnungen und Abkürzungen in Erinnerung gerufen: „Lumen gentium" (LG) steht für die dogmatische Konstitution über die Kirche; „Gaudium et spes" (GS) steht für die Pastoralkonstitution über die Kirche in der Welt von heute; „Nostra aetate" (NA) steht für die Erklärung über das Verhältnis der Kirche zu den nichtchristlichen Religionen; „Dignitatis humanae" (DH) steht für die Erklärung über die Religionsfreiheit; „Ad genetes" (AG) steht für das Dekret über die Missionstätigkeit der Kirche.

32 Diese hier von Paul J. Griffiths eingeführte Unterscheidung zwischen ontologischer und epistemologischer Ebene erinnert an Überlegungen der phänomenologisch orientierten Soziologie Alfred Schütz'. Nach Schütz wird die Wirklichkeit nicht durch die ontologische Struktur der Gegenstände, sondern durch den Sinn unserer Erfahrungen konstituiert. Diese Konstituierung bedeutet nicht, daß die in unserem Fall als „Wirklichkeit" geglaubte Offenbarung gewissermaßen ex nihilo vom Menschen hevorgebracht sei. Konstituierung bedeutet hier, daß die Offenbarung, deren ontologische und historisch ergangene Existenz in keiner Weise bestritten wird, als Wirklichkeit des Menschen durch seine Erfahrung der Offenbarung konstituiert wird; vgl. H. Knoblauch, Transzendenzerfahrung und symbolische Kommunikation. Die phänomenologisch orientierte Soziologie und die kommunikative Konstruktion der Religion, in: H. Tyrell, V. Krech, H. Knoblauch (Hg.), Religion als Kommunikation, Würzburg 1998, 147–186, hier 158.

33 Erinnert sei hier nur an das Stichwort der Einheit von Gottes- und Nächstenliebe; vgl. dazu K. Rahner, 1968, 277–298.

34 Auch Ernst Feil hält die Frage nach dem Sinn des Lebens nicht für eine anthropologische Grundkonstante des Menschen. Terminologisch könne der Begriff „Sinn des Lebens" weder im Griechischen noch im Lateinischen nachgewiesen werden. Er sei erstmalig 1798 bei Novalis belegt. Als Beleg dafür, daß die Frage nach dem Sinn des Lebens als religiöse Frage über große Zeiträume des Lebens keine Rolle spielen muß – was freilich noch nichts dagegen sagt, daß sie nicht gleichwohl eine anthropologische Grundkonstante darstellt –, erinnert Ernst Feil an einen polnischen Professor aus der Gomulka-Zeit. Dieser war bei einer Vorlesung über weltanschauliche Fragen und über den Sinn des Lebens unvermittelt von einem Studenten gefragt worden, welchen Sinn das Leben für ihn ganz persönlich habe. Zuerst hielt der Angesprochene die Frage für geschmacklos. „Als ich jedoch auf den Fragenden und Hunderte auf mich gerichtete Augenpaare sah, verstand ich plötzlich: die Sache ist *wichtig*! Das bestätigte die Stille, in der sie meine Antwort anhörten. Ich muß zugeben, ich dachte damals laut und sehr fieberhaft. Bislang hatte ich diese Art von Problemen a limine als Unsinn verworfen. Es war wohl jener Abend, der mich vom Gegenteil überzeugt hat, jedenfalls von der Notwendigkeit, solche Probleme zu erwägen und eine Antwort darauf zu erteilen" (E. Feil 2000, 170).

35 Siehe oben.

36 Zumal in Situationen, wenn es zum Beispiel um den Bau von Moscheen geht.

37 Vgl. zum ganzen Perry Schmidt-Leukel, Theologie der Religionen. Probleme, Optionen, Argumente, Neuried 1997; Hans-Gerd Schwandt (Hg.), Pluralistische Theologie der Religionen. Eine kritische Sichtung, Frankfurt am Main 1998; Joseph Ratzinger, Glaube, Wahrheit, Toleranz. Das Christentum und die Weltreligionen, Freiburg – Basel – Wien 2003; Concilium 39 (2003) Heft 4 „Von anderen Religionen lernen"; Gerhard Gäde, Christus in den Religionen. Der christliche Glaube und die Wahrheit der Religionen, Paderborn 2003.

38 Hier wird, so weit das möglich ist, „die andere Religion ... aus der Perspektive des anderen wahrgenommen" (T. Sundermeier 1999, 208).

39 Da wir hier die Frage des Verhältnisses der christlichen Religion zu den nichtchristlichen Religionen nicht in aller Ausführlichkeit verhandeln müssen, sehe ich davon ab, den jüngeren Vorschlag von Gerhard Gäde mitzuberücksichtigen, der im sogenannten „Interiorismus" die Engpässe des Exklusivismus, des Inklusivismus und des Pluralismus für überwindbar hält; vgl. Gerhard Gäde 2003.

40 Man hat den Eindruck, daß die Erklärung „Nostra aetate" darüber eine Nuance anders dachte. Sie bezog sich in ihrer Argumentation nicht auf das Mysterium Christi, sondern auf den Strahl jener Wahrheit, die alle Menschen erleuchtet: „Die katholische Kirche lehnt nichts von all dem ab, was in diesen Religionen wahr und heilig ist. Mit aufrichtigem Ernst betrachtet sie jene Handlungs- und Lebensweisen, jene Vorschriften und Lehren, die zwar in manchem von dem abweichen, was sie selber für wahr hält und lehrt, doch nicht selten *einen Strahl jener Wahrheit* erkennen lassen, *die alle Menschen erleuchtet*" (Nostra aetate Art. 2). Der Strahl der Wahrheit wird hier nicht ausdrücklich mit dem Mysterium Christi in Zusammenhang gebracht.

41 Vgl. K. Rahner 1967a, 419–439; wobei Rahner in diesem Beitrag die Thematik des anonymen Christen verhandelt, ohne den Begriff hier bereits zu verwenden.

42 Vgl. K. Rahner 1975, 76–84; 582–598.

43 Vgl. K. Rahner 1967b, 187–212.

44 Vgl. K. Rahner 1968a, 136–158. Daß gleichwohl Rahner gewissermaßen als „anonymer" Vertreter des Inklusivismus angesehen werden darf, belegt eine Stelle, an der er aus der Spannung zwischen der Notwendigkeit des christlichen Glaubens und dem allgemeinen Heilswillen Gottes folgenden Schluß zieht: „Irgendwie müssen alle Menschen Glieder der Kirche sein können; und dieses Können darf nicht nur im Sinne abstrakt-logischer Möglichkeit verstanden werden, sondern real und geschichtlich konkret. Das heißt dann aber, daß es Grade der Kirchengliedschaft geben muß, nicht nur aufsteigend vom Getauftsein über das Bekenntnis des vollen christlichen Glaubens und der Anerkennung der sichtbaren Leitung der Kirche zur Lebensgemeinschaft der Eucharistie, ja bis zur verwirklichten Heiligkeit, sondern auch absteigend von der Ausdrücklichkeit des Getauftseins in eine nicht.offizielle, eben anonyme Christlichkeit hinab, die trotzdem noch in einem gültigen Sinn als Christlichkeit benannt werden darf

oder sogar sollte, wenn auch sie selbst sich nicht so nennen kann und will" (K. Rahner 1968b, 546).

45 Sehr spitzzüngig hat P. F. Knitter den Inklusivismus einer List bezichtigt: „Die einzige Wahrheit, die er (sc. der Inklusivismus) in anderen Religionen erkennen kann, ist die Wahrheit, die er selbst schon besitzt; denn ein Inklusivist besteht darauf, seine Religion enthalte die Fülle der Wahrheit, die alle anderen vollendet oder einschließt. Letztendlich ist ein inklusivistischer Dialog einer, in dem die Katze eine Maus zum Gespräch in ihre Höhle einlädt – mit anschließendem Essen" (P. F. Knitter 1998, 78).

46 Vgl. John Hick, Problems of Religious Pluralism, London 1985; ders., Religiöser Pluralismus und Erlösung, in: Jahrbuch für interreligiöse Begegnung 1, Hamburg 1991, 25–40; ders., Eine Philosophie des religiösen Pluralismus, in: Münchener theologische Zeitschrift 45 (1994) 304–318; ders., Religion. Die menschlichen Antworten auf die Frage nach Leben und Tod, München 1996; Paul F. Knitter, No Other Name?, Maryknoll 1985; ders., One Earth, Many Religions. Multifaith Dialogue and Global Responsibility, Maryknoll 1995; ders., Jesus and the Other Names, Maryknoll, 1996; ders., Horizonte der Befreiung. Auf dem Wege zu einer pluralistischen Theologie der Religionen, Frankfurt am Main 1997; Christian Heller, John Hicks Projekt einer religiösen Interpretation der Religionen, Münster – Berlin – London 2001; Christopher Sinkinson, The Universe of Faiths, a critical study of John Hick's religious pluralism, Carilsle – Waynesboro 2001.

47 Schon nach Thomas von Aquin ist es „das Äußerste der menschlichen Erkenntnis, zu wissen, daß wir Gott nicht wissen" (De potentia 7,5 ad 14); zitiert nach P. Schmidt-Leukel 1998, 48.

48 Vgl. Gavin D'Costa 1998, 135–152.

49 „Dialog im relativistischen Verständnis bedeutet, die eigene Position bzw. den eigenen Glauben auf eine Stufe mit den Überzeugungen der anderen zu setzen, ihm prinzipiell nicht mehr Wahrheit zuzugestehen als der Position des anderen" (J. Ratzinger 2003, 97).

50 Vgl. auch Sekretariat der Deutschen Bischofskonferenz (Hg.), Der Vorsitzende der Deutschen Bischofskonferenz 23. Das Christentum – eine Religion unter anderen? Zum interreligiösen Dialog aus katholischer Perspektive. Eröffnungsreferat von Karl Kardinal Lehmann bei der Herbst-Vollversammlung der Deutschen Bischofskonferenz in Fulda, Bonn 2002, 13–22.

51 Vgl. K. Lehmann, Das Christentum – eine Religion unter anderen?, 27–32.

zu B. Wiederkehr oder epochaler Umbruch der Religion?

1 Vgl. K. Walf (Hg.), Erosion. Zur Veränderung des religiösen Bewußtseins, Luzern 2000.

2 Sie ist an den Rand gedrängt trotz der Tatsache, daß sie weiterhin in der Gesellschaft diskutierte Konfliktthemen liefert.

3 Erwähnt sei hier, ohne daß wir sie näher in Betracht ziehen, eine Online-Um-

frage, die McKinsey unter etwa 360.000 Bundesbürgern über ihre Stellung zur evangelischen und katholischen Kirche durchführte. Vgl. McKinsey & Co, Institution katholische Kirche in der Vertrauenskrise? Perspektive Deutschland, Berlin 2003. Typologisch gesehen wirft diese Umfrage wenig ab. Erinnert sei auch an die 2002 von der Konrad-Adenauer-Stiftung initiierte Umfrage „Religion und Politik", die nach dem Zusammenhang von Religion und Politik fragte. Nach ihr bejahten 73 Prozent der Deutschen – 77 Prozent in den alten und 54 Prozent in den neuen Bundesländern – die Aussage, daß Kirche und Religion für sie Bedeutung hätten. Erwähnt sei schließlich auch der Allensbacher Trendmonitor ,Religiöse Kommunikation 2003', Bericht über eine repräsentative Umfrage unter Katholiken zur medialen und personalen Kommunikation. Kommentarband.

4 Was die Schweiz betrifft, vgl. die mehrfach von Michael Krüggeler, zuletzt in H.-G. Ziebertz (2004, 104) vorgestellte „Typologie religiöser Orientierungen". Hier werden folgende Religiositätstypen benannt: 1) Allgemein religiöse Christen (25 Prozent), 2) Religiöse Humanisten (51 Prozent), 3) Neureligiöse (12 Prozent), 4) Exklusive Christen (7 Prozent) und Humanisten ohne Religion (4 Prozent).

5 F steht für die Bezeichnung der Frankfurter, W für die der Würzburger Typologie.

6 Allein die Tatsache, daß wir diesen zweiten Teil unter die Überschrift „Wiederkehr oder epochaler Umbruch der Religion" gestellt haben, deutet darauf hin, daß wir von der These der Säkularisierung – mit allen negativen Folgen für das Verständnis der Religion – nicht viel halten.

7 Wenn wir hier von der Individualisierung der Religion als Gegenthese zur Säkularisierung sprechen, sind damit noch nicht alle Aspekte dieser Gegenthese erfaßt. Neben der Individualisierung der Religion, die übrigens nicht einfach deren Privatisierung und Intimisierung meint, beobachtet die Religionssoziologie auch Phänomene der De-Privatisierung und einer neuen Öffentlichkeit der Religion, von der im folgenden Kapitel zu handeln sein wird. Richtig verstanden sind die nur im ersten Moment sich scheinbar ausschließenden Aspekte der Individualisierung und Privatisierung und der neuen Öffentlichkeit der Religion nur die zwei Seiten ein und desselben – allenfalls paradoxen – Sachverhalts.

8 K. Gabriel folgt hier seinerseits José Casanova; vgl. J. Casanova 1994, 1996, 181–210.

9 Vom Stichwort der Verselbständigung bzw. Autonomisierung der Lebensbereiche gegenüber Kirche und Glaube legt sich ein gedanklicher Exkurs zur augenblicklichen Diskussion um den Beitritt der Türkei in die EU nahe. Jenseits ökonomischer und anderer Aspekte muß gesehen werden, daß die Religion in der Türkei gegenüber der Religion in Europa einen gänzlich anderen Ort einnimmt, einen weniger gesellschaftlich als staatlich dominierten Ort nämlich. Während aufgrund der christlichen Entwicklung im Abendland Kirche und Religion einen Bereich neben anderen Bereichen der Gesellschaft/des Lebens darstellen, und insofern von einem säkularen Charakter unserer Gesellschaftsordnung gesprochen werden kann – die dabei unleugbar herkünftig an das Christentum gebunden ist –, ist die

Säkularität oder besser die Laizität der Türkei eine vom türkischen Staat gelenkte und geleitete Laizität. Es handelt sich um eine staatliche Gestaltung der Religion des Islam, die noch dazu die Freiheit der anderen Religionen begrenzt. Im europäischen Raum also autonome Freiheit der Religion, in der Türkei aber staatliche Gestaltung der Religion des Islam, mit nach außen säkular erscheinen wollenden Tendenzen. In dieser Unterschiedlichkeit der Situation der Religion dürften erhebliche Spannungen liegen; vgl. E.-W. Böckenförde 2004, 35–37.

10 Es erscheint wohl überflüssig, hier zur Verdeutlichung anzufügen, daß es sich bei der von Habermas avisierten religiösen Sprache natürlich um die Erfahrungssprache des ganzen Gottesvolkes handelt und eben nicht allein um die Sprache des Kirchenamtes.

11 In der ursprünglichen Fassung der Rede, wie sie die FAZ am 15. Oktober 2001 veröffentlich hatte, stand an der Stelle sogar das Wort „Auferstehung".

12 Wir beanspruchen hier nicht, das gesamte Feld der religiösen Entwicklung in Amerika zu überblicken. Nicht bestritten sei mit dem Verweis auf die zivilgesellschaftlichen religiösen Aktivitäten Amerikas das dort auch zu beobachtende Phänomen der individualisierten Religion. Nicht bestritten sei auch das neueste amerikanische Interesse an spiritistischen Beiträgen im Fernsehen. Darin zeigt sich wohl auf eine weitere Weise die paradoxe Verschränkung von öffentlichem und privatem Charakter der Religion, und dies vor dem Hintergrund einer Umfrage unter amerikanischen Bürgerinnen und Bürgern aus dem Jahre 2003, nach der 90 Prozent aller Amerikaner an Gott, 89 Prozent an Wunder und 50 Prozent an Geister glauben; vgl. FAZ, 8. Jan. 2005, 41.

13 Diesen wichtigen ergänzenden Aspekt behandeln wir im gleich folgenden Kapitel; vgl. zur grundsätzlichen Einschätzung der Bedeutung der Zivilgesellschaft als Arena für Religion und Kirche: Sekretariat der Deutschen Bischofskonferenz (Hg.) 1998. Hier war es vor allen F.-X. Kaufmann, der Bedenken gegen eine einseitige Betonung des zivilgesellschaftlichen Bereichs äußerte. Sowohl der Begriff der Zivilgesellschaft als auch die Differenzierungstheorie stellten in gewissem Sinn Konstruktionen dar, „die der Komplexität der Wirklichkeit nicht hinreichend gerecht würden" (Sekretariat der Deutschen Bischofskonferenz (Hg.) 1998, 107).

14 Ein Stichwort, das heute Gott sei Dank stärker unter der Perspektive der Evangelisierung gesehen wird; vgl. EKD-Synode 1999 „Mission und Evangelisation"; vgl. die vom Sekretariat der Deutschen Bischofskonferenz herausgegebenen Texte: Apostolisches Schreiben Evangelii nuntiandi, 1975; Zeit zur Aussaat, 2000; Den Glauben anbieten in der heutigen Gesellschaft, 2000; Auf der Spur. Berichte und Beispiele missionarischer Seelsorge, 2001; Missionarisch Kirche sein, 2003; Allen Völkern Sein Heil. Die Mission der Weltkirche, 2004.

15 „rendre à l' église d'une facon permanente des régions entières »; J.-F. Motte, M. Dourmap 1957, 32; vgl. S. Knobloch 1986.

16 So beklagten die beiden Kirchen, daß nicht wenige Gemeinden und Christinnen und Christen in besorgniserregender Weise auf sich bezogen seien und den

Vorgängen in der Gesellschaft wenig Beachtung schenkten; vgl. S. Knobloch 1997, 431–442.

17 Massenmediale Öffentlichkeit ist kein Gegensatz zur zivilgesellschaftlichen Öffentlichkeit. Wenn auch der Bereich der öffentlich-rechtlichen Anstalten der staatlichen und politischen Gestaltung unterliegt, so fungieren diese Anstalten offensichtlich als maßgebender medialer Vermittler der Zivilgesellschaft.

18 Diese Veranstaltungen lösen bei aller Zustimmung, die sie finden, immer wieder auch Fragen nach ihrer Sinnhaftigkeit aus.

19 Daß im übrigen Hirnforscher wie Rolf Singer und Gerhard Roth mit ihren Thesen weit übers Ziel hinausschießen, schrieb ihnen kein Geringerer als Wolfgang Prinz, der Direktor am Max-Planck-Institut für Kognitions- und Neuronenwissenschaften in München, ins Stammbuch: „Was die Beziehung zwischen Gehirnprozessen und Bewußtsein betrifft, wissen wir de facto nicht einmal, wie wir *die Frage genau stellen sollen.*" Er glaube nicht, „daß der Ideenvorrat der Hirnforschung ausreichen kann, um die Natur von Subjektivität und Bewußtsein aufzuklären, das heißt, daß diese Phänomene vollständig verstanden sind, sobald ihre Funktionsgrundlagen verstanden sind" (FAZ, 21. Okt. 2004, 31).

20 Wir sprechen im folgenden die theologische Sicht des Menschen und seine konstitutionelle Verwiesenheit auf das Geheimnis, welches letztlich Gott ist, hier nur in knappen Zügen an, da erst im dritten Teil unserer Studie auf diese Frage in aller Ausführlichkeit zurückzukommen sein wird.

21 Vgl. A. Schütz, Gesammelte Aufsätze. Bd. 1. Das Problem der sozialen Wirklichkeit. Mit einer Einführung von Aaron Gurwitsch und einem Vorwort von H. L. van Breda, Den Haag 1971; vgl. auch H. Knoblauch 1998, 147–186.

22 Vgl. die gleichnamige Publikation von H. Tyrell, V. Krech und H. Knoblauch 1998.

23 Jesu Sterben am Kreuz hatte nichts Erhabenes, nichts Souveränes an sich, wenn man es etwa vergleicht mit dem heroischen Sterben des Sokrates; vgl. Erich Zenger 1971, 83–100.

24 Wobei, wie erinnerlich, Bischof Franz Kamphaus von Limburg seinen eigenen konsequenten Weg ging.

zu C. Religion: Das verborgene Geheimnis des Menschen bergen

1 Es nimmt andererseits ebensowenig wunder, daß Detlef Pollack vom strukturalistischen Argumentationsgang Oevermanns gar nichts hält. Seine, Pollacks, religionssoziologischen Studien gehen nämlich, wie er sagt, davon aus, „daß sich die Behauptung der Universalität von Religion sozialwissenschaftlich nicht begründen läßt und daß schon der Versuch, die Unvermeidlichkeit der Emergenz eines religiösen Bezugsproblems aufzuweisen, zum Scheitern verurteilt ist" (D. Pollack 2003, 11).

2 Einen kritischen Kommentar zur Art der Volkgottesmitgliedschaft der katholischen Gläubigen oder auch der anderen an Christus Glaubenden liefert GS Art. 19, wenn er auf die Möglichkeit aufmerksam macht, daß die Gläubigen durch

ihre defizitäre Glaubenspraxis für andere Menschen „das wahre Antlitz Gottes und der Religion eher verhüllen als offenbaren".

3 Zugegeben, „Zwiegespräch" klingt hier etwas altertümelnd und obsolet; wir würden hier heute von „Dialog" reden.

4 Vgl. die neue im Erscheinen begriffene von Karl Lehmann, Johann Baptist Metz, Karl-Heinz Neufeld, Albert Raffelt und Herbert Vorgrimler herausgegebene Rahneredition „Karl Rahner. Sämtliche Werke" (SW); R. A. Siebenrock 2001; A. R. Batlogg u. a. 2004; Pastoraltheologische Informationen 24 (2004) Heft 2; H. Schöndorf 2005.

5 Vgl. J. B. Metz in seiner Einführung zur Neuauflage von Rahners „Strukturwandel der Kirche als Aufgabe und Chance": „Bei ihm (sc. Karl Rahner) waren Werk und Person, Leben und Theologie in einer nahtlosen Weise eins: Alles war Werk, und das Werk war eine einzige Gestikulation christlicher Existenz in unserer spätmodernen Zeit" (Freiburg 1989, 9).

6 So urteilte J. B. Metz schon 1978 über Rahners Werk: „Rahners Werk ist m.E. ganz einfach dies: ein theologisch substantieller Lebensbericht aus dem zeitgenössischem Christentum. Hier regiert nicht ein klassischer Fragekanon, hier werden nicht nur Fragen behandelt, die vom System zugelassen sind. Der Kanon ist das Leben, nicht das gewählte, sondern das aufgedrängte, das unbequeme Leben. Rahner hat sich nicht einfach für das Interessante interessiert, sondern sich von der Not, den Fragen der anderen beispiellos verpflichten lassen" (Metz 1984, 200).

7 Ein Begriff, den vor Jahren der kanadische Soziologe Marshall McLuhan geprägt hat.

8 Welche abstrusen Auswüchse diese Selbstmanipulation des Menschen mittlerweile annimmt, kann man an einer kalifornischen Forschergruppe um Max More an der Spitze (sein Name „More" ist Programm) ersehen, die sich „Extropianer und Transhumanisten" nennen. Sie wollen den evolutionären Prozeß mit Hilfe von Wissenschaft, Technik und Philosophie noch weiter beschleunigen. Indem sie alle Mythen verwerfen und wirksame neue Instrumente einsetzen, wollen sie die biologischen und psychologischen Grenzen des Menschen transzendieren, um gewissermaßen posthumane Wesen zu werden. Zu diesem Zweck müßten alle natürlichen und kulturell verwurzelten Beschränkungen unserer Fähigkeiten beseitigt werden. Die „Extropianer" befürworten also den prometheischen Gebrauch von Wissenschaft und Technik, um immer tiefere und umfassender Verbesserungen des menschlichen Seins zu erreichen (vgl. FAZ 13. Februar 2001).

9 Nicht so und vor allem nicht mit diesem Touch im von H. Schöndorf herausgegebenen Werk „Die philosophischen Quellen der Theologie Karl Rahners, Freiburg – Basel – Wien 2005.

10 Schon in der Begegnung des Menschen mit Gott bzw. richtiger gesagt, in der Begegnung Gottes mit dem Menschen, im „apex affectus" des Bonaventura ist diese Begegnung eine die Willens- und Intellektdimension übergreifende Begegnung auf der Basis der Liebe.

11 An der Stelle haben wir einen Beleg für den Gebrauch des Terminus „Existential" ohne das Adjektiv „übernatürlich".

12 Vgl. R. A. Siebenrock 2004b, 27.

13 Als erratischer Block versteht sich nach bisheriger Auffassung im Gegensatz zur Bibel der Koran, der wortwörtlich als „Wort Gottes" angesehen wird.

14 Das ist gleichzeitig der Gesamttitel der bei Herder erschienenen Publikation, in die verschiedene weitere Beiträge Joas' Eingang gefunden haben.

15 Der US-amerikanische Politologe Francis Fukuyama meinte damals nach dem Ende des Ost-West-Konflikts sogar vom „Ende der Geschichte" sprechen zu dürfen.

16 Zuletzt in einer Zusammenfassung unter dem Titel „Is god returning?" in: H. Häring (Hg.), Gottesglaube in einer multikulturellen und säkularisierten Gesellschaft. Faith in God in a multicultural and secularized society, Münster 2004, 29–53).

17 Vgl. H. Keul, Wo die Sprache zerbricht. Die schöpferische Macht der Gottesrede, Mainz 2004. Der Hinweis auf die Metaphorik der religiösen Sprache muß sich andererseits auch der Gefahr bewußt bleiben, „an der Grenze zum Schweigen nicht geschwätzig zu werden", und darauf achten, „der theologischen Sprachverantwortung ... möglichst wenig schuldig zu bleiben" (J. Werbick, Von Gott sprechen an der Grenze zum Verstummen, Münster 2004, 29).

18 E. Schüssler-Fiorenza bedient sich dieser Schreibweise in verschiedenen ihrer Beiträge, zuletzt in ihrem Beitrag „G*tt: Mit vielen Namen – Ohne Ort und geeigneten Namen," in: Hermann Häring (Hg.), Gottesglaube in einer multikulturellen und säkularisierten Gesellschaft, Münster 2004, 93–112.

19 Die natürlich ihrerseits auch nicht der Tatsache entkommt, eine gesellschaftskulturell-kontextbezogene und in Teilen manchmal deutlich spürbar männlich-dominierte Theologie zu sein.